MBA、MEM、EMBA、MPA 面试高分指导

社科赛斯教育集团　主编

清华大学出版社
北　京

本书封面贴有清华大学出版社防伪标签，无标签者不得销售。

版权所有，侵权必究。举报：010-62782989，beiqinquan@tup.tsinghua.edu.cn。

图书在版编目(CIP)数据

MBA、MEM、EMBA、MPA面试高分指导 / 社科赛斯教育集团主编. — 北京：清华大学出版社，2022.3（2024.2重印）

ISBN 978-7-302-57469-9

Ⅰ. ①M… Ⅱ. ①社… Ⅲ. ①管理学－研究生－入学考试－自学参考资料 Ⅳ. ①C93

中国版本图书馆CIP数据核字(2021)第022737号

责任编辑：陈　莉　高　屾
封面设计：周晓亮
版式设计：方加青
责任校对：马遥遥
责任印制：刘海龙

出版发行：清华大学出版社
网　　址：https://www.tup.com.cn，https://www.wqxuetang.com
地　　址：北京清华大学学研大厦A座　　邮　编：100084
社 总 机：010-83470000　　邮　购：010-62786544
投稿与读者服务：010-62776969，c-service@tup.tsinghua.edu.cn
质 量 反 馈：010-62772015，zhiliang@tup.tsinghua.edu.cn

印 装 者：北京同文印刷有限责任公司
经　　销：全国新华书店
开　　本：185mm×260mm　　印　张：15.25　　字　数：381千字
版　　次：2022年4月第1版　　印　次：2024年2月第3次印刷
定　　价：58.00元

产品编号：090471-01

编委会

甄 诚　李发进　赵 羽　王金门
郭炎宏　曹 阳　楼玉娥　安烁峰
李宇峰　于士博　周佳音　马丽捷
于 帅　蔡 斌　王松川　熊凌云
赵钢成　冯潞丞

本书赠送价值 **3000元** 的备考课程

请扫描右方二维码，按提示获取视频课程

前言

想寻求人生的重大转机，就读MBA吧！那里有我们需要的一切，只要你有足够的能力去争取。为了这个梦想，我们开始披星戴月地学习、听课、做题、思考、讨论，仿佛是与世隔绝的一群怪人。从春天到夏天，从酷暑到寒冬，想起我们一边擦汗，一边看书；想起我们一边滴眼药水，一边思考逻辑；想起复习了半年，模考却只排在200名以外，甚至，在考试前像高中生那样，紧张得彻夜不眠；无数次想到放弃，却又咬牙坚持下来。

的确，那段日子我们都觉得很苦！但为什么放弃者少，成功者众？因为大家通过备考明白了这样一个道理：MBA之路并不等于康庄大道，需要付出比常人更多的艰辛，去寻求人生辉煌的崎岖小道，当然这是一条通往成功的小道。

提前面试，是你寻求人生转机的第一道关卡。你选择了报考院校，也就意味着选择了你的面试方式。

2011年，清华大学和北京大学率先推出MBA提前面试录取方式，这一举措符合商学院的培养要求和人才定位，收到了很好的效果，并成为目前全国各院校MBA招生的主要方式。为了帮助广大考生掌握提前面试录取的招生要求和面试策略，本书将为考生系统讲解MBA提前面试的相关内容。

同时，随着高级工商管理硕士(EMBA)、工程管理硕士(MEM)、公共管理硕士(MPA)和会计硕士(MPAcc)等项目在我国的蓬勃发展，每年有大批的EMBA、MEM、MPA和MPAcc考生进行备考，本书的主要内容也适用于全国EMBA、MEM、MPA和MPAcc考生。

如何认真对待MBA面试，本书所有的章节都在回答这个问题。本书从MBA面试的认识、各个学校面试的程序和过程、面试各个环节的特点和如何准备等方面进行了详尽的描述，并从考官、学校教授、考生三个角度，对各校面试的要求和应对之法给出客观的描述。同时，你能找到与你背景相似的考生面试的成功经验，找到有价值的参照对象，还能吸取失败者的惨痛教训，避免自己重蹈覆辙。最后，本书给出了应对面试的各种建议和策略。

本书由社科赛斯教育集团组织编写，编委会的全体成员均为该集团具有多年面试辅导经验的辅导专家，他们都是毕业于北京大学、清华大学、南开大学等国内顶级院校的MBA，同时是社科赛斯教育集团MBA面试辅导团队的核心成员。

为了方便广大考生更好地备考，本书提供免费的课程增值服务，本书读者只需将个人联系电话、邮箱和主要报考院校(含专业)发送至邮箱：success-HQ@outlook.com，即可免费获得本书附赠的一套在线网课。

考生如需了解MBA备考最新资讯和面试相关辅导信息，可登录中国MBA备考网(www.mbaschool.com.cn)。

祝考生们走出MBA面试，走入精彩人生！

社科赛斯教育集团

2022年3月

目录

第一章 MBA面试总论

第一节 MBA面试的目的 ………………………………………………………… 2
第二节 面试准备 …………………………………………………………………… 3

第二章 MBA面试的形式

第一节 面试全流程 ………………………………………………………………… 20
第二节 考查要点 …………………………………………………………………… 23
第三节 面试考核方式案例实录 ………………………………………………… 26
第四节 英语面试技巧 ……………………………………………………………… 31
第五节 面试礼仪 …………………………………………………………………… 42

第三章 MBA面试考官

第一节 院校考官的特点及对策 ………………………………………………… 48
第二节 企业考官的特点及对策 ………………………………………………… 50
第三节 人力资源考官的特点及对策 …………………………………………… 53

第四章 个人简历、自述短文及申请材料写作指导

第一节 个人简历的撰写 ………………………………………………………… 60
第二节 个人自述的撰写 ………………………………………………………… 69
第三节 MBA面试重点问题及解答 ……………………………………………… 73

第五章　个人综合素质面试之自我介绍

第一节　自我分析与定位 ·· 76
第二节　自我介绍的技巧 ·· 79
第三节　面试案例精选 ·· 83

第六章　个人综合素质面试之回答问题

第一节　回答问题的诀窍 ·· 94
第二节　经典问题339问 ·· 99

第七章　MBA面试之无领导小组面试

第一节　无领导小组面试的方法及分类 ······································ 112
第二节　无领导小组面试的特点分析 ·· 112
第三节　无领导小组面试的评价标准 ·· 113
第四节　无领导小组面试的试题形式 ·· 113
第五节　应试者如何在小组面试中"出彩" ···································· 114

第八章　MBA面试经验谈

面试成功的方法论 ·· 118
成功寓于细节之中 ·· 120
专科生的北大之路 ·· 121
倒在门口的冲刺 ·· 123
一路走来，清华MBA ·· 123
清华考场上的危机是这样度过的 ·· 127
北大光华MBA面试经验与心得 ·· 128
种下一颗希望的种子，用汗水去浇灌 ······································ 130
用行动来改变自己 ·· 132
从失败中反思 ·· 135

第九章　MBA提前面试专题辅导

第一节　清华大学与北京大学MBA提前面试专题辅导 ························· 138
第二节　中国人民大学MBA提前面试专题辅导 ······························· 147

第三节	复旦大学MBA提前面试专题辅导	149
第四节	上海交通大学MBA提前面试专题辅导	154
第五节	南开大学MBA提前面试专题辅导	159

第十章　MBA面试必读之管理知识

第一节	管理概述类问题	164
第二节	决策与计划类问题	170
第三节	组织类问题	181
第四节	领导类问题	189
第五节	控制类问题	198
第六节	管理热点类问题	202

附录

附录A	清华经管MBA学习体系	208
附录B	北大光华MBA培养方案	211
附录C	职位常用词语中英文对照	222
附录D	参考实录	226

第一章
MBA面试总论

第一节　MBA面试的目的
第二节　面试准备

MBA英文的全称是"Master of Business Administration",即工商管理硕士,20世纪初发源于美国。1908年,哈佛商学院首创MBA教育,之后10年,美国经济发达的各地财团联盟与以哈佛大学为首的各大院校相继设立了专注于MBA教育的多家商学院及管理学院,并成立了延续至今的"美国商学院联合会"。当时,美国正处于其历史上第一个经济飞速发展时期,各行各业都面临行业腾飞和经济组织演变的新挑战,这些都在管理领域提出新的研究课题,而管理研究的进展又为新型组织的巩固提供了支持和保证。二者相互激励,从根本上推动了管理思想和理论的演进。在这一时期,那些既有实践经验、又有商业管理理论水平的中高级管理人才从财务制度、统计制度到人员绩效激励制度等方面全面推动了管理的发展。

美国MBA教育的成功,促进了世界其他各国MBA教育的引进及发展。中国在1988年成立了"培养中国式MBA研究小组"。1990年,国务院学位委员会第十次会议决定在中国试行MBA教育,并于1991年在清华大学、中国人民大学、南开大学、天津大学、复旦大学、厦门大学、西安交通大学、哈尔滨工业大学、上海财经大学等9所院校进行试点。1993年,首届86位MBA毕业生获得学位。同年,试点院校扩展到26所。1998年,我国进一步扩宽MBA培养渠道,试点院校最终扩展到64所。除去国际合作项目和传统的学院式学位教育,国务院学位委员会、国家经济贸易委员会在1997年颁布了《关于"九五"期间开展企业管理人员在职攻读工商管理硕士(MBA)学位工作的通知》,"大学本科毕业,工作5年以上,年龄45岁以下,工作业绩突出的工商企业、特别是国务院重点联系的国有大中型企业以及经济管理部门的中、高层管理人员,获准推荐参加全国统一组织的攻读工商管理硕士(MBA)学位入学考试,即GRK考试"。与此同时,考试方式由单考、统考一直发展到现今的联考。2003年1月,MBA考试科目改制,把笔试科目分为英语和综合能力测试。其中,综合能力测试由充分性判断、问题求解、写作和逻辑组成。自2002年起,MBA考试增加面试环节,通过综合笔试和面试成绩发掘真正具有企业家素质的管理人才,面试与笔试的分数在总分中所占比例根据各院校的实际特点和评判标准而有所不同。

第一节 MBA面试的目的

面试是现代社会一种常见的、重要的选人方法。一般来说,笔试主要考查考生的知识和基本认知能力,面试主要测查和评价考生综合素质和各种能力。也就是说,面试是一种经过组织者精心设计,在特定场景下,以考官对考生的面对面交谈与观察为主要手段,来判断考生综合素质与能力的特定活动,其包括对非语言行为的综合分析、推理与判断。

MBA的面试与企业选拔人才的面试不同。企业面试的目的是围绕企业目标，通过面试来达到人才的选、用、育、留。MBA入学面试更多的是考查学生过去的积累和将来的发展潜力。MBA项目培养的是未来的职业经理人、创业的有志青年，以及部分具有企业家潜质的在职管理干部，这就决定了MBA入学考试的面试和笔试在普通选拔性考试的基础上，又多了一层影响中国企业未来经营走向的重大责任。因此，MBA面试变得越来越重要，甚至会超越原来只是选拔出最适合读MBA的考生的初衷。其中，面试是进入MBA殿堂的一个重要门槛，各MBA培养院校都非常重视面试。MBA招生院校希望从众多考生当中，挑选出具有培养前途、管理潜质及深厚背景的优秀考生进入学校学习，为学校增光添彩。

　　由此看来，MBA是一种选择！有的人坚持不懈且有目的地做出选择，有的人则抛弃一切，做出全新的选择！这不仅仅是人生道路的选择，更是生活方式、人生态度的选择！

第二节　面试准备

　　在MBA面试的考官中，既有学院派的教授，也有实践派的企业领导，因此，回答好面试中的问题具有较大的挑战性。你的回答既要有现实价值，又要有理论深度，所以掌握一些基本的管理、经济、市场营销的知识，是很有必要的，同时要把这些基本的理论知识与实际经验结合起来。

一、面试必备管理学知识

(一) 管理基本知识要点分析

1. 关于管理原理与管理方法

管理原理是指管理活动中遵循的基本规律；管理方法是指管理活动中所采取的工作方式。两者相辅相成，前者是指导思想，后者是不可缺少的手段，以下将分别论述。

1) 管理原理

管理原理主要包括5种，具体如下：

① 系统原理：宇宙中任何事物(包括管理活动)都是具有特定功能的系统，其特点是具有相关性、目的性、层次性及环境适应性。它对于管理工作的意义在于遵循事物的客观规律，统筹兼顾，整体优化，动态管理。

② 人本原理：人是管理系统中最积极、最活跃、最具有主观能动性的因素，管理要以人为中心。

③ 信息与信息反馈控制原理：信息是人类社会发展的重要动力和资源(物质、能源和信息)，是现代企业生存与发展的重要条件。

④ 责任原理：管理工作必须在分工的基础上明确员工责、权、利的相互关系。它强调管理工作中责、权、利与能力之间的协调和统一(见图1-1)。

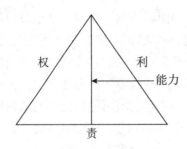

图1-1 责、权、利的相互关系

⑤ 效益原理：企业作为营利性组织，应十分重视投入和产出的关系，争取实现1+1>2的效果。

2) 管理方法

管理方法主要包括4种，具体如下：

① 法律的方法：运用法律、法令、司法、仲裁等手段，调整社会经济与企业活动中的关系。

② 行政的方法：运用命令、指示等行政手段，以权威和服从为前提，指挥员工开展各项工作。

③ 经济的方法：运用各种经济手段，调节和平衡各种经济利益之间的关系。

④ 教育的方法：通过多种多样的教育和培训，提高人员素质。

2. 关于管理决策

1) 什么是决策

决策是指决策者(管理者)对未来组织目标与组织活动内容、方式的决断、选择、执行与调整的全过程。美国著名管理学家西蒙曾说：管理就是决策。

2) 决策的意义和作用

① 决策的正确与否，关系到组织的现在与未来(即它是组织发展和成败的关键因素)。

② 决策是管理者的一项基本技能，也是对领导者能力和魄力的考验。管理者一般需具备三种基本技能，如图1-2所示。

图1-2 管理者的基本技能

其中，技术技能指管理者在本职业务方面的胜任能力；人际技能指管理者协调人际关系、调动上下两级积极性的能力；概念技能指管理者分析环境、把握全局、正确制订战略决策的能力。

3) 决策的特点

决策一般有6个特点，具体如下：

① 目标性，即决策的目的和前提。

② 可行性，即决策的约束条件。

③ 选择性，即决策的多种可供选择的方案(决策的核心)。

④ 满意性，指决策追求满意方案而非最优方案(包括质量、可接受性、经济性、时效性)。

⑤ 过程性，强调决策是一个过程，而非瞬间行动。

⑥ 动态性，指决策没有真正的起点和终点。

4) 决策的过程

科学决策的过程一般要经过6步，具体如下：

① 发现问题，为决策提供依据。

② 明确组织目标：确定多元化目标体系(最低、最高以及限定目标)。

③ 拟订方案：要有多个方案，可以相互排斥，避免相容、雷同。

④ 方案比较选择：综合考虑经济和社会效益，整体优化。

⑤ 执行方案：逐级推广。

⑥ 检查处理：反馈、调整，必要时做追踪决策。

5) 常用的决策分析方法

常用的决策分析方法有两种，具体如下：

① SWOT分析法，主要用来确定组织(产品) 活动的方向(见图1-3)。其中S(strengths)是指组织内部的优势，包括组织内部人、财、物、信息资源与管理水平等；W(weaknesses)是指组织内部的劣势；O(opportunities)是指组织外部环境机遇，包括政治、经济、社会、文化、技术与自然环境，以及用户、竞争对手、供应商状况；T(threats)是指组织外部环境的威胁。

图1-3 SWOT分析法

② 为了制订决策方案，选择适当的分析方法。其一般有 4 种，分别是头脑风暴法、德尔菲法(以上两种方法在于充分运用专家的智慧)、案例分析法、定量分析法(如决策树、量本利分析法等)。

3. 管理的基本职能及相互之间的关系

管理的基本职能包括计划、组织、领导、控制。

1) 计划

计划是对组织未来目标和行动方案的具体安排，它是各项管理职能的前提和基础。

(1) 计划的任务主要是明确"5W1H"，即确立组织目标(what)、统一组织思想(why)、制订行动步骤(where、when、who、how)，以提供衡量基点。

(2) 计划的内涵与表现形式主要包括以下5种：①宗旨，即组织存在的使命；②目标，即宗旨的具体化(要尽可能量化、可执行、可衡量)；③战略，即组织的行动方针和资源分配纲要；④规划，即综合性计划；⑤预算，即数字化计划。

此外，计划还包括政策、规则、程序等，这些都是组织活动要遵循的原则与准绳。

2) 组织

组织是指围绕组织目标所建立的权、责结构系统和开展的一系列的组织工作，它是管理的载体和依托。

(1) 组织的内涵可以从两个方面去认识。从静态层面理解，组织即组织结构系统，从动态层面理解，组织指的是组织工作和行为。

(2) 最常见的三种组织结构形式，具体如下：

直线职能式，这种组织形式是在组织中设立生产和职能两大系统(见图1-4)。其特点在于分工明确、职责清晰、效率较高，但缺乏灵活性，部门间易产生隧道效应。

图1-4 直线职能式组织

事业部式，又称斯隆模式(见图1-5)。具体是总公司下设事业部，实行独立核算自主经营，自负盈亏，成为利润中心。其特点在于能极大地调动下级人员的积极性，有利于培养综合性管理人才。

图1-5 事业部式组织

矩阵式，主要指组织建立两套系统，其中横向系统以项目(产品)为中心，纵向系统以职能部门为中心(见图1-6)。其特点是大大增加组织的弹性与灵活性，以适应急剧变化的外部环境。

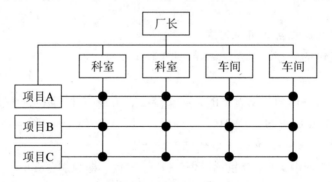

图1-6 矩阵式组织

(3) 组织中各种关系的协调，主要包括：①集权与分权，主要强调组织应适度分权和授权；②在正式组织与非正式组织方面，强调正确处理与非正式组织的关系，对非正式组织要分清性质，因势利导；③直线和参谋，此两者相辅相成，需注意分清职责范围。

(4) 组织中的人员配备，包括人员选聘、人员考评、人员培训等。其处理原则是谋求人与事的最佳配合，因事择人，因材施用，以实现动态平衡。

(5) 组织变革。变革目的在于适应环境、维持生存、发展创新、提高效益。变革内容与方法包括心理变革、结构变革、技术变革、环境变革、系统变革。要注意尽量采用渐进式变革，即"解冻—改变—再冻结"。

3) 领导

领导是指在日常管理中，对人实施的指挥、协调、激励和沟通工作。它是管理工作的关键环节，具体包括：

(1) 领导者有5种权力，包括3种职位权力和2种个人权力。职位权力包括制度权(由法律与制度规定的领导权)、奖励权、惩罚权；个人权力包括专长权(知识技能和专长)、模范权(修养品格与作风)。前者权力来自外部，属于临时性权力；后者权力来源于自身，具有永久性的特征。

(2) 管理工作中的领导职能还包括激励和激励理论。其中激励是指围绕组织目标，对人的内在动力的激发、导向、保持和延续。激励理论以马斯洛的需要层次理论为代表，如图1-7所示，图中详细列示了普通人的5种需要。

图1-7　5种需要层次

除了激励理论，领导职能还包括领导的权变理论，主要谈论领导者、被领导者、环境三者间的关系。其核心是领导行为存在固定模式，要注意因时因地因人制宜。

(3) 领导职能还涉及领导活动中的沟通。其含义是指信息在发送者和接收者之间传递的过程与行为。无论是发信者、接收者，还是传递过程本身，都会对沟通效果产生一定的影响，主要的影响因素包括：易对发信者(信源)造成影响的因素，如知识、技能、态度、表述能力和权威性等；易对传递过程造成影响的因素，如技术性与人为性障碍等；易对接收者造成影响的因素，如知识、态度和切身利益等。

4) 控制

控制指对组织目标的监控、检查和调整措施，是管理活动的约束机制。控制的目的在于确保组织目标的实现(纠偏)，包括适应环境变化、适当修正(调整)计划两方面。

管理控制有三种主要形式，具体如下：

① 预先控制，即控制活动在各项工作开展之前，其特点在于防患于未然，适用范围广，对事不对人。

② 过程控制，即控制活动在各项工作开展之中，其特点在于有指导性功能，但控制范围有限。

③ 事后控制，即控制活动在各项工作完成之后，其特点在于总结经验教训，纳入良性循环，但性质上属亡羊补牢。

4. 管理中的热门话题

1) 关于现代企业制度

关于现代企业制度主要注意以下几点。

(1) 现代企业制度的特点：产权清晰，出资者按其份额享受所有者权益；权责明确，企业作为法人自主经营，自负盈亏，政企分开，政府不干预企业正常的经营活动；管理科学，执行科学的领导和经营机制。

(2) 公司制有两种形式：①有限责任公司是指单独投资或两个以上股东投资(2~50人)成立；②股份有限公司是将全部资产分成等额股份，以发行股票方式筹集资金，股东对公司承担有限责任。

(3) 公司制治理结构：最高权力机构是股东大会，董事会是企业法人，总经理是公司的行政负责人，另外还有公司的监督机构，即监事会。

2) 关于企业文化

关于企业文化应注意以下几点。

① 企业文化：指企业上下在经营管理活动中所形成的共同的思想、作风、行为规范和价值观体系。

② 企业文化的特点包括无形性、软约束性、稳定性和个性。

③ 企业文化结构框架主要有三种，分别是：①物质文化，是最浅层的文化，主要体现在硬件设施方面；②制度文化，是中层文化，包括风俗、礼仪、制度、行为规范等；③精神文化，是深层文化，包括经营的哲学理念、精神和风范等。

3) 学习型组织要做到5项修炼

5项修炼主要包括建立共同的愿景、改善心智模式、系统思考、团队学习以及超越自我。

(二) 管理经济学常识

(1) **经济学的基本命题**：如何利用稀缺资源最大限度地满足人们的需求。

(2) **经济资源的稀缺性**：相对于人类无限增长的需求，在一定时间与空间范围内资源总是有限的，相对不足的资源与人类绝对增长的需求相比，造成了资源的稀缺性。

(3) **相关公式**：经济利润=收入-会计成本-机会成本

会计利润=收入-会计成本

(4) **机会成本的概念**：机会成本是经营决策过程中经营者所必须考虑和重视的概念。假设一种资源具有多种用途，那么资源用于其他方面可能获得的最大收益就是资源用于实际方面的机会成本。

(5) 机会成本在实践中主要体现在以下几方面，包括：存款与投资的比较、自营公司和任职他人公司的收益比较、要素出售或者再加工、设备使用。

(6) **可变成本**：随着产量变化而变化的成本。

固定成本：不随产量变化而变化的成本。

(7) **企业成本**：企业生产某种产品的成本。

社会成本：由于企业生产某种产品而使社会增加的费用。

(8) **产生利润的两个途径**：供不应求—高价格—市场机会；高效率—低成本—管理水平。

(9) **需求的概念**：购买欲望×货币支付能力=需求。

显而易见，随着价格上升，需求量逐渐减小；随着价格下降，需求量逐渐增大。

需求函数：$Q_d=f(P_x, T, I, P_s, E)$。

式中，P_x为商品价格，T为消费者偏好，I为收入，P_s为其他商品的价格，E为消费者对价格的预期。

(10) 供给函数：$O_s=f(P_x, P_s, C, P_e)$。

式中，P_x 为商品价格，P_s 为其他商品的价格，C 为生产技术，P_e 为生产要素的价格。

(11) 需求弹性：需求弹性是指需求量对某种影响因素变化的反应程度。

需求的价格弹性是指价格变动的比率所引起的需求量变动的比率，即需求量对价格变动的反应程度。

影响价格弹性的因素：商品的性质，替代品存在与否，价格占收入的比重，价格变化后的时间。

需求的收入弹性(EI)：需求的收入弹性用来衡量需求量对收入变化的反应程度，即收入变化的比率所引起的需求量变动的比率。一般可分为三类：EI<0，低档品；0<EI<1，必需品；EI>1，奢侈品。

(12) 生产函数：生产函数表示在一定的时期内，在技术水平不变的情况下，生产中所使用的各种生产要素的数量与所能生产的最大产量之间的关系。

(13) 边际收益递减规律：在技术水平不变的条件下，在连续地、等量地把某一种可变生产要素增加到其他一种或几种数量不变的生产要素上去的过程中，当这种可变生产要素的投入量小于某一特定值时，增加一单位该要素的投入量所带来的边际产量是递增的；当这种可变要素的投入量连续增加并超过这个特定值时，增加一单位该要素的投入量所带来的边际产量是递减的。

(14) 规模经济与规模不经济：规模经济或不经济所要说明的是产出规模扩大与成本变化之间的关系。在理论上，经济学家常常把规模经济定义为由于生产规模扩大而导致长期平均成本降低的情况。

导致规模经济的原因：大规模管理、大规模销售、大规模采购、大规模融资。超大规模不经济易导致管理机构臃肿、市场压力上升、信息传递低效率。

(三) 市场营销知识

1. 市场营销

市场营销就是以满足人们的各种需要和欲望为目的，通过市场把潜在的顾客变为现实顾客的一系列活动和过程。因此，它的中心任务就是如何适应和刺激人们的消费需求，提供满足消费者需求的商品或服务，从而扩大企业的市场销售量和市场占有率，以促进企业的发展。

2. 市场营销观念

(1) 生产观念。生产观念是一种古老的营销观念，其基本内容是：企业以改进、增加生产为中心，生产什么就销售什么。在这种观念的指导下，企业的中心任务是组织所有资源，集中一切力量增加产量，降低成本，而很少考虑消费者需求的差异性。企业的信念是："只要有生产，必定有销路"。

(2) 产品观念。这种观念认为，消费者总是喜欢那些质量高、性能好、有特色、价格合理的产品，只要注意提高产品质量，做到物美价廉，就一定会产生良好的市场反应，消费者就会自动找上门来，因而无须花力气开展营销活动。

(3) 推销观念。推销观念认为，消费者通常会表现出一种购买惰性或抗衡心理，如果顺其自然，则消费者一般不会足量购买某一企业的产品，因此，企业必须积极推销和大力促销，以刺激消费者大量购买本企业的产品。

(4) 市场营销观念。这是一种全然不同于上述推销观念的现代营销思想，其基本内容是：消费者需要什么产品，企业就生产、销售什么产品。企业考虑问题的逻辑顺序不是从既有的生产出发，不是以现有的产品吸引或寻找消费者，而是正好颠倒过来，即从消费者的需求出发，按照目标市场上消费者的需要和欲望，比竞争者更有成效地去组织生产和销售。

(5) 社会营销观念。社会营销观念是对市场营销观念的重要补充和完善，其基本内容是：企业提供的产品，不仅要满足消费者的需求和欲望，而且要符合消费者和社会的长远利益，企业要关心和增进社会福利。它强调，要将企业利润、消费者需要、社会利益三方面统一起来。

3. 对市场营销活动的管理

企业在从事市场营销活动时必须遵循必要的步骤，具体如下：

1) 分析市场机会

所谓市场机会是指那些企业可以利用的、尚未被满足的市场需求。在激烈竞争、不断变化的市场中，市场机会并不容易发现。企业营销人员必须进行大量、专门的市场调查，千方百计地寻找那些未得到满足的市场需求，并加以分析评估，看其是否符合企业的资源优势及发展目标等。

2) 选择目标市场

对市场机会进行分析之后，下一步就是要选择目标市场，具体可分为三个步骤：市场细分、选择市场策略和市场定位。

(1) 市场细分。所谓市场细分，就是依据消费者需求偏好、购买行为和购买习惯的差异，按照一定的细分标准把整个市场划分为若干个需求与愿望各不相同的消费者群，即若干个"子市场"，每个"子市场"都是一个相同需求类的消费者群。因而，企业可以选择某一个或某几个"子市场"作为目标市场。由此可以看出，市场细分并不是对产品的分类，而是对消费者需求的分类。

(2) 选择市场策略。市场细分的目的是促使企业在庞大的市场体系中正确地选择某一个或某几个最能发挥企业自身相对优势的细分"子市场"作为目标市场，依靠自身有限的资源，充分发挥自己的优势，进行有针对性的营销活动。

(3) 市场定位。企业对市场进行了细分并选择了相应的市场策略后，也就最终选定了企业所服务的目标市场。但是，在企业真正进入市场之前，还有一项重要的工作要做，即进行市场定位。

所谓市场定位，就是要根据竞争者现有产品在市场上所处的位置，针对消费者对该产品某一特征或属性的重视程度，塑造本企业产品与众不同的、给人留下深刻印象的个性或形象，并把这种形象生动地传递给消费者，从而使该产品在市场上确定占据适当的位置。简单地说，市场定位就是要确定企业的产品在市场上的位置，确定企业产品究竟以何种"面目"出现在消费者面前。当然，企业在进行市场定位时，一方面要了解竞争对手的产品有何特色，另一方面也要研究消费者对该产品各种属性的重视程度，然后结合两方面的情况选定本企业产品的特色和独特形象。

4. 市场营销组合

所谓市场营销组合，就是为了满足目标市场的需要，企业对自己可以控制的市场营销因素进行优化组合，以完成和实现企业目标。企业可控制的市场营销因素有很多，为了便于分析，美国的麦卡锡教授把各种市场营销因素归纳为4类，即产品(product)、价格(price)、促销(promotion)、分销(place)，简称"4Ps"。市场营销组合就是这4个"P"的搭配与组合。

1) 产品策略

产品策略在企业的营销战略中占有十分重要的地位，因为任何企业在制订战略计划时，首先需要回答的问题就是企业用什么样的产品和服务满足目标市场的需求。市场营销组合中的其他三项策略，都是围绕产品策略进行的。因此，产品策略就成为整个市场营销组合的基石。

(1) 产品的整体概念。现代市场营销理论认为，产品是指人们向市场提供的能满足人们某种需求的任何有形的物质产品或无形的服务。对产品的完整认识包括三个层面，即产品整体概念包含三个层次：核心产品、形式产品和延伸产品。

(2) 产品组合策略。由产品整体概念可知，产品是一个复合的、多维的、整体的概念。企业为了充分有效地满足目标市场的需要，必须设计一个优化的产品组合。

所谓产品组合，是指一个企业生产经营的全部产品的结构，它常由几种产品线组成。产品线又称产品大类，是指用于满足同类需求而规格、款式或档次等不同的一组产品。产品线中不同的个别产品，称为产品项目。

企业的产品组合具有一定的宽度、深度和关联度。所谓产品组合的宽度，是指一个企业拥有多少产品线；产品组合的深度，是指企业各种产品线中产品项目的数量；而产品组合的关联度则是指各种产品线之间在最终用途、生产条件、销售渠道及其他方面相互关联的程度。

调整产品组合的方式主要有两种：

① 改进现有产品线，增加或剔除某些生产项目，改变产品组合的深度；

② 增加或减少产品线，调整产品组合的宽度，与此同时，相应地调整企业现有资源在各条产品线上的配置。

2) 价格策略

价格策略是市场营销组合重要的组成部分。价格作为市场营销组合中最活跃的因素，历来备受人们的关注。在早期的市场竞争中，价格是最主要的竞争手段。20世纪50年代以后，由于经济的发展和人们生活水平的提高，非价格因素的竞争越来越重要，但价格仍是不可忽略的重要营销因素。这是因为，企业的价格策略不仅直接关系到产品的销售量和企业的利润，而且影响到其他营销策略能否顺利实施，在一定程度上将决定企业活动的成败。

3) 促销策略

企业为了满足消费者的需要，实现企业的营销目标，不仅要提供适销对路的产品，制定适宜的价格，还要配以有效的促销，及时将有关产品的信息传递给目标市场上的消费者，激发他们的购买欲望，并促使其购买行为的实现。所有这些，都是促销策略的内容。

所谓促销，又称促销销售，是指企业运用各种手段，帮助和说服消费者购买某种商品，从而促进消费者产生消费需求和购买行为，同时树立良好的企业形象或产品形象的一种积极的营销手段。促销的实质是信息沟通，其目的是激发消费者的购买欲望，实现购买行为，并提高企业信誉，而实现这一目的的基本手段是帮助和说服消费者。

促销组合就是企业在促销中所运用的各种促销手段，或称促销工具的搭配与组合，其目的是把各种促销工具有机地结合起来，形成整体的促销策略。

常见的促销工具或促销方式可以归纳为两大类，即人员促销和非人员促销。其中，非人员促销又有多种形式，常见的有广告、营业推广、公共关系等。

4) 分销策略

分销策略又称分销渠道策略，是市场营销组合策略的一个重要组成部分。

企业生产出来的产品，只有通过各种分销渠道，才能到达消费者手中。如何选择合适的分销渠道，用最高的效率和最低的费用把产品适时、适量地送到消费者手中，是企业的分销策略所要研究的基本内容。

(四) 管理小故事

1. 分粥

曾经有7个人住在一起，每天分一大桶粥。要命的是，粥每天都是不够吃的。一开始，他们决定通过抓阄决定谁来分粥，每天轮换一人。于是乎每周下来，他们只有自己分粥的那一天是能吃饱的。后来他们推选出一个道德高尚的人出来分粥。然而强权产生了腐败，大家开始挖空心思去讨好分粥的人，贿赂他，搞得整个小团体乌烟瘴气。后来，大家组成3人的分粥委员会及4人的评选委员会，但他们常常互相攻击，经常将好好的热粥放凉了。最后，他们想出来一个方法：轮流分粥，但分粥的人要等其他人都挑选完后才能拿最后剩下的那一碗。为了不让自己吃到的是最少的，每个分粥的人都尽量分得平均，就算不平均，也只能认了。于是，大家快快乐乐、和和气气，日子越过越好。

2. 辞职

A对B说："我要离开这个公司。我恨这里！"B建议道："我举双手赞成你报复！破公司，一定要给它点儿颜色看看。不过你现在离开，还不是最好的时机。"A问："为什么？"B说："如果你现在走，公司的损失并不大。你应该趁着在公司的机会，拼命去为自己拉一些客户，成为公司独当一面的人物，然后带着这些客户突然离开公司，公司才会受到重大损失，从而变得非常被动。"A觉得B说得非常在理，于是努力工作，半年后，他有了许多忠实客户。再见面时，B问A："现在是时机了，要跳赶快行动哦！"A淡然笑道："老总跟我长谈过，准备提升我做总经理助理，我暂时没有离开的打算了。"

3. 身教重于言教

日本本田技研工业总公司的创始人和总经理本田宗一郎以对员工粗暴而闻名。他一看见员工做得不对，拳头立刻就会飞过去。虽没有做错，但只是照葫芦画瓢，没有一点创新的人和做错事闯大祸的人一样会遭一顿打。有的人挨打后还不知道是怎么回事，认为他大概是疯了，但事后本田宗一郎会告诉员工挨打的原因。由于一般都是不知不觉动手的，所以事后本田宗一郎会马上反省，但也只是在脸上稍有点对不起的表情。

尽管如此，年轻人并不讨厌他，反而更加佩服他的表率作用。总之，本田宗一郎都是自己率先去干棘手、艰苦的活，亲自做示范，无声地告诉人们："你们也要这样干"。例如，1950年，也就是藤泽武夫进入公司的第二年，有一天，为了谈一宗出口生意，本田宗一郎和藤泽武夫在滨松一家日本餐馆里招待外国商人。外国商人在厕所里不小心弄掉了假牙。宗一郎听说后，二话没说跑到厕所，脱下衣服，跳入粪池，用木棒小心翼翼地打捞，捞了一阵子，木棒碰到了一个硬块，假牙找到了。假牙打捞出来后，先冲洗干净，并做了消毒处理，宗一郎自己先试了试。假牙失而复得，宗一郎拿着它又回到了宴席上。

这件事令外国商人很感动。藤泽武夫目睹了这一切，认为可以一辈子和本田宗一郎合作下去。

那么肮脏的活儿，给钱找别人干就是了。但那不就是以金钱来充好人吗？本田宗一郎十分讨厌这种人，所以就亲自跳进粪池去打捞。这就体现了领导者在实践中所能起到的表率作用。

美国大器晚成的女企业家玫琳凯在这个问题上有着自己独到的见解，她认为领导的速度就是众人的速度，称职的经理应该以身作则。例如，所有美容顾问都必须对公司自有的生产线了如指掌，这项工作并不复杂，它只是一个如何做准备工作的问题。一个销售主任，除非自己是商品专家，否则是不可能说服其他美容顾问成为商品专家的。"人们无法想象一个不熟知商品知识的销售主任怎样开好销售会议，这样的销售主任只能在会上要求众人照我说的，而不是照我做的那样去做。"

她说："我相信，我们公司的情况也同其他公司一样，一个称职的经理是任何人也代替不了的。遗憾的是，许多为了晋升到经理层而努力工作的人真的当上经理后，身上却滋长出严重的官气。在我们公司里，有些人当上销售主任后，就不再亲自举办化妆品展销会了。结果，她们当中的一些人在招收和培训美容顾问方面越来越不得力。之前她们之所以在招收美容顾问方面取得一些成绩，直接原因是以前结识的正是那些本来就很有希望成为美容顾问的人。当上销售主任后，她们整天围着办公桌转，似乎再也结识不到适合当美容顾问的人了，她们甚至不知道这是为什么！另外，一旦不再亲自举办化妆品展销会，也就不再能以实际行动激励下属那样做了。你是否注意到这种情况，当你刚刚完成了某项工作，并去指导他人工作时，你的热情总是会更加高涨！"

"经理不但应在工作习惯方面，而且应在衣着打扮方面为众人树立一个好榜样，经理形象是十分重要的……"

"我只有在自己的形象极佳时才肯接待光临我家的客人。我认为，自己是一家化妆品公司的创始人，必须给人留下好的印象。因此，如果不能给人留下好印象，我干脆闭门谢客。我甚至不得不限制自己最喜爱的消遣方式：养花。我认为，要是让我们公司的一个人看见我手上沾满了泥浆，那样太不好了。就这样，我的这些做法被传扬出去了。有人告诉我，我们的全国销售主任中有许多人在学着我的样子，都穿得十分漂亮，成了各自地区成千上万的美容顾问在穿着方面效法的榜样。"

"人们往往会模仿经理的工作习惯和修养，不管其工作习惯和修养是好还是坏。假如经理经常迟到，吃完午饭迟迟不回办公室，打起私人电话没完没了，不时因喝咖啡而中断工作，一天到晚眼睛直盯着墙上的挂钟，那么，他的下属大概也会如法炮制。值得庆幸的是，员工们也会模仿一个经理的好习惯。例如，我习惯在下班前把办公桌清理一下，把没干完的工作装进我称之为"智囊"的包里带回家，我喜欢当天事当天了。尽管我从未要求过我的助手们和7名秘书也这样做，但是她们现在每天下班时，也会提着"智囊"包回家。"

"作为一名经理，你重任在肩，你的职位越高，越应重视给人留下得体的印象。因为经理总是处于众目睽睽之下，所以你在采取行动时务必要考虑到这一点。以身作则吧！过不了多久，你的下属就会照着你的样子去做。"

4. 迪特尼公司的企业员工意见沟通制度

迪特尼·包威斯公司是一家拥有12 000余名员工的大公司，它早在20年前就认识到及时与员工沟通意见的重要性，并且不断地加以实践。现在，公司的员工意见沟通系统已经相当成熟和完善。特别是在20世纪80年代，面临全球的经济不景气的大环境，这一系统对提高公司劳动生产率发挥了巨大的作用。

公司的员工意见沟通系统是建立在这样一个基本原则之上的：个人或机构一旦购买了迪特尼公司的股票，他就有权知道公司的完整财务资料，并得到有关资料的定期报告。本公司的员工也有权知道并得到这些财务资料和一些更详尽的管理资料。迪特尼公司的员工意见沟通系统主要分为两个部分：一是每月举行的员工协调会议，二是每年举办的主管汇报和员工大会。

1) 员工协调会议

早在20年前，迪特尼公司就开始试行员工协调会议。在会议中，管理人员和员工共聚一堂，商讨一些彼此关心的问题。公司的总部、各部门、各基层组织都会举行协调会议。这看起来有些像法院结构，从地方到中央，逐层反映上去。

在开会之前，员工可事先将建议或意见反映给参加会议的员工代表，代表们在会议中将其转交给管理部门，管理部门也可以利用这个机会，将公司政策和计划讲解给代表们听，相互之间进行广泛的讨论。

要将迪特尼公司12 000多名职工的意见充分沟通，就必须将协调会议分成若干层次。实际上，公司内共有90多个这类组织。如果问题在基层协调会议上不能解决，将逐级反映上去，直到有满意的答复为止。事情关系到公司的总政策，那就一定要在首席代表会议上才能决定。总部高级管理人员认为建议可行，就立即采取行动，认为建议不可行，也要把不可行的理由向大家说明。员工协调会议的开会时间没有硬性规定，一般都是一周前在布告牌上通知。为保证员工意见能迅速逐级反映上去，基层员工协调会议应先开。同时，迪特尼公司也鼓励员工参与另一种形式的意见沟通，公司在四处安装了许多意见箱，员工可以随时将自己的问题或意见投到意见箱里。为了配合这一计划的实行，公司还特别制定了一些奖励规定，凡是员工意见经采纳后产生了显著效果的，公司将给予优厚的奖励。

令人欣慰的是，公司从这些意见箱里获得了许多宝贵的建议。

如果员工对这种间接的意见沟通方式不满意，还可以用更直接的方式(如面对面沟通)与管理人员交换意见。

2) 主管汇报和员工大会

对员工来说，迪特尼公司主管汇报和员工大会的性质，与每年的股东财务报告和股东大会相类似。

(1) 主管汇报。公司员工每人可以收到一份详细的公司年终报告。这份主管汇报有20多页，包括公司发展情况、财务报表分析、员工福利改善、公司面临的挑战以及对协调会议所提出的主要问题的解答等。公司各部门接到主管汇报后，会召开员工大会。

(2) 员工大会。员工大会都是利用上班时间召开的，每次人数不超过250人，时间大约3小时，大多在规模比较大的部门里召开，由总公司委派代表主持会议，各部门负责人参加。会议先由主席报告公司的财务状况和员工的薪金、福利分红等与员工切身利益相关的问题，然后便开始问答式的讨论。这里有关个人的问题是禁止提出的，员工大会不同于员工协调会议，提出来的问题一定要具有一般性、客观性，只要不是个人问题，总公司代表一律尽可能予以迅速解答。员工大会比较欢迎预先提出问题的这种方式，因为这样可以事先充分准备，不过大会也接受临时性的提议。

迪特尼公司每年在总部要先后举行10余次员工大会，在各部门要举行100多次员工大会。那么，迪特尼公司员工意见沟通系统的效果究竟如何呢？

在20世纪80年代全球经济衰退的大环境中，迪特尼公司的生产率每年平均以10%以上的速度递增。公司员工的缺勤率低于3%，流动率低于12%，为同行业最低。

二、如何做好面试准备

事实上，影响MBA面试成绩的因素屈指可数，下面我们针对优秀面试进行简单分析(见图1-8)，找出其中关键的可控因素，并提出有效的面试准备措施。

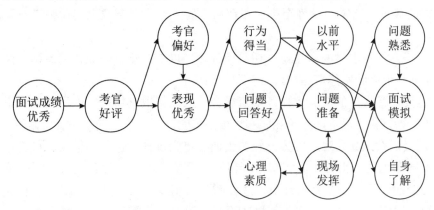

图1-8 优秀面试分析

影响面试成绩的因素有考官偏好、原有经验水平、心理素质(以上三者为不可控因素)、行为表现、对自身的了解、各类问题的熟悉程度(考核能力、成熟的回答模式)、模拟面试带来的全面提高(以上四者为关键可控因素)。

1. 做好面试的着装准备

关于面试着装的话题，本书下面将指出必备常识和常见误区，介绍哪些是比较稳妥的着装风格，哪些是MBA考生中的"常见病"和"多发病"，甚至"传染病"。有两个特点需要注意，一是在不需要花很多钱的基础上就能在着装上得分，甚至得满分；二是若不注意小节，即使花了很多钱，亦可能大大丢分。

1) 职业装的细节体现

① 中规中矩。许多人觉得这是人生中非常重要的一次面试机会，一定要舍得投入，于是买了许多时髦、前卫的服装，打算给考官留下良好的第一印象。这是一个极大的误区，一般正规的商学院都很欣赏传统、保守的正装，因此选购服装应该注重稳重、职业化，不一定要专门备装。

② 物美价廉。着装要与自身条件与社会地位相匹配。一部分MBA考生由于经济条件有限，没有条件购买昂贵的服装，这是很正常的。如果收入很有限，却身着价格几万元的西装去参加面试，面试官很可能会认为你目前这个职位不是依靠自己的能力得到的，反而会怀疑你的综合素质。因此，建议大家去购买风格相同但价格与自己身份匹配的服装。

③ 一尘不染。着装一要得体，二要保持平整干净。衣服的洁净与平整是第一印象中最主要的部分，尤其是在某些时节与部分地区，风沙和灰尘比较严重，往往一天下来衣服就会很脏，因此需要特别注意。面试时衣服清洁、平整是最起码的要求。

④ 纹丝不乱。理发要适当提前一点，头发蓬乱或者刚理完发去面试难免会有碍观瞻，给面试官留下不好的印象。另外，有些考官会认为不善管理时间、不能打理好自己的人不可能做好本职工作，这种印象对你非常不利。

2) 优雅的职业女装

① 淡妆之美。去商学院面试，女性需要稍微化一些淡妆，这样会显得更有朝气。有些女生注重本色，仍要保持素面朝天，那就一定要注意避免"面黄肌瘦""灰头土脸"的形象，因为那样容易让人怀疑你的精力是否充沛。面色红润、朝气蓬勃才显得更有亲和力，更加干练，也更会受到考官的尊重。通常，女性至少应该在眉、唇、颊三个部位上稍微装点一下，但切忌浓妆艳抹。

② 指甲之美。作为求学的考生，一切装扮都应当以专业化、职业化为原则。商学院的女性很少涂抹指甲油，但会经常修剪指甲，不会留长指甲。

③ 饰物之美。在素净的套装上做一些点缀会让人显得很有精神，但所佩饰物不用名贵，只要简单、明快、大方就可以了，过于扎眼和烦琐的饰物反而会喧宾夺主、徒增累赘。

④ 套装之美。女式套装在选配方面较男士西装更为讲究，也更为繁复。可以在不同套之间进行搭配，不同颜色之间也可以互相映衬，但是，总的原则是以深色为宜。不同季节和不同的区域可以适当变通，秋冬季节宜选深色，春夏颜色可稍浅。至于是穿着裙子和长袖套装，还是穿着裤装和短袖，则不必完全拘泥。着裙装不要太短、太暴露，开衩不能太高。坐着的时候，双腿还需并拢。袜子以肉色为宜，黑色和白色只要与服装搭配得当也是可以接受的，另外至少准备两双备用袜子放在包中，以便在丝袜勾破时随时换上，以免尴尬。

⑤ 鞋子之美。黑色的皮鞋最为传统，也最为保险。鞋子上不要有太多的装饰点缀，不要太花哨。鞋跟不能太高，否则一是容易崴脚，二是每一步都走得小心翼翼会显出你不自信。鞋跟也不宜太低，平底皮鞋通常是在休闲活动时穿的，在正规场合不合适。

⑥ 皮具之美。女性大多随身配有一个拎包，对于去面试的MBA考生，要注意皮具不能太花哨，要有朴素之美，能够装下简历和其他证明材料，另外，还要准备一些补妆工具、证件和钱包等随身必备物品。

3) 正式的职业男装

一般来讲，深色西装、白衬衫、黑皮带、黑皮鞋都是商务着装的首选。考官更看重着装的品位而不是品牌。极少有机会穿西装的考生没有穿西装的体验，可多想象一下其中的感受。

① 梳理头发。发型要适合自己，保持干净，不能有头皮屑，面试前去洗手间照照镜子、梳一下头。头发留得太长会给人不够精神的印象。有些人的头发自然条件较差，可以在理发店做一下护理和定型。

② 清洁五官。要保持面颊的干净，特别是胡子和鼻毛。面试当天出门前做一下自我"审视"，要考虑上、下午的不同情况。应保持口气清新，可以带上口香糖，但不要高傲地嚼着口香糖进场面试。还要注意不要吃有异味的食物，否则满口异味显得不尊重别人。北方天气干燥，人们常常嘴唇干裂，建议买一支润唇膏。干净、湿润的嘴唇讲出来的话也会显得更加自然、流畅。

③ 注意眼镜。眼镜不需要讲究名牌，只要大方得体，适合你本人，适合你作为商务人士的身份即可。但要注意清洁，如果不能保持清洁，再昂贵、高档的眼镜也会使你失分不少。

④ 西装必备。选择西装要根据每个人的具体情况而定，很难给出统一的标准。首先，注意

西装应该保持同色配套，并且面料以深色，尤其是深蓝色为宜，或是有深色细条纹的。还有一点特别值得注意，就是不要等到面试前一天才去买西装。因为西装是需要精挑细选的，匆忙之中挑选不出得体的西装。在穿的时候要拆掉标签，配好衬衣、领带，不能穿旅游鞋。

⑤ 衬衣讲究。深色西装配白色衬衣是首选。有人也会选择蓝色的衬衣，这就需要特别注意与西装颜色和款式的配合，否则会很难看。还要注意领子不要太大，领口、袖口不要太宽，质地以30%~40%的棉为好，完全化纤质地的衬衣会显得过于单薄、透明，不够庄重，纯棉的衬衣如果熨烫不及时会显得不够挺括。

⑥ 领带学问。领带的色调、图案如何配合衬衣和西装是一门很大的学问，也与个人的品位有关。有一点需要特别指出，不要使用领带夹。因为使用领带夹只是少数国家的习惯，并非国际通行的惯例。至于领带的长短，以刚刚超过腰际皮带为好。

⑦ 裤子适度。裤子除了要与上身西装保持色调一致外，还应该注意不要太窄，要保留一定的宽松度，也不要太短，以恰好盖住皮鞋的鞋面为宜。同时，千万记住不要穿背带裤。另外，运动裤、牛仔裤无论是否为名牌，都不是正装，不适宜在面试的时候穿着。

⑧ 皮带简单。皮带的颜色以黑色为最佳，皮带头不宜过大、过亮，也不要有很多的花纹和图案。过多的装饰会令考官觉得你很不专业，袜子以深色为宜。

⑨ 皮鞋黑亮。皮鞋的颜色要选黑色，这与白衬衣、深色西装一样属于最稳重、最保险的色调。要注意经常擦鞋，保持鞋面的清洁光亮。有的同学尽管买的皮鞋很好，但不注意擦拭，面试的时候皮鞋看上去布满尘土，与上面笔挺的西装很不协调，这会让面试官觉得考生粗心大意。

⑩ 皮包轻便。男生随身携带不装电脑的电脑包是再合适不过的了，但是注意电脑包不要过大。如不使用电脑，也不必把电脑放到包里一起带着，背着沉重的电脑，整个人都会显得不灵活、不精干。

2. 其他面试准备

面试前的24小时对考生来说是至关重要的，专家建议如下：

1) 面试前的准备

① 为避免面试当天迷路，可先到面试地点踩点。

② 准备好现金、车票等一切能使你从容按时到达面试地点的物品。

2) 面试前的晚上

① 复习你对报考院校的了解情况和你的个人简历。

② 大声说出你从曾做过的工作中所学到的相关技能，以及为什么你是考生中的最佳人选，将要点记录在一张索引卡片上。

③ 如果准备带上能证明自己业绩的资料，那么标出最引人注目的几项。

④ 将套装、化妆盒、个人简历、纸张和笔放好。

⑤ 不喝酒，睡好觉。

3) 面试当天早晨

① 吃一顿高蛋白、高碳水化合物的早餐(谷类食物、水果、鸡蛋)，保持精力充沛。

② 温习索引卡片上所列的要点。

③ 翻翻报纸，面试时的闲聊经常围绕当天的新闻。

4) 面试前10分钟

① 一定要确保提前到达面试地点，在休息室等候。

② 在等候中注意观察该学校的整体气氛，保持放松的精神状态。

5) 面试前5分钟

① 你踏进面试主考办公室的那一刻要昂首挺胸，面带笑容，精神饱满。最佳的面试印象应该是令人愉快的和兴致勃勃的，因为你绝不会再有重演一次的机会。你一走进办公室，就应直视面试主考官的眼睛，挺直腰板坐在椅子上。尽量与面试主考官保持面对面、视线相接的姿势。不要显得坐立不安，不要拉拉头发或摆动双腿，或者随意做出任何有损于形象的姿态。

② 互相问候结束，正式会面开始。牢记你来面试的目的是要以最佳方式展现你自己，如果主考官问你掌握什么技能的话，你应该把你的技能以及如何应用技能的情况告诉对方。虽然这些问题已经写进简历里了，但再提也无妨。

③ 面试主考官可能会请你谈谈你自己。该说些什么应有所选择，并要针对面试主考官的情况而定。在这个时候，很可能双方的紧张情绪有所缓和。面试主考官正在做出决定。最好不要去注意面试主考官在想什么，即使你相信你能猜到他在想什么，仍然要继续你的面试，把它进行到底。

④ 可能这时面试主考官会提出一些问题，但不要让任何问题使你陷入困境。甚至一些面试主考官会施加压力让考生感到慌乱，因为这会让考官了解考生在紧张情况下会怎样应对。

第二章
MBA面试的形式

第一节　面试全流程
第二节　考查要点
第三节　面试考核方式案例实录
第四节　英语面试技巧
第五节　面试礼仪

MBA考试中最具特色的内容之一就是面试部分，特别是从2005年起笔试内容改革，取消管理知识考试之后，我国MBA招生加强了资格审查和复试环节，强调通过面试考查考生的综合素质和管理潜质，从中可以体现面试的重要性。

第一节　面试全流程

根据面试的结构化(也就是标准化)程度，面试可以分为结构化面试、半结构化面试和非结构化面试三种。所谓结构化面试，是指在面试题目、面试实施程序、面试评价、考官构成等方面有统一明确的规范；半结构化面试，是指只对面试的部分因素有统一要求的面试，如规定有统一的程序和评价标准，但面试题目可以根据面试对象随意变化；非结构化面试，是对与面试有关的因素不做任何限定的面试，也就是通常没有任何规范的随意性面试。正规的面试一般都为结构化面试，MBA面试即为结构化面试。

所谓结构化，包括三个方面的含义。

(1) 面试过程(面试程序)的结构化。在面试的起始阶段、核心阶段、收尾阶段，主考官要做些什么，注意些什么，要达到什么目的，事前都会做相应的策划。

(2) 面试试题的结构化。在面试过程中，主考官要考查考生哪些方面的素质，围绕这些考查角度主要提哪些问题，在什么时候提出，怎样提，在面试前都应做好准备。

(3) 面试结果评判的结构化。从哪些角度来评判考生的面试表现，等级如何区分，甚至如何打分等，在面试前都会有相应的规定，并在众考官间统一尺度。

一、面试流程

(1) 通知面试规则。
(2) 面试分组(自动分组或抽签决定)。
(3) 进入面试考场，参加面试。
(4) 公布面试合格初步名单，核对考生档案。

二、面试形式

MBA面试形式主要分为两类。一是个人面试，主要内容有自我介绍、管理知识、管理实践问答、案例分析、管理潜质测试等，几乎所有高校都采用这种形式，只是内容选择上存在一定差异。二是小组面试，如小组讨论或小组辩论。随着MBA教育的发展，各院校对考生综合素质的要求不断提高。

(一) 个人面试内容

个人面试一般时间都很短，最长不会超过30分钟，短则10分钟左右，其包括以下内容。

(1) 自我介绍，可以有文字稿准备、口头陈述准备两种方式，无论哪种形式，都需要深思熟虑。关键是将自己工作中的亮点发掘并展现出来，切忌说成流水账。通过亮点的展现，给考官留下良好的第一印象，产生积极的首因效应。可以在这部分间接或直接地把你对MBA的求学动力、雄心壮志表达出来，这一部分对录取有重要影响。

(2) 管理基本知识和原理提问，有些学校采取抽题方式。对于这一部分内容，大家要认真复习管理基本知识和相关原理，但不必紧张，在面试前花一些时间，将看过的内容回顾一下就可以了。当然，管理实践经验丰富的人完全没有必要死背书本来回答问题，只要结合自身的工作实践，将你在实践中如何处理问题陈述一下就可以了，这样更能反映你的管理背景和潜能。

(3) 考官随机提问。考官对考生自我陈述中感兴趣或不清楚的地方做追加提问，也可能会结合考生的工作实际提出一些问题，这就比较灵活了，考生要随机应变、自然回答。如果在面试中你陈述的内容有不真实的情况，在此处被考官发现，会严重影响面试成绩。如果考官对你工作中的亮点或行业感兴趣，提出一些探讨导向性问题，你可以积极发挥、充满信心，这对于通过面试是很有帮助的，但不要流露出骄傲之态。

(4) 最后，有些学校会考查时事政治内容，有些学校会考查管理的灵活应用问题。如果是时事政治内容，可以将备考政治资料看一遍；如果是管理的灵活应用问题，则需要有进取创新精神，这是考心理、考反应，切莫紧张。此环节提出的问题都很矛盾、冲突性较强，让你一时不知如何回答。这类问题往往没有标准答案，完全看你的临场应变能力。

(二) 小组面试内容

小组面试一般多采取小组讨论式或互辩式，主要是指多位考生同时面对面试考官的情况。面试时间一般为30分钟左右。要求考生小组讨论，相互协作解决或讨论某一问题，或者让考生轮流担任领导主持会议、发表演说或进行商辩等。这种面试方法主要用于考查考生的人际沟通能力、洞察与把握环境的能力、领导能力等。

无领导小组面试是最常见的一种集体面试方式，通过给一组考生(一般是6~8人)一个与工作相关的问题，让考生们进行一定时间(一般是1小时左右)的讨论，以检测考生的沟通能力、领导力、组织协调能力、表达能力、辩论能力、说服能力、情绪稳定性、处理人际关系的技巧、随机应变能力、非言语沟通能力(如面部表情、身体姿势、语调、语速和手势等)等各个方面的能力和素质是否达到拟任领导岗位的用人要求，以及自信程度、进取心、责任心和灵活性等个性特点和行为风格是否符合拟任领导岗位的团体气氛，由此来综合评价考生的优劣。

在无领导小组讨论中，评价者或者不给考生指定特别的角色(不定角色的无领导小组讨论)，或者只给每个考生指定一个彼此平等的角色(定角色的无领导小组讨论)，但都不指定谁是领导，也不指定每个考生应该坐在哪个位置，而是让所有考生自行安排、自行组织，评价者只是通过安排考生的活动，观察每个考生的表现，来对考生进行评价，这也是无领导小组讨论名称的由来。

无领导小组讨论主要考查应试者的论说能力，既包括对法律、法规、政策的理解和运用能力，也包括对拟讨论题的理解能力、发言提纲的写作能力、逻辑思维能力、说服能力、应变能力、组织协调能力等。

三、面试基本内容

仅仅从理论上讲,面试可以测评考生的任何素质,但由于人员甄选方法都有其长处和短处,扬长避短综合运用,则事半功倍,否则就很可能事倍功半。因此,在MBA学生甄选实践中,并不是以面试去测评一个人的所有素质,而是有选择地用面试去测评其最能测评出的内容。面试测评的主要内容如下:

(1) 仪表风度。这是指考生的一般体型、外貌、气色、衣着举止、精神状态等。对MBA考生而言,仪表风度的要求较高。研究表明,仪表端庄、衣着整洁、举止文明的人,一般做事有规律、注意自我约束、责任心强。

(2) 专业知识。这主要考查考生掌握专业知识的深度和广度,并以此作为对笔试的补充。MBA面试对专业知识的考查更具灵活性和深度,所提问题也更接近申请者所在岗位对专业知识的需求。

(3) 工作实践经验。一般根据查阅考生的个人简历或自我陈述,做一些相关的提问。查询考生有关背景及过去工作的情况,以补充、证实其所具有的实践经验,通过对工作经历与实践经验的了解,还可以考查考生的责任感、主动性、逻辑思维能力、语言表达能力及情绪与压力管理能力等。

(4) 语言表达能力。这主要考查考生是否能够将自己的思想、观点、意见或建议顺畅地用语言表达出来。考查的具体内容包括表达的逻辑性、准确性、感染力、音量、音调等。

(5) 综合分析能力。这主要考查考生是否能对主考官所提出的问题,通过分析抓住本质,并且说理透彻、分析全面、条理清晰。

(6) 反应能力与应变能力。这主要考查考生对主考官所问问题的理解是否准确,回答的迅速性、准确性等,对于突发问题的反应是否机智敏捷,回答是否恰当,对于意外事情的处理是否得当等。

(7) 人际交往能力。在面试中,通过询问考生经常参与哪些社团活动,喜欢与哪种类型的人打交道,在各种社交场合所扮演的角色,可以了解考生的人际交往倾向和与人相处的技巧。

(8) 自我控制能力与情绪稳定性。自我控制能力对于企业的管理人员显得尤为重要。一方面,在遇到上级批评指责、工作有压力或者个人利益受到冲击时,能够克制、容忍、理智地对待,不致因情绪波动影响工作;另一方面,在做管理工作时要有耐心和韧劲。

(9) 工作态度。一是了解考生对过去学习、工作的态度,二是了解其对现在报考MBA所持的态度。在过去学习或工作中态度不认真,做好做坏都无所谓的人,在其他工作岗位也很难勤勤恳恳、认真负责。

(10) 进取心。上进心、进取心强烈的人,一般都有明确的事业上的奋斗目标,并为之积极努力。具体表现在努力把现有工作做好,且不安于现状,在工作中常有创新。上进心不强的人,一般安于现状,无所事事,不求有功,但求无过,对什么事都不热心。

(11) 报考动机。这主要考查考生为何报考MBA,选择报考院校的理由,对哪类领导工作最感兴趣,在工作中追求什么,判断其对未来的期望等。

(12) 业余兴趣与爱好。这主要是要了解考生闲暇时喜欢从事哪些运动,喜欢阅读哪些书籍,喜欢什么样的电视节目,有什么样的喜好等,由此可以了解一个人的兴趣与爱好,这对报考后的录取工作安排非常有好处。

在MBA面试中,选择哪些素质项目作为面试内容,各项目之间的结构比例及搭配方式如何,都是有规律可循的。把握规律是考生面试成功的第一步。

第二节 考查要点

一般而言,在院校MBA的面试考查中,有管理经验优于无管理经验,有工作业绩优于无工作业绩,有管理雄心优于无管理雄心,有志气优于无志气,反应快优于反应慢,心志稳定优于神智慌乱,有管理地位优于无管理地位,有团队精神优于无团队精神,真诚者优于虚伪者。

一、合格的标准

所谓选拔,无非是从候选者中挑选优秀的考生。对于MBA考生而言,什么是优秀的考生呢?换句话说,好的和优秀的评判标准又是什么?在面试中,考官是如何认定优秀的?各个学校的评判标准各有不同。一般判断标准具体如下:

(1) 教育背景方面:主要看毕业院校,大学学习成绩。一般依据考生个人文字材料,通过提问判断核实,一般会占到10%的分数。

(2) 职业经历方面:主要看工作性质、工作业绩、所担任的职务、所服务企业的规模和水平。一般依据考生个人文字材料,通过提问判断核实,一般会占到30%的分数。

(3) 志趣抱负方面:主要是看考生志向是否明确,是否有较强的责任感,对自己的长处和短处是否有清楚的认识,一般是在单独面试中根据考生对有关问题的回答加以判断,一般会占到10%的分数。

(4) 逻辑思维及反应方面:主要判断考生考虑问题是否周全,能否抓住问题的重点,分析问题是否具有较强的逻辑性,意识、反应是否敏捷,是否具有发散思维能力,是否有创新意识,抱负是否现实可行。一般是在单独面试中根据考生对问题的回答加以判断,小组面试印证补充判断,一般会占到20%的分数。

(5) 团队意识与沟通能力方面:主要考查考生能否理解他人,是否善于发现他人的长处,是否善于与人合作,谈话是否简明扼要、条理清晰。一般是在单独面试中根据考生对问题的回答加以判断,小组面试印证补充判断,一般会占到15%的分数。

(6) 修养风度方面:主要看考生的仪表举止、气质风度、礼貌修养、精神状态,一般会占到5%的分数。

(7) 其他的问题:主要看考生是否诚实守信、有无突出贡献、有无重要问题、心理是否健康等,一般会占到10%的分数。

当然,上述条件也只是一般标准,各学校有自己的特殊要求。比如,报考北大、清华的考生都认为"北大看重毕业院校,清华看重工龄"。事实上,北大、清华、人大等院校评判考生是否优秀的标准大体一致,即生源质量和发展潜质。

在生源质量方面,面试淘汰率最高的清华大学,在MBA招生中强调其国际化的特点。其

MBA项目主任在MBA开学典礼上曾经说过："清华经管的MBA教育追求国际化的视野，要汇集各个层次、各个阶段最优秀的人才，为他们提供最优秀的老师和服务，使他们成为中国企业未来发展的领军人物！"

而北大认为符合下列情形之一的生源质量是比较优秀的：学校为知名的重点大学；拥有硕士、双学士学位或以上学历的；在国家或国际学术性刊物上发表过论文；工龄适中(一般认为6年以上)；在知名企业、规模较大的私人企业担任要职等。

在发展潜质方面，学校主要通过考查以下10个方面指标来认定考生的发展潜质是否足够优秀：商业伦理、志向与抱负、分析判断及决策能力、人际关系、灵活性、学习意向与能力、逻辑思维能力、团体合作精神、语言表达能力、仪表修养。

其实，是否有发展潜质，最终表现为MBA毕业后是否可以"找到好工作"，也就是说，MBA毕业以后容易找工作，而且容易找到好的工作。事实上，如果一个商学院毕业的大多数MBA都找不到理想的工作，该商学院对MBA考生的吸引力就会大大降低。

MBA面试的主要作用与功能就是可以考查笔试难以考查的内容，比如：面试可以通过观察应试者的气质、仪表风度、情绪的稳定性来考查应试者的综合能力、工作经验及其他素质特征。面试时通过连续发问可以及时弄清楚应试者在回答中表述不清的问题，从而提高考查的深度和准确度，减少应试者通过欺骗、作弊等手段获取高分的可能性，并且能够有效地避免高分低能者。总之，MBA面试就是在考生中选出生源质量和发展潜质综合起来比较符合学校期望的MBA考生。

二、确定面试内容的基本原则

1. 可操作性原则

由于面试是短时测评，所以不可能面面俱到。在准备时，灵活性、应变性的题目不宜过多过杂，难以测试的项目，如政治立场、道德品质，最多列为参考项目。如果考生有一定的工作经验或专业工龄，可着重进行特殊素质的测评。因此，对不同类型的考生在项目的权重分配上可以有所区别。

2. 普遍性原则

面试内容不能过于简易，也不能流于烦琐，应在某一方面或某一环节上具有一定的代表性，足以测试某一特定素质。

3. 针对性原则

面试内容决定于考试的具体目的和面试本身的特点，从公开选拔考试的整体目标所规定的全部内容中分解出笔试难以测试或无法测试的素质，以及考核无法评估的方面，以作为面试中独特但可以支撑的测评内容。其既考查一般素质，还注重考查职位所要求的发展潜力。

4. 灵活性原则

由于面试题目大都属于主观性题目，实际操作中也有不少非标准化的部分，考生的解答或操作又因人而异，因此，考官应灵活应变，顺应考生的答复提出问题。

5. 求实原则

一般而言，MBA考试的面试命题应根据考生自我陈述或简历中所列职位的实际所需的专业知识、技能和素质及工作能力来设计命题，要充分体现不同职位工作要求的特点，突出测试内容的重点，使测试内容具有针对性。同时，面试命题的难易程度要根据考生实际身心负荷强度而定。无论是应考动机、职业倾向、教育背景、工作经历、思维品质的口试，还是责任心、进取意识、职业倾向、工作潜能、反应知觉、推理判断等方面的心理素质测试，命题的难度都要符合考生的生理机制和心理功能负荷度。不能让考生对面试试题感到恐慌，不知其意，对所设情境无所适从。

6. 互补原则

面试是进入目标院校的第一阶段考试，是为了考查学生的隐性特质，弥补笔试的不足。因此，MBA面试的命题在内容的设计上，必须与笔试所要弥补的缺陷保持指向上的一致，做到面试的考查内容就是MBA联考中必须检测但笔试未能测到的内容，为考生个别差异的准确判别提供更全面的依据。

三、参考实录

某名校MBA面试综合评分指标及说明

本次面试分个人面试和小组面试两个阶段，个人面试时间为每人15分钟，面试评委可以根据参考题发问，也可以结合应试考生的情况灵活提问。

【评分指标及说明】

1. 教育背景

毕业院校，大学学习成绩(依据考生个人文字材料，通过提问判断核实)。

2. 职业经历

工作性质、工作业绩、所担任的职务、所服务企业的规模和水平(依据考生个人文字材料，通过提问判断核实)。

3. 志趣抱负

志向明确，责任感强，对自己的长处和短处有清楚的认识，具体行动体现实现抱负的努力(在个人面试中根据考生对有关问题的回答加以判断)。

4. 思维逻辑性、反应敏捷性

考虑问题周全，能抓住问题的重点，分析问题逻辑性强，意识、反应敏捷，具有发散思维能力，有创新意识，抱负现实可行(在个人面试中根据考生对问题的回答加以判断，在小组面试中印证补充判断)。

5. 团队意识与沟通能力

能理解他人，善于发现他人的长处，善于与人合作，谈话简明扼要、条理清晰(在个人面试中根据考生对问题的回答加以判断，在小组面试中印证补充判断)。

6. 修养风度

仪表举止，气质风度，礼貌修养，精神状态(在个人面试中根据考生对问题的回答加以判断，在小组面试中印证补充判断)。

第三节　面试考核方式案例实录

相对于求职面试而言，MBA入学面试方式比较固定。所有MBA院校面试的方式不外乎自我介绍、问题解答、小组讨论、小组辩论、英语口语面试等多种方式的不同组合。下面我们从各面试方式的大体过程、考核的能力、考官期望、应对策略和优秀实例5个方面分别论述。

一、自我介绍

自我介绍几乎是所有面试的第一道程序，也称为面试的"开场白"，是面试最古老的方式之一。

【典型问题】

MBA面试的自我介绍时间一般为1.5~2分钟。

【能力考核】

1) 总结能力

将你原本可以长篇大论的3年、5年甚至10年的工作和学习的经验和心得进行有效组织，并在1.5~2分钟之内进行简短回顾。

2) 逻辑能力

既要求自我介绍时"言之有物"，还要将"物"简要地说清楚。比如，不仅要介绍在公司中取得的成就，还要说明自己在其中发挥作用的大小。

【应对策略】

一位明智的面试者的自我介绍应该由以下部分组成。

(1) 简短介绍(姓名、年龄、毕业院校等)。

(2) 关键成就。

(3) 这些成就说明的关键能力(最好用别人的评价来说明自己的优秀)。

(4) 这些成就和能力对于你的理想和未来的工作成就的重要性。

(5) 客观陈述读MBA的原因，以及将如何发展的职业规划。

【优秀实例】

各位老师好，我叫×××，2004年毕业于南京大学汉语言文学专业，先后从事过新闻写作、产品销售等工作。2006年3月，我进入《中国企业家》杂志社，由于有较好的文字功底，又有一定的产品销售经验，所以进步很快。2007年起连续三年被评为报社先进个人，2009年年初被提为部门副主任，十年后升为部门主任。

我的理想是成为一名有广泛社会影响的记者，能写出《大败局》《联想风云》这样具有轰动性效应的作品，可是在长期的记者工作中，我发现自己各方面的积累都不足，特别是在广泛接触了许多著名企业的高层管理者、政府官员和专家学者之后。在与他们的交流过程中，我对企业经营管理的问题产生了浓厚的兴趣，同时发现由于自己缺乏经济学和管理学方面的系统培训，无法与他们在更高的层次展开对话，于是我产生了读MBA的想法。清华经济管理学院是最好的商学院之一，所以我选择了清华。

我的介绍完了，谢谢！

【考官点评】

这仅仅是一个开头,考官希望通过考生的自我介绍了解考生的经历、技能、天分和教育的概要;希望考生的介绍有头有尾,按逻辑顺序排列。当然还有一点很重要,就是给考官一个上MBA的充分理由。

二、抽题问答

MBA个人面试的问题主要分两类:一类是考官根据你的简历所提出的问题;另一类问题是考官事先设计好的问题。第一类问题我们在这里不做讨论,这里我们主要讨论后一类问题的解答。

我们先将后一类问题做一下细分。根据是否有标准答案的性质,专家们把问题分为测试型问题和行为型问题。测试型问题,主要测试应试者是如何思考的。这种问题的前提是:如果应试者读过一些相关的管理书籍,不难找出恰当的答案。测试型问题是要问出应试者在某某情况下该怎么做的问题。而行为型问题是没有标准答案的,主要检验应试者对实际问题的处理能力,即关注的是你具体做了哪些,所做的对问题解决的影响如何,而不是你对该做什么发表空谈。行为型问题是要问出应试者在某一实际情况下实际做了什么。行为型问题还能问出应试者在具体现实情况下,应试者是如何运用自己所学知识以及如何应对问题的,其出发点是,某人的过去表现往往是对他将来工作表现的最好预测。换句话说,应试者在过去的某个情形的做法和他将来面临同样事情的做法会很相似。可以说,行为型问题可以问出更多有价值的信息,加上MBA本来就是培养应用型人才,由此很容易理解MBA面试的问题大多数都是行为型问题。当然,有时候考官在问行为问题时也会夹杂着一些测试型问题。

【典型问题】

时长:5~15分钟。

过程:

(1) 抽签选定要回答的问题;

(2) 同考官复述一遍问题;

(3) 思考、整理思路;

(4) 回答。

【能力考核】

行为型问题主要考核行为技能,即分析思考、解决问题、团队领导、创造力和沟通能力等综合而成的行为技能。很明显,其主要考核以下几种能力。

1) 决策能力

管理就是决策,决策贯穿管理的整个过程,可以说形成一个好的决策习惯(或说模型)对面试得高分很有帮助。决策能力主要表现为:正确决策程序的体现,决策标准与目标的相关性,以及评价各种方案的客观性。

2) 组织能力

有效组织材料形成方案的能力,如"抽象—具象—概括"模式的能力。

3) 逻辑能力

答案与问题的逻辑联系,事例与说明观点间的逻辑关系。

4) 商业道德

在越来越重视职业道德的今天,在商业道德方面,每个人都不应该有半点含糊。

5) 处理人际关系的能力

如何客观认识及处理自己与合作者的关系。

【应对策略】

每个问题的回答内容应该包含下列几个部分:

(1) 事件确认,多角度认识事件,客观认识事件;

(2) 由事件认识问题,抽象出问题实质(明白自己要做什么);

(3) 系统分析问题,给出几个解决方案(怎样去做);

(4) 选择方案的重要原因(为什么选择此方案);

(5) 概括自己的结论(突出重点和思维的清晰性)。

【抽题问答的流程图】(见图2-1)

图2-1 抽题问答的流程图

【优秀实例】

某啤酒企业将要在S市新建一家工厂,你是项目负责人,该工程下周就要举行奠基仪式,给市领导和媒体的邀请函已发出,这时,一位从德国进修回来的工程师对项目提出了严重质疑。作为项目负责人,你将怎么办?(北大面试题目)

【回答要点】

(1) 简要复述题目。假设我是一位啤酒厂的项目经理,下周就要举行开工仪式,邀请函已经发出,一位从德国进修回来的工程师提出严重质疑,我是项目负责人,我将怎么办?

(2) 事件确认。首先,召集技术负责人和专家认真倾听该工程师的质疑,初步判断其质疑是否成立和影响大小。

(3) 由事件抽象出问题实质。这是一个表面上是技术人员对项目提出质疑的问题,实质上是该项目在技术运作方面是否成熟的问题,是一个追踪决策的问题。

(4) 系统分析问题。

第一步,回溯分析,讨论在技术上成功运行该项目的主要条件和关键指标。

第二步,以关键指标和主要条件为基础衡量项目现状,找出距离成熟的差距(如果已经成熟,则没有必要做大的调整)。

第三步,根据目标、成本、环境限制等确定决策标准。

第四步,责成德国回来的工程师和其他专家找出尽可能多的解决方案。

第五步,以决策标准为基础,衡量各种方案,并选出最满意的方案。

(5) 概括自己回答的重点。我个人认为,解决这件事情有两点很重要,一是客观认识工程师的质疑,二是以标准为原则决定未来的具体行为,而不是讲面子,凭感觉。

【考官点评】

由于行为型问题没有标准答案,即属于开放式答案的问题,考官一般会鼓励应试者说话,但要求的答案，首先是答为所问；其次是每个方案的得出都有比较充分的理由，而且分析全面、重点突出、详细具体，要求更多的事例信息而不是更多的抽象概括；最后是描述答案时要求有适当的情绪感染力。

三、小组讨论

小组案例讨论首先诞生于外企面试高级职员，也是国外商学院MBA入学面试的主要面试方式。

1. 小组讨论概述

简言之，小组讨论就是让面试者共同完成面试过程。在这个过程中，多个面试者需要合作完成某个项目——可能是实际商业环境下的有见地的案例讨论。

【能力考核】

小组讨论按照内容可以分为案例分析型、问题解决型和技能考查型三类。

1) 案例分析型

案例分析型就是以小组为单位讨论实际的商业问题。案例分析可以很好地测试面试者的分析能力、推理能力、自信心、商业知识以及沟通能力等。

2) 问题解决型

问题解决型是以小组为单位共同解决一个虚拟的难题。如，北京现在有多少个汽车轮胎？(麦肯锡面试考题)这类题的特点是极具挑战性，需要组员集中精力、密切配合。

3) 技能考查型

技能考查型往往是在小组参与下考查你的演讲能力、分析能力和逻辑推理能力。如考官要求面试者在有限的时间内就某个陌生的主题准备短时间的演讲和辩论，以考查你在众目睽睽之下的表现。

【小组讨论过程】

时长：15~20分钟。

过程：

(1) 小组成员一起阅读案例，并可以做简单交流，确定领导和做简要分工；

(2) 面对考官，简要复述案例；

(3) 小组轮流发言；

(4) 考官提问，小组回答；

(5) 总结。

【应对策略】

小组讨论的核心在于对个人能力和团队能力进行综合评价。因此，掌握好个人表现与小组表现的平衡成为表现出色的唯一标准。

2. 角色扮演

【如何做一个成功的领导】

如果能成为一个小组的领导，自然能成为面试官眼中的焦点，至少也能让面试官从数位面试者中记住你。

成为领导并不难，大多数时候，只要你主动，就很有可能成为领导，如面试前主动联系组员，首先主动申请做领导等，但在其他小组成员也铆足劲想要抢这个"宝座"时，你的实力和技巧将显得尤其重要。

在面试之前或开始时，尽快了解组内其他成员，为小组分工和组员配合打下基础，包括他们的姓名、专业背景以及性格特征，尤其是要抓住每位组员的特点。如果你在等候时已经完成了这项任务，那么现在你已获得了与众不同的优势。他们有哪些特长？他们乐于合作的程度是多大？要迅速做出这些判断。即使判断并不完全正确，一句"××对保健品市场有特别的了解，让我们听听他的看法"也会让你获得加分。

要有明确的分析模式和组员分工。不要一门心思钻到问题里，而忽视考虑如何组织整个团队。小组分析的时间往往十分紧迫，只有通过合理的安排才能完成。"首先，是××的市场需求分析，接下来是××的竞争情况分析，最后是××的成本分析。"

由你列出这样的提纲，自然表现出你有领导者的气质。若组员表现为不合作，尽管这对他而言绝对是失分的大项，你也不能横眉冷对。对于考官来说，领导的能力更多地表现在高人一层的见解，而非咄咄逼人的架势。

可以拿出一张白纸，建议大家轮流提出意见，由你做记录。当你掌握了所有人的意见以后，就可以以更高的姿态出现，或做总结，或做补充，自然能让讨论的流程按你的意图和方式进行。

总之，作为领导者，除了充分了解自己的组员以外，还要对小组目标和达成目标的过程掌控得当。当然，最重要的是，有效地组织组员完成任务。

【如何扮演组员的角色】

当组员一致认定某位面试者为领导时，你再出来争抢则毫无意义。领导只能有一个，如果你能专心扮演好自己的角色，一样可以赢得考官的好评。

1) 明确自己的角色和分工

在首次发言前复述一下自己充当的角色、责任和组织目标，对该职位的要求。

2) 自然衔接

在陈述自己的内容之前，注意与上一位小组成员的观点自然衔接，处处体现你的团队一致性。如"××同学通过成本分析强有力地支持了我们的决策，而在市场方面，我的分析过程和结果如下……"

3) 由分析得出结论

分析时，不依靠直觉和简单的判断，除了条理清晰外，还要全面，最好用自己熟悉的分析模式。面试之前有必要多演习几遍。

4) 倾听成员观点，多用正面评价

认真倾听成员的观点，对于团队成员之间的观点，多用正面评价的词语，有利于提高小组之间的相互认同程度，如"正如××同学出色的成本分析所指出的……"

5) 尽量减少无谓争论

争论是必然的，但在小组讨论时，必须有人做出让步，这样才可能获得统一的结论。考官的眼睛是雪亮的，让步的人虽然是你，得高分的也是你。

【重要提示】

你应该 　　　　　　　　　　　　　　你不应该

　√ 积极，投入 　　　　　　　　　　× 过分沉默，被动，反应迟缓

- ✓ 有礼貌，并细心聆听别人的意见
- ✓ 态度主动，承认错误
- ✓ 争取担任调停纠纷的角色
- ✓ 控制情绪，避免激动或愤怒

- ✗ 抢着说话，过分自信，高谈阔论
- ✗ 只懂攻击别人或太在意主考人的反应
- ✗ 过于争取领导地位，操控整个讨论
- ✗ 因辩论激烈而表现得激动或愤怒

【考官点评】

考官希望看到的是一个有机合作的团队，而不是各自为政的群体。希望你能站在整体的高度，所有行为皆以实现整体目标为前提，而非自己的需要。考官是把你放到一个整体中来观察你的领导能力、协调能力和其他能力。

记住，考官们并不奢望你们能在短暂时间内团队合作协调一致，而是想看到你们如何试图达到那样的境界。

第四节　英语面试技巧

自2005年起，MBA考试原则上为听力和口试相结合，听力将采取标准化方式，口语则充分体现工商管理的自身特点。这对广大备考MBA的考生提出了一个更高层次的要求，不仅要口语流利，还要结合基本的管理知识回答考官问题，即不仅要用英语而且要有MBA特色。所以，掌握MBA面试考官问问题的特点以及回答问题的方法是必需的。

对于MBA考生来说，英语口语有两种完全不同的情况，一些在外企和对英语交流有一定要求的工作环境中工作的考生，口语面试可以说是小菜一碟。但对于大多数MBA考生来说，英语早就还给老师了，英语笔试都是靠辅导班的强化突击，口语就更不用提了。因此，为了顺利通过面试，英语口语需要提前突击。

一、英语听力和口语突击法

英语口语是考取MBA路上的一道门槛，对于名校MBA来讲，这是难过的一关，也是必过的一关。虽然提高英语水平和口语表达能力要求日积月累地下功夫，但碰到临近面试这种紧要关头，唯一需要的是找到一种短期内能快速提高听力和口语水平的方法，以解燃眉之急。从多年实践来看，在面试繁忙的阶段，采用快速有效的口语训练方法是非常时期的非常对策，也是很有效果的。当然如果有时间，最好还是按照常规的方法进行扎实的口语学习和训练。

1. 改善发音，突破句型

MBA考生大都忙着工作和笔试，长时间不碰英语听力和口语，一些词语和表达方法感觉就在嘴边却怎么也想不起来，令人心焦。对于想临时抱佛脚的人，建议在笔试后，买一本《新概念英语》第2册，在一个月的时间内，每天至少1小时，先听，再读，然后背诵1～2篇课文，其他时间对应译文回应英文，这样在面试前大概有60篇短文做基础，面试就会容易一些。这样做的主要好处体现在以下几个方面。

(1) 改善发音，扩大交流群体。试想，在英语小组里，你和一个同学练习会话，由于你的发音不标准，对方一直没听明白你到底在说哪个单词，这个场景多少会令人感到一些难堪。

(2) 朗诵有助于回忆起部分已经学过的单词和语句，顺便练习了听力，使自己置身于英语环境中。

(3) 增强语感，单个的词是单词，连成一段段语句就是文章了，一些语言习惯也包含在其中，熟读文章，关键时刻才有可能运用自如。

上面方法在使用时要注意：方法本身很简单，但是坚持下来却很难。有的人练习时偷工减料，让他朗读20分钟，他只读5分钟；让大声朗诵，声音却宛若蚊蝇；说是每天做一次功课，实际上却是一个星期才想起来一回，草草了事。这样根本达不到训练的效果。结果就是在面试时后悔不及。

2. 得过且过误大事

积累了一定的句型和短文后，还要在实际操练中多多体会。你不妨和几个同学结成英语会话伙伴，针对日常用语以及日常交流话题进行练习，互相提问题，达到彼此促进的效果。

选择口语练习小组成员也很有学问。要找水平比较接近的，以免"贫富不均"难以持续，人数以4~5人为宜，每次活动不用所有人都到齐，有两个人就可以。可以利用吃饭的时间，这时候说话的氛围比较轻松。可以男女搭配，这样会话不累，且会话题材也会更广些。如果全是男生或是女生，平常分享的那些信息早就用中文沟通无数遍了。

二、疯狂口语句型

在这里列出一些最常用的句子，要熟读，在面试中要熟练。这些句子看起来很简单，若要做到脱口而出，不一定很简单。

1. 第一句话(first sentence)

见到考官的第一句话很关键，不用说的很复杂。可以是一个简单句，但一定要铿锵有力，展示出自信和实力。千万不要来一句"Sorry, my English is poor"。常见的开头有：

(1) Good morning! May I introduce myself …

(2) I am glad to be here for this interview. First let me introduce myself. I'm Peter White.

2. 做自我介绍——成长经历(make a self-introduction—developing history)

有很多学校要求做一个自我介绍，这一问题并非是要请你大谈你的个人历史。考官是要在你的介绍中寻找有关你的性格、资历、志向和生活动力的线索，来判断你是否适合读MBA。你可以先介绍一下成长的经历、出生地和毕业学校等内容。这一部分的介绍要有特色，让老师在听几十个人流水账式的介绍中对你印象深刻，就权且当作MBA人际关系管理的第一个挑战吧！

I come from ×××××, the capital of ××××× Province. I graduated from the ××××× department of ×××× University in July, 2003.(很简单的一句话，一定要发音准确！要把毕业学校的准确英文名搞清楚。)

你可以借光一下家乡的名人，可以用这句高水平的话，展示你高超的口语。

You know, there is a saying that "the greatness of a man lends a glory to a place". I think the city really deserves it.

另外，在介绍性格和爱好的时候，适合把家庭介绍结合在一起，可以说父母给了你哪方面良好的影响。不要流水账似的介绍家庭成员。可以这么说：

Just like my father, I am open-minded, quick in thought and very fond of history. Frequently I exchange ideas with my family during supper. In addition, during my college years, I have been the chairman of the Student Union. These experiences have urged me to develop active and responsible characters.

在这里给出描述个人品质常用词汇的中英文对照，可以参考：

able 有才干的，能干的　　　　　　　adaptable 适应性强的
active 主动的，活跃的　　　　　　　aggressive 有进取心的
ambitious 有雄心壮志的　　　　　　amiable 和蔼可亲的
amicable 友好的　　　　　　　　　analytical 善于分析的
apprehensive 有理解力的　　　　　　aspiring 有志气的，有抱负的
audacious 大胆的，有冒险精神的　　　capable 有能力的，有才能的
careful 仔细的　　　　　　　　　　candid 正直的
competent 能胜任的　　　　　　　　constructive 建设性的
cooperative 有合作精神的　　　　　　creative 富有创造力的
dedicated 有奉献精神的　　　　　　dependable 可靠的
diplomatic 老练的，有策略的　　　　energetic 精力充沛的
frank 直率的，真诚的　　　　　　　gentle 有礼貌的
independent 有主见的　　　　　　　motivated 目的明确的
logical 条理分明的　　　　　　　　objective 客观的
elastic 实事求是的　　　　　　　　sporting 喜爱运动的
purposeful 意志坚强的　　　　　　　tireless 孜孜不倦的
disciplined 守纪律的　　　　　　　dutiful 尽职的
well-educated 受过良好教育的　　　　expressivity 善于表达
generous 宽宏大量的　　　　　　　humorous 有幽默感的
industrious 勤奋的　　　　　　　　intelligent 理解力强的
methodical 有方法的　　　　　　　precise 一丝不苟的
responsible 负责的　　　　　　　　steady 踏实的
sweet-tempered 性情温和的　　　　　efficient 有效率的
faithful 守信的，忠诚的　　　　　　genteel 有教养的
impartial 公正的　　　　　　　　　ingenious 有独创性的
learned 精通某门学问的　　　　　　modest 谦虚的
punctual 严守时刻的　　　　　　　sensible 明白事理的
systematic 有系统的　　　　　　　　temperate 稳健的

3. 做自我介绍——职业发展(make a self-introduction—career development)

这是很关键的一部分，也是MBA考官重点考查的一部分。要把工作经历和MBA的学习以及职业发展方向作为一个整体来谈，让老师感到你选择MBA是一个理性的选择，而不是一时冲动。选择MBA是职业发展中的一个必然选择，而不是因为找不到工作，你可以用以下这些句型。

(1) In the past years, I've worked at IBM as a software engineer. In my work, I have found communication and management are very important. I always believe that one will easily lag behind

unless he keeps on learning. So I choose MBA If I am given a chance to study MBA in this famous university, I will spare no effort to master a good command of communication and management skills. (在过去的几年中，我作为一个软件工程师在IBM工作。在工作中，我发现交流和管理非常重要。我一直认为一个人如果不持续学习的话，会很容易落后，所以我选择了MBA！如果我有机会在这所著名的大学学习MBA，我会不遗余力地掌握沟通和管理的技能。)

(2) I held a post concurrently in Zhongxing CPA, from December 1998 to May 1999, and mainly worked on evaluating project finance and made cash flow tables. (1998年12月至1999年5月在中兴会计师事务所兼职，主要从事财务评价、现金流量表的编制分析等。)

(3) As a assistant to the General Manager of Shenzhen Petrochemical Industrial Corporation Ltd., I handled the itinerary schedule of the general manager, and met clients as a representative of the corporation. I helped to negotiate a ＄5 million deal for the corporation. (作为深圳石油化工集团股份有限公司总经理助理，我负责制订总经理的差旅计划表；作为公司代表，我接见客户，协助公司谈成了一笔500万美元的交易。)

(4) As assistant to manager of accounting department of a joint venture enterprise. I took charge of the analysis if data and relevant financial statistics, and produced monthly financial statements. (某合资企业会计部门经理的助理，分析数据及相关财务统计数据，而且提交每月的财务报告。)

(5) Production manager：initiation of quality control resulted in a reduction in working hours by 20% while increased productivity by 25%. (生产部经理：引入质量控制，使工作时数减少了20%，而生产力提高了25%。)

(6) Staff member of Shanxi Textiles Import and Export Company: handled import of textiles from foreign countries; sales increased by 25% from 1990 to 1993; frequent business trips were made to these places to negotiate with textile manufacturers. (山西纺织品进出口公司职员：处理从国外进口纺织品事宜；1990—1993年销售额增加了25%；经常出差到这些地方与纺织厂商洽谈。)

(7) Tourist guide during the summer vacation for Beijing International Travel Service，introducing tours for foreign tourists on trip around the city. (暑假期间为北京国际旅行社当导游，负责外国旅客在城区的观光旅游工作。)

(8) Sales manager: in addition to ordinary sales activities and management of department, I was responsible for recruiting and training of sales staff. (销售部经理：除了正常销售活动和部门管理之外，还负责招聘与培训销售人员。)

关于过去工作的描述是很重要的，同学们一定要熟记这些句型，要根据自己的工作经历改造这些句子。

如果你的工作有过比较多的改变，你可以用以下句子来描述原因。

(1) Unfortunately, I had to leave my position, as my employers had been forced to liquidate their business due to the worldwide economic adversity. (很不幸地，本人不得不离职，因为这一次世界性的经济不景气，使我的雇主不得不结束业务。)

(2) The only reason why I left my last position is to gain more experience in a trading company.(本人之所以离开之前的工作岗位，唯一的理由是希望能在一家贸易公司获得更多的经验。)

(3) I now wish to enter an office where the work requires greater individual responsibility and

judgment, and where there is more opportunity for advancement. (目前，本人希望进入一家可以担负较大责任的公司，并希望能提供升迁的机会。)

(4) My reason for leaving the company is that l wish to get into the advertising business (本人离职的原因是希望在广告业方面有所发展。)

(5) My reason for leaving my present employment is that I am desirous of getting broader experience in trading. (本人离职的理由：希望在贸易方面获得更广泛的经验。)

三、英语精彩问题75问

自我介绍完毕后，老师会开始问你问题，这里列出一些常见的问题，可以认真准备。注意在准备的过程中，要结合自己的经历和见解来准备答案，让自己回答的问题和自我介绍融为一个整体，否则很容易被考官抓住把柄，不停追问，很容易让你因紧张而露出马脚。

在每年的面试中都会有很多相同的问题，这些问题看起来很平常，却有很多陷阱，一不小心就会被考官抓住小辫子。回答这些常见的看起来很平常的问题，是很有艺术的。

1. 传统面试问题

(1) What can you tell me about yourself? (关于你自己，你能告诉我些什么？)

如果面试没有安排自我介绍的时间，这是一个必问的问题。考官并不希望你大谈你的个人历史，而是想寻找有关你性格、资历、志向和生活动力的线索，来判断你是否适合读MBA。

下面是一个积极正面回答的好例子：In high school I was involved in competitive sports and I always tried to improve each sport I participated in. As a college student, I took a part-time job in a clothing store and found that I could sell things easily. The sale was important, but for me, it was even more important to make sure that the customer was satisfied. It was not long before customers came back to the store and specifically asked me to help them. I'm very competitive and it means a lot to me to be the best. (在高中我参加各种竞争性体育活动，并一直努力提高各项运动的成绩。大学期间，我曾在一家服装店打工，我发现我能轻而易举地将东西推销出去。销售固然重要，但对我来说，更重要的是要确信顾客能够满意。不久便有顾客返回那家服装店点名让我为他们服务。我很有竞争意识，力求完美对我很重要。)

(2) What would you like to be doing in five years after graduation? (在毕业以后5年内你想做些什么？)

你要清楚你实际上能胜任什么。你可以事先和其他的MBA交流一番，问问他们毕业后在公司的头5年都做了些什么。

可以这样回答：l hope to do my best to do my job and because many in this line of work are promoted to area manager, I am planning on that as well.(我希望能在我的职位上尽力做好工作，由于在同一领域工作的许多人都被提为区域负责人，所以我亦有此打算。)

(3) What is your greatest strength? (你最突出的优点是什么？)

这是很多面试考官喜欢问的一个问题。

这是你"展示自己"的最佳机会，不要吹嘘自己或过于自负，但要让考官知道你相信自己，你知道自己的优点。

可以这样回答：I feel that my strongest asset is my ability to stick to things to get them done. I feel a real sense of accomplishment when I finish a job and it turns out just as I'd planned. I've set some high goals for myself. For example, I want to graduate with highest distinction. And even though I had a slow start in my freshman year, I made up for it by doing an honor's thesis.(我认为我最大的优点是能够执着地尽力把事情办好。当完成一件工作而其成果又正符合我的预想时，我会有一种成就感。我给自己定了一些高目标。比如，我要成为出色的毕业生。尽管在大学一年级时我启动慢了些，但最终我以优秀论文完成了学业。)

(4) What is your greatest weakness？(你最大的弱点是什么？)

你不应该说你没有任何弱点，以此来回避这个问题，每个人都有弱点。最佳策略是承认你的弱点，但同时表明你在予以改进，并有克服弱点的计划。可能的话，你可以说出一项可能会给公司带来好处的弱点。

不妨这样回答：I'm such a perfectionist that I won't stop until a job is well done.(我是一个完美主义者。工作做得不漂亮，我是不会撒手的。)

(5) How do you feel about your progress to date？(对于你至今所取得的进步你是怎样看的？)

绝不要对你以前的所作所为表示内疚。

可以回答：I think l did well in school. In fact, in a number of courses I received the highest exam scores in the class.(我认为我在学校表现不错。事实上，有好几门功课我的成绩居全班第一。)

或：As an intern for the X Company, I received some of the highest evaluations that had been given in years.(或者：在某公司实习时，我获得了该公司数年来给予其雇员的好几项最高评价。)

其他值得参考的问题如下：

(1) Why did you choose Peking University？

(2) Why did you choose MBA？

(3) What would you like to be doing in five years after graduation？

(4) What has been your greatest accomplishment？

(5) Describe your greatest strengths and weaknesses

(6) What have you learned from the jobs you have held？

2. 行为面试问题

(1) Describe the best/worst team of which you have been a member.

(2) Tell me about a time when your course load was heaviest. How did you get all of your work done？

(3) Give me a specific example of a time when you sold someone on an idea or concept.

(4) Tell me about a time when you were creative in solving a problem.

(5) Describe a time when you got co-workers or classmates who dislike each other to work together.

(6) Tell me about a time when you made a bad decision.

3. 案例面试问题

A chain of grocery stores currently receives its stock on a decentralized basis. Each store deals independently with its suppliers. The president of the chain is wondering whether the firm can benefit from a centralized warehouse. What are the key considerations in making this decision？

A magazine publisher is trying to decide how many magazines she should deliver to each individual distribution outlet in order to maximize profits. She has extensive historical sales volume data for each of the outlets. How should she determine delivery quantities?

4. 非常规问题

(1) It is the 15th century. How do you convince the Pope that the Earth is round?

(2) If I gave you an elephant, where would you hide it?

(3) Why are soda cans tapered on the top and bottom?

(4) How much RAM does a PC need to run Windows 95?

(5) You are in a boat on a fresh water lake with a rock in your hand. You throw the rock into the lake. How is the lake's water level affected?

(6) If it rained music, what would grow?

(7) Describe your best friend and what he or she does for a living.

(8) In what ways are you similar or different from your best friend?

(9) What are your career's strengths and how do you capitalize on them?

(10) Are you a happy person?

(11) According to JRM, Jr., a fast growing software company asked this question: You have a wealthy aunt who weighs 300 pounds. Tell me how you would redesign her toilet.

5. 其他常见的英语面试问题

(1) Would you please make a brief introduction about yourself?

(2) Why did you take the MBA examination? Would you please say something about the current MBA program in China?

(3) Why do you choose Renmin University to study MBA? Tell me a little about Renmin University of China from your understanding.

(4) How do the people around you review MBA?

(5) What's the difference between MBA program at home and abroad?

(6) If you failed this time what would you do in the near future?

(7) Why do you want to be a part of MBA students?

(8) Why do you think you are qualified for MBA program?

(9) Do you have a career plan in 5 years?

(10) Do you have a study plan if you were accepted as a MBA student?

(11) What's your opinion about the requirement that a MBA student must have working experience?

(12) How do you define marketing or management?

(13) Do you think English is quite important in MBA study? Why?

(14) Do you think MBA training courses will help you a lot in your future life? Why?

(15) What do you want to do after your MBA study?

(16) What is the most important qualification that a MBA student should have?

(17) Say a little about teamwork.

(18) Say a little about management.

(19) How communication works in organizations?

(20) Tell me the relationship between the management and management theory.

(21) What will you do if you can't find a job?

(22) Do you think that the economy will get better?

(23) Who are you currently employed with?

(24) What kinds of opportunities are you looking for?

(25) What is your biggest accomplishment in the job?

(26) What joy do you enjoy the most and why?

(27) What would your former boss say about you?

(28) Why did you leave your last job?

(29) Please tell me a little about your working history? What kind of fields?

(30) Say a little about your educational background.

(31) What are your strengths and weakness?

(32) What do you do in your spare time?

(33) What is your impression of Beijing?

(34) What is CFO? If you were a CFO, what would you do?

(35) What is the difference between sales and marketing?

(36) What do you think is the most important as a manager?

在面试快结束的时候，一般考官都会问，你有没有什么要问的。除非你是最后一个面试者，并且明显感到所有的考官都急切地想离开，一般情况下不适合说"I don't have any question"，可以问考官一两个你关心的问题。

(1) Which is the best course in our school? (我们院最好的课程是什么？)

(2) Does our school provide some guidance of job to MBA? (学校是否会为MBA提供工作方面的指导？)

最后可以说：Thank you for giving me the chance. I hope to see you again and soon. (谢谢你给我机会，我希望很快能再见到你。)

四、英语简历常用模板

很多学校的MBA面试可能要求提供英文简历，准备一份精美的英文简历是很有必要的。

RESUME

Personal Information

Name: ×××× Date of Birth: July 12, 1971

Birth Place: Beijing Gender: Male

Marital Status: Unmarried

Telephone: ×××× E-mail: career@sohu.com

Work Experience

Nov. 1991—present CCIDE Inc., as a director of software development and web publishing, organized and attend trade shows(Comdex 99).

Summer of 1997 BIT Company as a technician, designed various web sites. Designed and maintained the web site of our division independently from selecting suitable materials, content editing to designing web page by Frontpage, Photoshop and Java as well .

Education

1991—August 1996 Dept. of Automation,Tsinghua University, B.E.

Achievements & Activities

President and Founder of the Costumer Committee

Established the organization as a member of BIT

President of Communications for the Marketing Association

Representative in the Student Association

English Skills

Have a good command of both spoken and written English.

Past GET-6

TOEFL: 623

GRE: 2213

Characters: Aggressive, independent and be able to work under a dynamic environment. Have coordination skills, teamwork spirit. Studious nature and dedication are my greatest strengths.

描述工作经验的常用方法有以下几种。

Senior Internal Auditor: Conducted operational and financial audits of manufacturing subsidiaries. Designed and implemented audit programs to test the efficiency of all aspects of accounting controls. Recommended changes and improvements to corporate and divisional management.

Office Manager: Arrange logistics for office expansion and relocation. Establish office procedures and systems. Actuate/Implement filing system, client billing system and bookkeeping. Order supplies. Maintain inventory. Handle word processing and receptionist responsibilities.

Software Engineer: Over eleven years of extensive computer/electronics experience.

Versed in both digital and analog electronics with specific emphasis on computer hardware/software.

Special expertise in system and component evaluation.

Network supervisor responsible for installing/maintaining Arc net LAN system.

Proficient in assembly and C Programming language.

Excellent communication skills including written, verbal and interpersonal.

五、MBA英语面试试题集锦

1. 询问个人情况

(1) Q: What is your last name?

　　A: My last name is Wang.

(2) Q: What is your first name?

　　A: My first name is Qing.

(3) Q: Name and examination number please?

　　A: My name is Wang Qing, my examination number is 135.

(4) Q: Tell me a little bit about yourself please?

　　A: My name is Wang Qing, I graduated from Peking University in 2002. My major is economics. After graduation, in the year of 2002 I joined China Mobile as a business manager. I like traveling very much and enjoy sports.

2. 有关工作背景

(1) Q: What are your best professional skills?

　　A: I think I am skilled in computer operation and maintenance.

(2) Q: What kind of people do you prefer to work with?

　　A: I prefer to work with those who are willing to work with other people.

(3) Q: How do you normally handle criticism?

　　A: When we cool off, we can discuss it later.

(4) Q: How do you handle your conflict with your colleagues in your work?

　　A: I will try to present my ideas in a clearer and more civilized way in order to get my points across.

(5) Q: What do you find frustrating in a work situation?

　　A: Sometimes, the narrow-minded people make me frustrated.

(6) Q: How do you handle your failure?

　　A: None of us was born perfect. I will sure to be given a second chance to correct my mistake.

3. 有关教育背景

(1) Q: When did you graduate?

　　A: l graduated in 1998.

(2) Q: What's your major?

　　A: I majored in economics.

　　　l specialized in accounting.

　　　l did law.

　　　International finance.

(3) Q: Which university did you graduate?

　　A: I graduated from Peking University.

(4) Q: Did you get any honors and awards at college?

　　A: Yes, every year I was awarded scholarship /first prize scholarship from the university.

(5) Q: Have you received any degree?

A: Yes, I received my bachelor degree of economics from Shandong University in 1998.

(6) Q: Which course did you like best? Why?

A: Computer programming. It turned out to be the most useful one whatever job you engaged in.

4. 特色问题

(1) Q: What do you think about MBA program in China?

A: Some of the prestige/famous programs are pretty good for their rigid training not only in management theory and related area but also in a lot of opportunities to practice. Meanwhile the courses suit the current situation in China as well as our real needs. But some of the programs don't deserve their reputation.

(2) Q: Do you think the MBA training you a lot in the future?

A: I think these courses for most MBA students will be a big help, because for most MBA students what they need is the combination of work experience and theory supports, and the theories we learn in these courses will be the foundation when we deal with current issue.

(3) Q: What kind of personality do you think you have?

A: Well, I approach things very enthusiastically, and I don't like to leave something half-done. It makes me nervous—I can't concentrate on something else until the former thing is finished.

(4) Q: How would you describe your personality?

A: I am a person of great perseverance. If I pick up something, I never leave it half-done, I am strong-willed, and I never withdraw before difficulties. I am ready to help others, because it can not only do others good but also give me a sense of satisfaction.

(5) Q: Would you describe yourself as outgoing or more conserved?

A: Well, sometimes I want to be by myself, but most of the time I prefer being with a group of people, so I guess you'd say outgoing.

(6) Q: Do you call yourself introverted or extroverted?

A: It just depends. In the promotion work, I am quite extroverted and persuasive. When I am promoted to the director of sales department, I get along quite well with the staff members; I like interacting with them. On the other hand, in my spare time I prefer to be alone, thinking about my work and organization, my past, present and future, my failure and success, or anything I'd like to. At this time I'd rather call myself introverted.

(7) Q: What would you say are some of you faults and strong points?

A: Well, I'm afraid I'm a poor talker, and that isn't very good, so I've been studying how to speak in public. I suppose a strong point is that I like developing new things and ideas.

(8) Q: Are you more of a follower or a leader?

A: I don't try to get in front of people and lead them, particularly. I'd rather cooperate with everybody else's and get the job done by working together.

I don't agree with someone else's opinion if I think he's wrong.

(9) Q: What do you think is the most important thing for you to be happy?

　　A: I feel happy for the happiness of others resulting from my work.

(10) Q: What kind of reaction does you like best?

　　A: I like seeing films dubbed in English.

　　　I like reading books.

在写简历时常用到的词语，比如个人信息、个人品质、文化程度、工作经历等，都可以在附录D的"参考实录"中查到。

第五节　面试礼仪

MBA面试的某天，等候面试的准MBA们一个个西装革履，三五成群地交谈着，绝对是校园里一道亮丽的风景线。如果你穿着运动鞋去参加面试，绝对会被同学和考官认为是一个异类。因此，必要的面试礼仪是必须掌握的。

一、文明礼貌

不讲究文明礼貌是面试失败的重要原因之一。基本的礼节是必不可少的，文明礼貌、讲究礼节是一个人素质的反映、人格的象征。因此，面试时应注意以下要点。

(1) 在面试开始之前肯定有一段等候的时间，切记在等候面试时到处走动，更不能擅自到考场外面向里观望，应试者之间的交谈也应尽可能地降低音量，避免影响他人应试或思考。

(2) 切忌贸然闯入面试室，应试者一定要先轻轻敲门，得到主考官的许可后方可入室。进门时不要先把头探进去张望，而是应该让整个身体一同进入。

(3) 走进室内之后，背对考官，将房门轻轻关上，然后缓慢转身面对主考官。

(4) 向主考人员微笑致意，并说"你们好"之类的招呼语，在主考人员和你之间营造和谐的气氛。

(5) 若非主考人员先伸手，你切勿伸手向前去和对方握手，如果主考人主动伸出手来，就报以坚定而温和的握手。

(6) 在主考人员没有请你坐下时切勿急于坐下，请你坐下时，切勿噤若寒蝉，应说声"谢谢"。

(7) 面谈时要真诚地注视对方，表示对他的话感兴趣，绝不可东张西望，心不在焉，不要不停地看手表，要注意和考官的目光接触。

(8) 回答问题要口齿清晰，声音大小适度，但不要太突然，答句要完整，不可犹豫，不可用口头禅。

(9) 说话时目光要与主考人员接触，若有不止一位主考人，要看首席或中间的那一位，同时也要兼顾其他主考人员。

(10) 注意用敬语，如"您""请"等，市井街头常用的俗语要尽量避免，以免被认为油腔滑调。

(11) 不要随便打断主考人的说话，或就某一个问题与主考人争辩，除非有极重要的理由。
(12) 口中不要含东西，更不要吸烟。
(13) 不要在主考人结束面试前表现出浮躁不安、急欲离去或要另赴约会的样子。
(14) 主考人示意面试结束时，微笑、起立、道谢、说声"再见"，无须主动伸出手来握手。
(15) 出去推门或拉门时，要转身正面对主考人，再说声"谢谢，再见"，出门后轻轻关上门。
(16) 如果在你进入面试房间之前，有秘书或接待员接待你，在离去时也一并向他致谢告辞。

二、表情

面试成功与否与表情关系很大。应试者在面试过程中，应轻松自然、镇定自若，给人以和悦、清爽的感觉，需要注意以下这些要点。
(1) 进门时要表现得自然，不要紧张或慌张。
(2) 面试时要始终面带笑容，谦恭和气，表现出热情、开朗、大方、乐观的精神状态。
(3) 不要无缘无故皱眉头或毫无表情。
(4) 不要直盯对方，也不要以眼瞟人、漫不经心，眼光宜落在主考人的鼻子上，这样既保持了接触，又避免了不礼貌的直盯。
(5) 对方提问时，不要左顾右盼，否则主考人会误认为你缺乏诚心和兴趣。
(6) 切忌面带疲倦，哈欠连天，考试前一天一定要保持睡眠充足。
(7) 不要窥视主考人员的桌子、稿纸和笔记。
(8) 面试顺利时，不要喜出望外，拍手叫好。
(9) 作为应试者，不仅要时时注意主考人员在说什么，也要注意主考人员的表情有哪些变化，以便能准确地把握说话者的思想感情。
(10) 为了吸引听者的注意力，使言谈显得有声有色和增强感染力，在说话中可以适当加进一些手势，但动作不要过大，更不要手舞足蹈和用手指人。
(11) 在说话时切不可面露谄媚、低声下气的表情，企图以鄙薄自己来取悦于对方，这样做只是在降低自己的人格，只有抱着不卑不亢的态度才能获得对方的信任。

三、举止

举止体现着一个人的修养和风度，粗俗习气的行为举止会使一个人失去亲和力，而稳重大方则会受到人们的普遍欢迎。在陌生的主考人面前，坐、立、行等动作姿势正确雅观、成熟庄重，不仅可以反映出青年人特有的气质，而且能给人以有教养、有知识、有礼貌的印象，从而获得别人的喜爱。具体说来，以下几点值得注意。
(1) 动有动态。走动时应身体直立，两眼平视前方，两腿有节奏地交替向前迈步，并大致走在一条等宽的直线上。两臂在身体两侧自然摆动，摆动幅度不要过大。脚步声应控制，不要两脚擦地拖行。如果走路时身体有前俯、后仰或左右摇晃的习惯，或者两个脚尖同时向里侧或外侧呈八字形走步，是不规范、不雅观的举止。
(2) 站有站相。站立时身形应正直，头、颈、身躯和双腿应与地面垂直，两肩相平，两臂和手在身体两侧自然下垂，两眼平视正前方，嘴自然闭合。双脚对齐，脚尖分开的距离以不超过一脚为宜，如果叉得太开是不雅观的。另外，不应把手插在裤袋里或交叉在胸前。

(3) 坐有坐相。坐姿要端正。坐在主考人员指定的座位上，不要挪动已经安排好的椅子的位置。在身后没有任何依靠时上身应正直稍向前倾(这样既可发声响亮、中气足，令人觉得你有朝气，又可表现出你对主考人感兴趣、尊敬)，头平正，目光平视。两膝并拢，两臂贴身自然下垂，两手随意放在腿上，两脚自然着地。背后有依靠时，也不能随意地把头向后仰靠，显得很懒散。就座以后，不能两边摇晃，或者一条腿放在另一条腿上。双腿要自然并拢，不宜把腿分得很开，女性尤其要注意。

(4) 手势宜少不宜多。多余的手势，会给人留下装腔作势、缺乏涵养的感觉。反复摆弄自己的手指，要么活动关节，要么捻响，要么攥着拳头，或者手指动来动去，往往会给人一种无聊的感觉，让人难以接受。在交际活动时，有些手势会让人反感，严重影响形象，比如当众搔头皮、掏耳朵、抠鼻子、咬指甲、手指在桌上乱写乱画等。

(5) 避免一些不必要的小动作。身体各部分的小动作往往令主考人分心，甚至令其反感。

下面这些动作都是要不得的：玩弄衣带、发辫、打火机、香烟盒、笔、纸片、手帕等分散注意力的物品；玩手指头；抓头发；抠鼻孔；跷二郎腿，并不停摇摆；双手托下巴；说话时用手掩着口等。

四、形体语言

1. 眼观六路：眼神的交流

交流中你的目光要不时地注视着对方。国外的礼仪书上往往精确到"要看到对方鼻梁上某个位置或眼镜下多少毫米"，这有点过于精准，笼统地说"看着对方的眼部"就行了。但是，万万不可目光呆滞地死盯着别人看，这样会让对方以为你对他"满怀深情"，或是和他有什么"深仇大恨"，让人感到很不舒服。如果有不止一个人在场，你说话的时候要经常用目光扫视一下其他人，以示尊重和平等。

2. 耳听八方：积极聆听

最优秀的销售人员往往不是滔滔不绝地大侃，而是积极地聆听。考官不希望面试者像木头桩子一样故作深沉、面无表情。面试者在听对方说话时，要不时地点头表示同意，表示自己听明白了，或正在注意听，同时要面带微笑，当然也不宜笑得太僵硬，要发自内心。在面试中如果招聘经理多说话，说明他对你感兴趣，愿意向你介绍情况，这时你要与之热情交流。但许多学生误认为只有自己说话才是最好的销售，往往会抢着说话，或打断对方的讲话，这些都是很不懂礼貌的表现，会使自己陷于被动。

3. 稳如泰山：只坐2/3

面试时的坐姿，有两种极端不可取。一是全身瘫倒在椅背上，二是战战兢兢地只坐椅子的边沿。正如花有花语一样，坐也有坐意：仰坐表明轻视、无关紧要；少坐意味着紧张、如坐针毡；端坐，意味着重视、聚精会神。

面试时，轻易不要紧贴着椅背坐，也不要坐满，坐下后身体要略向前倾。一来表明你坐得很稳，自信满满，不会因为稍向前倾，就失去重心，一头栽下去；二来证明你没有过于放松地全身靠到椅背上，没把办公室当成茶楼酒馆。

但也不宜坐得太少。如果只坐椅子的1/5，意味着你几乎要靠自己的双腿支撑住自己的体重。这是一种极度紧张的表现，也会把面试官的注意力吸引过去。

一般以坐满椅子的2/3为宜。既可以让你腾出精力轻松应对考官的提问，也不会让你过于放松、乐不思蜀而忘了自己的来意。建议你多多接触社会，观察沉稳人士的坐姿，并回到家里、寝室里稍加练习，改善坐姿，别让椅子拖了后腿。

五、小常识

1. 面试的水，该动吗

一般在面试时，别人会给你用塑料杯或纸杯倒一杯水。这些杯子比较轻，而且给你倒的水也不会太多，加上你面试时往往会比较紧张，不小心碰倒杯子的情况难免发生。如果你没有把水杯放好，就很容易把水弄洒。一旦洒了水，心里一慌，不是语无伦次就是手忙脚乱，很长一段时间都调整不过来。虽然对方通常会表现得很大度，但也会留下你慌慌张张、局促不安的印象，所以要非常小心。杯子放得远一点，水喝不喝都没有关系。有些人临走了，看到满满一杯水没动，觉得不好意思，就咕咚咕咚喝上几大口，这也没有必要。

2. 无声胜有声的形体语言

要不时检点自己的一言一行，善于察言观色、明察秋毫。比如，自己说得太多了，就要注意一下考官是不是面露疲态或者心不在焉。如果是的话，你要迅速将发言权交给对方。

第三章
MBA面试考官

第一节　院校考官的特点及对策
第二节　企业考官的特点及对策
第三节　人力资源考官的特点及对策

MBA入学面试不仅是对考生的考核，对考官也有很多要求。面试是由考官小组集体面试，全国MBA教育指导委员会关于考官的组成有这样的规定：招生院校应组织面试小组对考生进行面试，每个面试小组评委人数不少于3人，面试小组中应包括企业界评委。招生院校须依照公平、公正的原则，制定面试评委行为规范，被聘请的面试评委须签字承诺遵循评委行为规范。

无论考官背景如何，对考生的取舍意见大致是相同的。无论从理论上分析，还是从行为实践方面考虑，对什么样的人适合上MBA的大体方向认识是基本一致的。广大考生把自己提到考官的位置，进行换位思考，这种认同是可以揣摩出来的，可以为自己准备面试打下良好的基础。

全国MBA教育指导委员会关于面试过程控制有这样的规定：

招生院校须在面试开始前确定面试组织方式、面试程序以及录取原则，并事先以"面试须知"的方式向考生公布。在可能的前提下，应组织两个或两个以上面试小组，由学生现场抽签随机分组(初试成绩不作为分组标准)。

各面试小组对各个考生的面试方式、面试时间、评分标准应该一致。应事先制定标准的评分表，明确考查项目和评分标准(考查项目和评分标准不一定要公布)。要保证面试时间的充分性和面试的有效性。

评委间可以讨论对考生的评价，但须独立评分(或排序)。为避免不同小组和评委对评价标准的掌握不一致，可先进行试评。必要时，须对不同小组和评委的评价结果进行系统纠偏，以减少小组间的差异。面试过程和面试主要内容应有书面记录。

面试结束后，招生学校应及时公布初步录取结果，以便有关考生选择调剂其他学校。必要时，教育主管部门或全国MBA教育指导委员会可派观察员监督面试和录取过程。

由此可见，MBA面试相当规范，不仅体现在人员组成、面试形式方面，面试内容也一样规范。

第一节 院校考官的特点及对策

1. 学院教授面试的基本特点和方向

如前所述，MBA项目面试考官中，均包含本院资深教授。这些教授来自商学院不同的专业研究方向，如管理学、经济学、金融学、市场营销学、财务管理、企业战略和组织行为学等专业。

作为MBA面试考官团队的重要成员，本院教授在面试中通常侧重考查以下几方面的内容。

1) 考生所在企业的基本情况

在面试中，首先，考官需要对考生所在企业的情况有一个大致的了解：如企业规模、主营业务领域、市场份额、在行业中的排名情况和未来发展前景等，以便对申请人的企业背景有一个比较客观的把握。

2) 考生的职务和企业管理职能情况

担任面试考官的学院教授往往对考生的职务层级和具体职责比较感兴趣，一般会在面试中深入了解考生在所在企业中职务的具体级别、在公司管理架构中发挥的实际职能以及具体的管理职责。对于上述信息，往往构成对考生管理背景情况评估的核心内容。

3) 与考官研究方向有关的企业管理问题

综上所述，参加面试的学院教授来自不同的专业研究方向，在面试中，对于与自己研究方向相关的企业管理问题，这类考官往往会饶有兴致地进行提问。例如，对于一名负责面试的管理学教授而言，如果考生是一名咨询顾问公司的项目负责人，那么他就会对咨询顾问团队中具有不同专业背景的团队成员(如负责法律事务、财务分析和企业管理咨询的不同背景团队成员)在接受团队管理者领导的同时，还要接受不同职能部门(如法律部门、财务部门和管理咨询部门)管理者领导这一情况加以深入的提问，因为这一管理架构正是管理学研究的最核心领域之———矩阵式管理架构。具体而言，管理学教授会详细地询问考生对这一管理结构的理解和评价，以及在管理中遇到的问题。比如，对于一名市场营销学教授而言，当面试一名负责营销工作的考生时，往往会结合自己感兴趣的话题进行提问，如询问考生对产品市场定位、市场细分和营销战略的理解以及具体的相关管理实践。而经济学教授在面试中往往会对宏观经济分析比较感兴趣，例如，对于投行背景的面试考生，这类考官有可能会针对宏观经济形势(如央行货币政策、汇率政策和财政政策)对证券估值和资本市场行情的影响进行考查。

2. 学院教授面试的基本对策

针对担任面试考官的学院教授，建议考生把握以下策略。

1) 突出自己以往的企业管理经验和行业(市场)分析能力

清华经管学院和北大光华管理学院的教授在学术方面无疑具有很高的权威性，通常具有极高的学术造诣。在管理学、市场营销学、企业战略理论等方面，考生显然处于明显的劣势地位。但是，在企业管理方面和对所在行业(市场)的把握方面，面试考生则处于明显的优势地位。这是因为，对于负责面试的学院教授而言，虽然在相关学术领域有长期的研究，具有很高的学术造诣，但在企业管理实践和相关行业(市场)方面，教授往往缺乏相关的实践经验。相比之下，对于面试考生而言，由于之前长期在企业中从事管理工作，对企业的产品竞争策略、市场发展战略、主要客户群体特征、行业竞争格局等方面通常有较深入的理解和把握，在面试中，通过体现自己对所在企业和行业(市场)的理解，并举出相关体现管理能力和管理者综合素质的实际管理事例，他们往往能够获得面试考官的较高评价。

2) 突出战略规划能力和对企业发展战略的把握

战略规划能力和对企业发展战略的把握是商学院评价面试考生管理者发展潜力的重要方面，也是评价面试考生管理综合能力的核心指标。对于一名具备较高管理者发展潜力的考生而言，不仅要对本部门和本职工作有较为深入的理解和把握，同时要对本企业的市场发展战略有足够的了解，对企业管理问题能够从全局战略的高度加以分析和解决。通过突出自己的战略规划能力和对企业发展战略的把握，通常可以充分体现出一名优秀管理者所应具备的发展潜质，赢得考官的好评，进而获得较为理想的面试成绩。

一般来讲，对于一名参加MBA面试的考生而言，应对以下战略问题有足够的把握：①所负责产品的生命周期和行业基本情况；②企业(产品)的主要竞争优势；③企业的市场份额和行业竞争情况；④企业的主要劣势和潜在市场风险情况；⑤企业的产品定价策略；⑥企业发展的主要市场发展机会和市场发展战略。

3) 避免在面试中提及与管理学相关的专业术语

如果在面试中提及面试考官(尤其是学院教授)感兴趣的企业管理实践问题并体现出一定的管理深度，则对提高面试分数很有帮助。但要强调的是，不应在面试中提及生僻的管理学术语(如"矩阵式管理""平衡计分卡"等)。因为这些专业术语往往会引发面试考官的一连串询问，而考生受职业背景和教育经历的限制，对这些管理学术语的理解程度一般比较有限，很难在一连串的深入考查中从学术的角度给出令面试考官满意的答复。从另一个角度来讲，即使面试考生之前拿出足够的时间对相关管理学问题进行深入的钻研和准备，但担任面试考官的学院教授通常有几十年的学术造诣，考生针对学术问题的回答在学院教授面前很难获得正面评价。在管理学方面，担任面试考官的学院教授占据绝对优势地位，对多数面试考生而言，将面试话题引入相对专业的管理学学术问题上通常不是明智的选择，而在企业管理实践和对行业(市场)的把握方面，面试考生则通常较为了解，在信息掌握上占据主动地位，因而应在面试中突出自己对企业和行业(市场)的深入了解和把握。

4) 在面试中体现出对学院教授的尊重

从MBA面试的实际情况来看，面试中对考官的态度往往也对最终面试成绩有一定的影响。学院教授一般有较长的学术研究生涯，同时在管理学、市场营销学、企业战略等学科领域有很深的学术造诣，在面试中，对这类考官表示出一定的尊重，往往会博得考官的好感，对获得理想的面试成绩会有一些帮助。

但是，这里需要强调的是，对面试考官的尊重并不意味着对考官的一味逢迎，尤其是对于一些陷阱型问题，面试考生要在对面试考官表示尊重的前提下，勇于坚持自己的观点和想法，不要因为考官提出的一些观点而轻易放弃自己的思路和想法，造成面试的重大失分。

第二节 企业考官的特点及对策

1. 企业高管校友面试的基本特点和方向

考官通常毕业于清华经管学院或北大光华管理学院等知名院校，且多数为EMBA校友或MBA校友，目前一般担任知名企业的高层管理者，具有较为深厚的企业管理经验和行业背景。

清华经管学院和北大光华管理学院之所以聘请本院的企业高管校友担任面试考官，主要基于以下几方面的考虑。

首先，这类校友一般有较为丰富的企业管理经验，能够对面试考生的管理经验、管理实践能力和管理者发展潜质等给出较为客观的评价。

其次，企业高管校友通常对相关行业有较为深入的了解和把握，能够结合面试考生的职业背景情况进行考核，进而对考生的市场战略把握能力和企业战略规划能力进行有效的评价。

再次，企业高管校友自身的学习经历，使其对本院MBA招生项目的定位和方向有较为深刻的理解，从而能够有效把握本院MBA项目的招生标准。

最后，从学校的角度来讲，作为清华经管或北大光华校友，他们一般对自己毕业院校的社会声誉和影响力极为关注，更愿意让自己的母校招收到真正符合要求、能够提高母校MBA项目声誉的考生，而不愿意让其招收不符合MBA项目要求的面试考生，从而在面试中发挥更为客观、公正的评价作用。

担任MBA面试考官的企业高管校友在面试中通常体现出以下几方面的特点。

1) 侧重从企业实际运营的角度加以考查

与学院教授不同，企业高管校友在学术研究方面通常并不具备优势，但在企业的实际运营管理和战略规划方面则有非常丰富的经验，对于企业管理实践中的具体问题、市场竞争环境和企业的发展战略都有较为深刻的把握。因此，这类考官通常比较喜欢询问考生与企业日常管理实践有关的问题，比如：

① 你在销售部门中是如何制订产品营销方案的？
② 对于企业而言，你认为市场份额和销售利润哪一项更重要？
③ 你们企业的主要融资手段有哪些？
④ 你的企业在行业内的主要竞争对手有哪些？与这些企业相比，你们企业的优势和劣势主要体现在哪些方面？
⑤ 你的企业所在行业属于产业链的上游，利润较低，是否考虑过全产业链战略？
⑥ 你目前的创业企业的业务范围非常单一，为什么从未考虑过市场多元化战略？

2) 面试问题比较灵活，具有较高的自由度和发散性

与学院教授不同，由于企业高管校友长期在企业中从事中高层管理工作，接触过很多企业内部员工和行业客户，因而提出的面试问题往往不拘泥于抽象的管理学问题，而是具体的管理实践问题，提问的角度往往也比较自由、灵活、发散，比如：

① 你的下属是如何评价你的管理风格的？
② 作为部门总监的副手，你是如何评价你的上级的？
③ 如果你的一名重要下属突然向你提出辞职，你将如何处理？
④ 你之前曾先后在三家企业从事类似的工作，每家企业的工作时间都只有一年左右，且工资收入没有明显的提升，是不是你之前一直无法找到适合自己发展的岗位？
⑤ 你目前选择攻读MBA，是不是你的职业发展进入了瓶颈期？
⑥ 你认为北京奥运会对你的企业和企业所在市场有哪些影响？
⑦ 你认为中国市场与西欧市场在消费理念上有哪些重大差异？
⑧ 你对美国次贷危机怎么看？
⑨ 你认为国家宏观调控政策对房地产行业有哪些影响？

3) 侧重考查考生的实际管理能力

由于企业高管校友有长期的企业管理经验，因而在考生的管理实践能力上有很高的发言权。在面试中，考查面试考生的实际管理能力也是该类面试考官的核心任务之一。比较常见的面试考题包括：

① 你对下属的职责管理权限是如何划分的？
② 如果你的一名下属向你抱怨薪酬水平过低，你将如何处理？

③ 你在提拔项目经理时，主要有哪些选拔标准？

④ 作为一家创业企业的董事长，你是否考虑过给你的主要管理者一定的股权作为激励手段？

2. 企业高管校友面试的基本对策

1) 多谈一些自己的管理体会和管理业绩，引起企业校友考官的共鸣和认可

对于企业高管校友考官而言，最感兴趣的话题无疑是作为企业管理者的实际管理体会和管理业绩。因此，在面试中，考生适当多谈论上述内容，有助于引起面试考官的关注，进而获得较高的面试评价。

对于之前企业管理经验比较丰富，对企业所处环境较为熟悉的面试考生，在面试前只要系统梳理其以往的管理经验和能够体现其管理优势的管理实例即可，同时还应对企业的市场战略、行业的竞争情况等做适当的准备。对于这类考生，在与企业校友考官的交流中，成功的关键在于选择最佳的突破点，围绕自己最擅长且企业校友考官认可的企业管理问题展开阐述，使该考官对面试考生的企业管理水平有较高的评价，最终赢得面试。具有丰富企业管理经验的面试考生在面试过程中切忌随意发挥，不假思索地阐述自己认为的管理经验和成功案例，尤其是一些不成熟的管理理念或者是很难获得考官认可的具有行业特殊性的管理方式(比如：粗暴型的管理方式或强制性的市场推广战略等)，而应选取一些具备管理深度、易于被校友考官认可的成功管理经验和管理实例。

企业管理经验并不是很丰富的考生，对于校友考官的提问，则尤其需要重视并认真准备。这里首先需要明确的是，正如前面的章节曾讲到的，MBA面试考官遵循的一项基本原则是"同龄人最优"原则，即将同年龄、同工作年限的申请人的职业资历、管理经验和管理能力加以比较，而不会将一个工作年限仅三年的考生的管理经验和职位情况与一位工龄达到十几年甚至几十年的考生进行简单的直接对比。换言之，基于"同龄人最优"的面试考查原则，考生在面试中只要向考官证明，自己在同龄人中是最优秀的管理者，具备非常理想的职业发展潜质，就可以最终赢得面试，而不需要盲目地按照绝对指标与管理资历非常深厚的管理者进行对比。

对于上述年轻面试考生而言，在参加面试前，应认真准备一些自己日常管理实践中的成功管理事例，这些事例可能业绩并不突出，或在公司管理架构中所发挥的作用很有限，但应当体现出申请人对管理问题的看法和管理思路，进而体现出申请人的管理潜质，使面试考官(尤其是企业高管校友考官)相信：该申请人虽然年龄相对较轻，但具备很强的管理感悟能力，未来将成长为一名优秀的企业管理者，具有很高的培养价值。

2) 适当突出自己对本行业的深入把握以及对相关市场的前瞻性战略分析

人们常说"隔行如隔山"，在MBA的面试考场中，担任面试考官的高管校友虽然对本行业有非常深入的了解，具有相关企业管理经验，但对申请人所在的行业领域却通常并不非常了解。换言之，对于所在行业的市场竞争情况、企业发展态势、未来市场趋势和潜在的市场机会，与面试考官相比，申请人在掌握信息和行业经验方面通常具有明显的优势。

在面试中，考生可以充分利用这一优势，向考官展示自己对行业和市场的深入了解程度，并根据行业和市场情况制订相应的市场发展战略和企业管理战略。站在企业管理者的高度，阐述自己如何带领团队实现企业既定发展目标和市场拓展目标。如果考生在面试中体现出对所在行业的深入了解，并体现出优秀的管理能力，则通常可以获得较高的面试成绩。

3) 通过科学的职业发展规划体现申请人的管理者发展潜力

正如之前章节所指出的，规划合理、目光远大的职业发展规划会使考官对申请人的职业发展潜力高度认可，进而赢得较高的面试分数。对于面试考生(尤其是管理年限较短的面试考生)而言，为了体现自己的职业发展潜力，需要向面试考官(尤其是企业高管校友考官)描述和体现自己的未来职业发展规划，既要体现出足够的合理性，也要体现出一定的可行性，符合名校商学院对本校MBA毕业生的未来职业发展的期待。

3. 企业高管校友面试需要注意的几个问题

在与担任面试考官的企业高管校友进行面试交流时，面试考生一般应注意以下几个方面的问题。

(1) 尽量不要刻意炫耀自己的管理职位或管理业绩。如前所述，在面试中，面试考生应充分体现出自己的管理业绩和管理综合能力，但要把握好"度"。刻意地向考官炫耀自己的管理资历、管理成绩或薪酬水平，很有可能引起考官的反感，对最终面试成绩非常不利。建议考生以较为谦逊的态度列举自己的管理成功事例、管理感悟和管理思路。

(2) 对于管理职位较高或企业背景较为深厚的考生而言，不要因为面试考官年龄相对较轻或职位相对较低，而在面试中体现出轻视考官的态度。在面试考官团队中，企业高管校友有可能是相对年龄较轻的企业中高层管理者，但作为具有面试提问和打分权的面试考官，直接决定着本场面试的成败。因此，即使考生所面对的考官看起来年龄要小于自己，或自己的管理职位非常高，在面试场合也要表现出对年轻考官的充分尊重。

(3) 由于考官很有可能对申请人所在行业及企业的特殊情况并不是很了解，对于面试考官询问的相关情况，考生应尽量予以简要解答，不要因为属于行业特殊情况而不屑于回答或产生抵触心理。此外，还应注意在面试中不要将过多的宝贵面试时间用于解释行业或企业的特殊情况，导致考官没有足够的面试时间了解考生的管理经验和管理优势，最终影响面试成绩。

(4) 对于所在行业或企业的一些潜规则和不正当交易情况，往往是商学院老师比较反感的，即使是行业内普遍存在的现象，在回答企业高管校友的相关问题时，也应谨慎对待。要避免在回答问题时，引起企业高管校友和其他面试考官(尤其是学院教授)对申请人"企业家商业道德"方面的负面评价，影响其他考官的面试打分成绩。

(5) 在面试中要避免不恰当的争论或冲突。当与面试考官(尤其是企业高管校友考官)意见相左时，应采取策略性的方法加以处理，而不应与考官进行激烈的争论或发生冲突。比如，考生可以委婉地对面试考官表示，"您对我们行业发展态势的观点有一定道理"或"我会认真考虑您的看法"。

第三节　人力资源考官的特点及对策

1. 企业人力资源高管的面试方向和主要内容

在清华经管学院和北大光华管理学院组织的MBA面试中，除了前述的两类面试考官(学院教授和企业高管校友)外，还有一类面试考官——企业人力资源(HR)高管。

作为MBA面试团队的一员，企业HR高管主要侧重以下几个方面的考查。

1) 从人力资源的角度对面试考生进行考查

具体来讲，企业HR高管考查的角度包括以下几点。

(1) 团队沟通协调能力：主要考查申请人作为管理团队中的一员，是否具备优秀的管理沟通能力和团队协调能力。MBA面试中常见的面试问题包括：

① 我想知道你曾经遇到的最有挑战性的沟通方面的问题。你为什么认为那次经历对你最富有挑战性，你是如何应对的？

② 你认为良好沟通的关键是什么？

③ 假如你的两名同事的冲突已经影响到整个团队，需要你去调解冲突，并使冲突双方能够自己解决问题，你会怎样做？

④ 若让你在公司董事会上发言，你该怎样准备发言稿？

⑤ 你用什么方法来监督你负责项目的工作进程？

(2) 培养下属的能力：从人力资源的角度来讲，一家企业想要生存和发展，处在领导岗位上的管理人员必须愿意并且能够把普通员工培养到领导岗位上。这就意味着，管理者需要给每名员工以最大的发展空间。这需要激励每名员工奋发向上，并发挥出各自最大的潜能，培养员工承担责任。MBA面试中常见的面试问题包括：

① 谈谈你曾经鼓励员工积极主动工作的一些做法。

② 你怎样决定你的下属在工作中的分工负责情况？

③ 在评估你的员工的工作表现时，你怎样才能确保评估的客观公正？

④ 管理者应多长时间、在什么情况下让员工参加培训？

⑤ 如果你的一名下属对目前所从事的工作不感兴趣或缺乏工作主动性，你该采取什么措施或办法来改变他的态度？

(3) 管理能力：主要考查面试考生的实际企业管理能力，这方面的常见面试问题主要包括：

① 你衡量一名合格经理有没有量化的标准？

② 你的下属是如何评价你的管理风格的？

③ 请你分析一下集团式管理与分权式管理的利弊？

④ 请描述某名员工工作表现不佳的情形。你给他提供了什么样的帮助？

⑤ 如果你的部门员工流动率明显上升，你将如何应对这一问题？

⑥ 你是如何激励你的下属，并提高团队凝聚力的？

⑦ 过去，你是怎样保证员工尊重并信任你的？

(4) 销售能力。这类问题主要针对从事销售或市场部门管理工作的面试考生，常见的面试问题包括：

① 请讲讲你遇到的最困难的销售经历。

② 如果一名重要客户一直在购买跟你公司产品功能相近，但价格却明显较低的竞争对手公司的产品，你将怎样说服这名客户购买你的产品？

③ 关于你们公司的产品生产线和客户群体，你了解多少？

④ 当你接管了一个新的行销区或新的客户群时，怎样才能使这些人成为你的固定客户？

⑤ 一名优秀的销售人员应具备哪些素质？

⑥ 在你目前的工作中，你用什么方法来发展并维持业已存在的客户？

⑦ 你怎样看待你们产品主要销售市场的未来发展趋势？

⑧ 请讲一下你在工作中所使用的最典型的销售方法和技巧。

⑨ 假设领导给你定的销售任务很重，完成任务的时间又很短，你用什么办法来确保完成销售任务？

⑩ 你是否有超额完成销售任务的时候，你是怎样取得这样的业绩的？

一般而言，从和客户接触到最终销售的完成需要多长时间？这个时间周期怎样才能缩短？

(5) 个人信心。信心是考查面试者是否具有领导者潜质或是否适合担任企业高级管理职务的重要方面。优秀的企业管理者往往在交流、判断、决策和认可自己的能力方面表现出较强的信心。此外，具有信心的管理者往往把冲突视为发展的机会，从而可以在不利的情况下带领团队或企业走出逆境，实现发展目标，体现优秀管理人员对企业的重要价值。MBA面试中常见的面试问题包括：

① 请讲一下去年你承担的最具挑战性的任务。你为什么认为那件事最具有挑战性？

② 如果你的老板在某件事上与你有很大冲突，你该如何解决你们之间的分歧？请举例说明。

③ 假设你做出了一个决定，但事情的发展事与愿违，你将怎样处理这种局面？请举例说明。

④ 过去半年中，你有多少次是跨越了自己的专业、权力和责任来做你的分外工作的？为什么？你是怎样完成这些工作的？

(6) 灵活处理问题的能力。在企业日常管理中，管理者要不断面对企业内部和来自外部市场的新情况、新问题。因此，一名优秀的企业管理者应针对具体问题提出灵活的解决方案，而不应固执僵化，并能够平衡不同的工作重点，达到最终的企业经营管理目标(提高企业总体利润、扩大市场份额和提高企业知名度等)。常见的面试问题包括：

① 假设你的老板让你完成非本职工作的任务，而接下任务的话，你就无法按时完成你的本职工作。在这种情况下，你将如何处理？

② 讲讲你曾经遇到的同时接受很多工作任务的经历。你是怎样设法完成这些工作的？你怎样判断哪些工作是重点，哪些不是重点？

(7) 分析和决策能力。企业管理者的核心职能是在对相关信息做出分析的基础上，结合自己以往的行业(市场)经验和企业管理经验，做出各项决策。分析和决策能力是衡量面试考生管理者综合能力的非常重要的指标之一。一名高素质的企业管理者无疑应具有优秀的分析能力和决策能力，企业的发展也离不开具备高度决策能力的核心管理者。在面试中，涉及该方面的问题主要包括：

① 你认为你在解决问题时主要凭借逻辑推理还是仅凭感觉？请根据你以前的工作经历谈谈你的具体体会。

② 假设你想要给自己找一名助手，有两名候选人，你怎样决定聘用哪一名？

③ 如果公司管理层要求你将本部门裁员20%，你根据什么来决定裁掉哪些人员？

④ 在进行项目可行性判断时，你通常在胜算有多大时决定从事或投资于该项目？

⑤ 如果有一个非常紧急的决策需要由你做出，若成功，则可以给你的公司带来很大利润，但为了胜算更大，还需要花费很多时间做搜集信息的工作，且搜集相关信息很有可能导致企业错失重要的市场机遇。在这种情况下，你将如何进行抉择？

(8) 战略全局观。随着企业管理者的管理职能和职位的不断提升，对其战略全局把握能力的要求也相应增强。担任公司CEO的管理者需要对企业整体的管理架构、未来市场的发展趋势和企业发展战略做出分析和判断，需要从宏观上把握企业发展的战略方向；相比之下，对于一名普通的部门经理或项目经理而言，关注的焦点往往放在本部门或本项目的内部管理沟通情况、人员配备、职责权限和项目进度等具体管理层面上，管理职能的战略性要明显弱于企业高层管理者。相应地，考生的战略全局观也是其是否具有高级管理者培养潜质的重要考查指标。涉及该方面的面试问题主要包括：

① 未来十年里，你所处的行业面临的最主要问题是什么？你准备如何应对未来的行业变化？

② 你认为你们企业所面临的主要经营风险和市场风险有哪些？

③ 你认为你们企业目前的业务布局合理吗？是否考虑过多元化的企业发展战略？

④ 你们企业为什么要在现阶段推出国际化的市场发展战略？

⑤ 针对国外竞争对手对你们传统市场的渗透，你们企业采取了哪些应对措施？你认为这些措施会收到预想的效果吗？

⑥ 作为企业高层管理者，你认为对于企业而言，市场份额和经营利润两项指标，哪一个指标更为重要？

⑦ 如果你们企业在未来3~5年需要大笔资金支持业务拓展，你会选择怎样的融资方式？债权融资还是股权融资？

⑧ 你们公司的核心文化是什么？你认为这样的核心文化符合你们企业所处的市场竞争环境吗？

(9) 有关考生教育背景和个人生活爱好的面试问题。通过对面试考生教育背景和个人生活爱好的考查，担任面试考官的HR高管可以更为全面地了解面试考生的综合素质情况。比较典型的面试问题包括：

① 你本科所读的专业与你目前所从事的行业领域有较大的差异，请你解释一下具体原因。

② 你最喜欢的课程是什么？为什么？最不喜欢的课程是什么？

③ 你认为哪门课对你来说最有收获？

④ 你认为学校的分数重要吗？学校的评分制度能体现出什么？

⑤ 你在本科阶段学的是工商管理，和我们MBA课程非常接近，例如你本科主修的管理学、财务会计学、市场营销学和战略管理等学科也是我们MBA的核心课程，对此你怎么看？

⑥ 你平时都读哪些书？有哪些兴趣爱好？

⑦ 你认为工作和生活哪个重要？

2) 压力面试

压力面试是MBA面试的重要环节，通常由担任面试考官的企业HR高管负责。

2. 企业HR高管面试的基本对策

针对HR高管面试的上述方面和特点，参加MBA面试的考生应主要把握以下几个方面的策略。

(1) 在面试中充分体现出一名优秀管理者的综合素质，如团队沟通能力、组织协调能力、分析能力和战略规划能力等。

(2) 在参加面试前，考生可以适当准备一下员工管理、员工激励等方面的管理实例和管理经验体会，以应对HR高管针对面试考生的相关能力要求考生举出具体实例加以说明的情况。

(3) 对于HR高管提出的压力面试问题，面试考生要沉着冷静，对很难回答的压力面试问题要保持良好的心态，在客观分析问题和具体情况的基础上给出条理性、逻辑性较强的回答。

总之，由于HR高管长期从事人员招聘、培训、薪酬管理和绩效管理等人力资源管理事务，对企业类职业经理人非常熟悉，阅人无数。因此，要获得这类考官的积极评价，需要体现出较高的管理者综合素质、分析问题和解决问题的能力，尤其对压力问题要沉稳应对。

第四章
个人简历、自述短文及申请材料写作指导

第一节　个人简历的撰写
第二节　个人自述的撰写
第三节　MBA面试重点问题及解答

从2005年开始，个人综合面试得分在各个学校录取分数中所占的比重越来越大。2006年，北京大学取消了多年来一直沿用的小组案例讨论的综合面试方法，开始采用个人单独面试，每个考生面对3名以上面试官，时间为15~30分钟。在这种情况下，个人简历和个人自述的撰写就变得越来越重要，可以说准备好个人简历和个人自述，面试就成功了一半。以下将一些成功学员的简历初稿和修改定稿进行对比分析，从而给考生提供一些准备个人简历的方法和思路。

第一节 个人简历的撰写

清华大学、中国人民大学等学校要求考生在面试时提交个人简历，考官根据个人简历，结合个人自述对考生进行提问。因此，个人简历的撰写非常重要。个人简历主要包括个人信息、教育背景、工作经历、外语水平等方面的基本信息，有的还包括个人优势或能力特长等其他信息。许多考生将个人简历与个人自述相混淆，造成个人简历结构无章，内容混乱。

【例4-1-1】
1) 修改前的简历范例

个人简历

北京市xx街6号楼
办公电话：010-xxxxxxxx
手机：13555555555
电子邮件：xx@163.com
目标：MBA

个人优势
　　对售后经营有丰富的经验，精通xx经销商管理标准。具有成本控制、业务增长和流程改善的能力，曾使经销商业务大幅增长，客户满意度提高，扭亏为盈。在销售、市场和市场开发方面具有想象力和革新能力。
　　善于并勤于思考，遇事沉着冷静。有较强的学习能力。善于与人沟通，有建立建设性人际关系的能力。逻辑思维能力强，对事物发展有战略性的眼光。

职业经历
　　xx销售有限公司，北京，2005年至今
　　　职位：售后服务北方区地区经理
　　　上级：售后服务北方区域经理

　　xx有限公司，大连，1996—2005年
　　　职位：售后服务经理
　　　上级：总经理

个人情况
　　姓名：xx
　　出生日期：xxxx年xx月xx日
　　国籍：中国
　　政治面貌：中共党员
　　婚姻状况：已婚
　　学位：工学学士
　　学历：本科
　　爱好：阅读，体育锻炼
　　计算机水平：能熟练操作办公软件
　　英语水平：大学期间通过CET6

教育经历
　　xxxx大学xx系xx专业，1992—1996年

2) 修改后的简历范例

点评

修改前，个人简历的结构比较混乱，信息涵盖不全。前文已对个人简历所应包含的信息进行总结，由此我们需要补全简历中的重要基础信息，同时调整个人简历中每项信息的展示顺序。同时，需要注意的是，在个人信息中只写清自己的主要情况即可，不必面面俱到。在教育背景中要写明自己的毕业学校、专业、是否取得学位。工作经历中要写明每段工作的起始时间、最终职位、主要工作业绩，有时还包括工作职责。

【例4-1-2】
1) 修改前的北大面试优秀考生个人简历

个人简历
XXX

一、个人信息
姓名：XXX
性别：女
学历：本科
学位：经济学学士
电子邮件：XXX@sina.com

二、教育背景
199x年9月—2002年xx月　首都经济贸易大学　经济学学士

三、工作背景
2003年6月—2005年3月　北京xx信息有限公司　产品部经理
2002年6月—2003年6月　北京xx信息有限公司北京分公司　市场专员
2002年3月—2002年6月　北京xx信息有限公司北京分公司　销售代表

毕业后，我一直就职于北京xx信息有限公司。该公司是一家外商独资企业，注册资本1.3亿元，拥有员工300余名，是目前国内规模最大、最正规的金融信息服务公司，致力于为国内金融投资者提供客观、专业、及时的信息服务。

产品部是公司的核心部门，负责产品的研发设计工作。作为产品部经理，我的职责是制订产品研发计划，组织部门员工开展研发工作，协调技术、信息、质量控制等各部门资源，以确保产品计划按时、按质完成。我在任期间，逐步完善了公司的产品体系，推出面向企业市场的专业信息产品，不仅填补了市场空白，还为公司开创了一个新的利润增长点。

为了实现我进入北京大学攻读MBA的梦想，2005年3月，我辞去工作全职备考。

四、外语水平
CET6
TOFEL：620分

五、所获奖励
在校期间，共获一等奖学金1次，二等奖学金4次，三等奖学金1次。
1999—2000学年，因学年总成绩年级第一，综合评定优异，获得东京奖学金。
2000—2001学年，因综合表现优秀，获得校"三好学生"称号。

2) 修改后的北大面试优秀考生简历

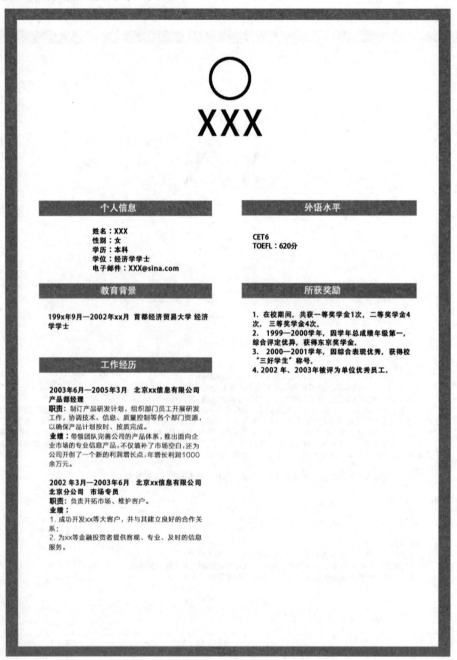

点评

修改前，个人简历的结构单调，版式也不够规范专业。内容上，虽然展示了基础信息，但在重要的工作背景部分没有做合理的安排。同时，文字表达过于口语化，类似于个人自述。在此需要考生注意，公司的规模、特点可在申请材料或个人自述中说明，不要出现在个人简历中。另外，简历中不要出现辞职等比较生硬的词语，为考MBA而辞职不是一个好的理由。在修改后的简历中，考生的自身工作亮点比较突出，考官会据此询问考生有关个人工作和个人能力的问题，考生可以有的放矢，积极准备。

【例4-1-3】
1) 修改前的清华面试优秀考生个人简历

个人简历

姓名： xx
籍贯： 山东
出生年月： 19xx.x

教育背景
1997.9—2001.7　xx大学电光学院　光电子技术专业　学士
2001.9—2004.4　xx大学研究生院　物理电子学专业　硕士
1998—2001　担任xx大学电光学院文学社副主编，负责院刊《远航》杂志的审稿和撰稿工作
2001—2004　先后担任光电子器件和数字电路课程助教

工作背景
2004.5—2006.3　xx股份有限公司　硬件工程师
2004.5—2004.0　负责xx外销日本的机型xx的设计和生产指导
2004.10—2005.3　承担xx酒店客房电视项目，设计完成xx唯一一款带网络解码接口的液晶电视系统，并为其配置了酒店局域网
2005.4—2005.3　承担xx机芯的项目开发

工作评价
　　我负责的xx项目和xx项目，产品研发周期短，生命周期长，问题解决及时，受到领导的高度重视。
　　我带领的团队，工作效率高，同事之间相处融洽，密切配合，默契合作。

专业技能
　　液晶和等离子电视等视频系统的开发设计
　　有良好的硬件设计经验和软件编程能力
　　有现场分析和解决问题的能力

2) 修改后的清华面试优秀考生个人简历

xx

个人信息

姓名：xx
籍贯：山东
出生年月：19xx.xx

教育背景

1997.9—2001.7 xx大学光电学院 光电子技术专业 学士

2001.9—2004.4 xx大学研究生院 物理电子学专业 硕士

1998—2001 担任xx大学电光学院文学社副编辑，负责院刊《远航》杂志的审稿和撰稿。这份杂志为学院的文学爱好者提供了展示自我的平台，内容深受同学的喜爱。

2001—2004 先后担任光电子器件和数字电路课程助教，作为沟通老师与学生之间的桥梁，为学生答疑解惑，并将学生的情况反馈给老师，辅助老师教学。

工作背景

2004.5—2006.3 xx股份有限公司 硬件工程师

2004.5—2004.10 负责xx外销日本的机型xx的设计和生产指导；目前仍持续接到该机型的生产订单，是xx生命周期最长的一款液晶电视机型。

2004.10—2005.3 承担XX酒店客房电视项目，设计完成xx唯一带网络解码接口的液晶电视系统，并为其配置了酒店局域网，该项目已完成生产。

2005.4—2005.3 承担xx机芯的项目开发。带领团队面向美国、日本市场推出23~47英寸液晶电视十几款，均已通过客户验收，并陆续投入生产。面向国内市场的xx高端液晶电视已经投入生产，将在"五一"推向市场。

工作评价

我负责的xx项目和xx项目，产品研发周期短，生命周期长，问题解决及时，受到领导高度重视。很多新电视系统功能和新液晶屏都是从之前我的项目中开始试验和测试，获得成功后再推广到别的项目中使用的，并与其他项目组充分分享设计经验。

我带领的团队，工作效率高，同事之间相处融洽，密切配合，合作默契；在公司的节约成本活动中获得二等奖奖励；与客户沟通良好，客户数量稳步上升，订单具有持续性，多次受到客户称赞和领导表扬。

专业技能

可进行液晶和等离子电视等视屏系统的开发设计工作；
拥有良好的硬件系统设计经验和软件编程能力；
具备现场分析和解决问题的能力。

外语水平

CET6，能用英语熟练进行交谈

点评

修改前考生个人简历过于简单，基础信息提供不完善。另外，对于工作评价的撰写，处理欠妥当。修改后的个人简历中，考生的自身工作亮点比较突出，自我评价比较恰当，会引起考官的关注，考官会据此询问考生有关个人工作和个人能力的问题，考生可以有的放矢，积极准备相应的论据或案例。

【例4-1-4】
1) 修改前的人大面试优秀考生个人简历

个人简历

XXX

姓名：xxx
性别：男
出生日期：xxxx
学历：本科
学位：工学学士

个人履历
　　1995.9—1999.7 xx学院xx系 计算机及应用专业
　　1999.10至今 xx有限公司 市场中心 负责东北区销售和售后服务

个人简介
　　本人毕业于xx大学计算机及应用专业，毕业后在xx设备有限公司市场中心任东北办事处经理，一直从事市场销售和售后服务工作；主要负责东北市场开拓、产品销售和售后服务工作；熟悉东北行业市场情况，对市场开拓和销售工作有一定经验；熟悉计算机和网络。

个人业绩
　　1. 2002年任东北销售经理，在吉林行业市场不认可本公司及产品，且公司决定延后开拓吉林市场的情况下，独立开拓了该城市行业市场。
　　2. 2003年任东北销售及售后服务经理，由于公司、客户、代理公司之间的种种原因，当时公司在辽宁市场的份额几近于零，通过近一年的努力，使公司产品占辽宁行业市场销售额的比例达到90%。
　　3. 2005年被评为单位先进个人。

2) 修改后的人大面试优秀考生个人简历

点评

修改前，个人简历无论是结构安排还是内容展示，都有严重不足和缺失。考生在面试环节的个人简历，其用途不仅是简短精练的陈述，还要抓住考官的注意力，借此让考官在自己预设的范围内进行提问。修改后的简历，在补全信息的同时，将考生自身工作中的业绩与亮点(市场开拓能力)突出展现，从而引发考官兴趣，由此入手询问考生有关问题。

第二节　个人自述的撰写

个人自述是个人面试的必备环节，一般要求在1～2分钟，也有的学校要求不超过3分钟。个人自述通常包括工作经历、学习经历、工作中的闪光点、报考该学校MBA的原因以及期望通过MBA学习得到的最终效果等。

【例4-2-1】

1) 修改前的北大面试优秀考生个人自述

个人自述

我叫××，现年27岁，毕业于山东财政学院，拥有4年的工作经历，从一线业务员到主管、销售经理再到代理首席代表。

我在两家公司工作过，第一份是××，我在其进口食品酒水销售公司做业务工作，从业务主管到北方区域销售经理。做一线业务员的时候，这个项目刚刚起步不久，只在北京、上海以及大连建有分公司。我和销售部门的同事经过努力，在我离开这家公司的时候，它分别在北京、上海、大连、青岛开设4家公司，并已经发展迅速。第二份工作是一家叫作××跨国公司的中国办事处，职位是代理首席代表，当时暂无正式首席。我从一个人开始进行招聘、员工培训到与我的团队一同开始中国市场的研究，寻求战略伙伴，目前在中国地区寻求合作伙伴和商谈业务的任务已基本结束，已经进入建立合作公司的阶段，一旦成立合资公司，在谈的几个大项目随后就可以展开。

因为年龄尚轻，经验尚浅，所以做管理工作曾困难重重。但是，我的学习适应能力、良好的交际沟通能力以及坚忍不拔的意志，帮助我得到了上级、下级、合作伙伴以及客户的信任和支持。我清晰地认识到我的不足，为了实现当一名优秀职业经理人的职业目标，我选择了MBA教育，选择了这个领域内我认为最有含金量的北京大学。相信我在这个教育项目当中可以与我的同学们一起提高完善自己，为实现自己的职业目标插上一双翅膀。谢谢！

---

2) 修改后的北大面试优秀考生个人自述

个人自述

各位老师：

大家好！

我叫××，2002年毕业于××，获管理学学士学位。

毕业后，我应聘到××工作，在其进口食品酒水销售公司从事销售工作，经过自己的努力，我从一线业务员到业务主管再到北方区域销售经理。做一线业务员的时候，这个项目刚刚起步不久，只在北京、上海以及大连建有分公司。我和销售部门的同事们经过努力，到2002年，公司在北京、上海、大连、青岛分别开设4家公司，并发展迅速，年业务收入达3000余万元。我本人管辖的北方地区市场已经在11个省市建立了代理商体系，北京地区的直营客户达到了80余家。2002年我应聘到××的中国办事处工作，职位是首席代表。××是一家总部在韩国的上市公司，我从一个人开始进行招聘、员工培训，后来带领我的团队一同研究中国市场，寻求战略伙伴。目前我所在的办事处有4个部门，16个人，在中国地区寻求合作伙伴和商谈业务的任务基本结束，已经进入建立合资公司阶段，而且公司成立后要开展的6个项目也已基本确立。

> 在带领团队开拓市场的过程中，我遇到了很多问题，许多问题我通过对管理知识的理解和运用得以解决，我从中也深切地意识到了管理的重要性，于是，我选择攻读北京大学的MBA。北京大学有著名的教授，有优秀的同学，我相信可以通过在北大的学习实现我的人生理想，为社会创造更大的价值。
>
> 我的介绍完了。谢谢！

点评

修改前的个人自述，结构比较混乱，内容比较杂乱。有的内容过于口语化，例如"在两家公司工作过，第一份是……，第二份是……。有的内容不用在自述中特别说明，例如"我离开这家公司的时候"。有些内容是可以省略的，例如年龄。有些内容是需要修改的，例如将"在我离开这家公司的时候，它分别在北京、上海、大连、青岛开设4家公司，并已经发展迅速"改为"我和销售部门的同事们经过努力，到2002年，公司分别在北京、上海、大连、青岛开设4家公司，并发展迅速"，"第二份工作是在一家叫××的跨国公司的中国办事处，职位是代理首席代表，当时暂无正式首席代表"改为"2002年我应聘到××的中国办事处工作，职位是首席代表。××是一家总部在韩国的上市公司"。有些内容是需要量化的，例如规模发展的程度可用销售量和销售收入来度量，例如"到2002年，公司在北京、上海、大连、青岛分别开设4家公司，并发展迅速，年业务收入达3000余万元。我本人管辖的北方地区市场已经在11个省市建立了代理商体系，北京地区的直营客户达到了80余家"。考MBA的原因应与管理相关，不应出现"因为年龄尚轻，经历尚浅，做管理工作曾困难重重"这类语句，应适当修改。

修改后的个人自述中考生的个人职业生涯主线比较清晰，自身工作亮点比较突出，考官会据此并结合考生简历询问考生有关个人工作和个人能力的问题，考生可以有的放矢，积极准备，在面试中脱颖而出。

【例4-2-2】

1) 修改前的清华面试优秀考生个人自述

> **个人自述**
>
> 各位考官，大家好！我叫××，毕业于××大学，毕业后就职于××国际金融信息有限公司，公司注册资本1.3亿元，拥有员工300余名，致力于为金融投资者提供专业、客观、及时的信息服务。
>
> 在2002年3月进入公司后，我从事了一年的销售和市场工作。在2003年公司决定成立产品部时，我成为当时公司中最年轻的部门经理。部门刚刚组建时，我手下只有1名员工。经过严格筛选，我招聘了3位具有丰富专业知识和多年投资经验的专家。虽然，我的下属无论从工作经验、专业知识还是年龄上都比我有优势，但是由于我领导方法得当，我们总是能够愉快而高效地完成任务。
>
> 在工作之中，我深深地感受到目前国内金融信息服务市场存在很多不规范的地方，信息服务产品的品质也有待提高。我的理想是成为一名卓越的职业经理人，但是以我目前的专业知识、管理水平和人际交往层次，实现这一目标是不现实的。我迫切希望能够找到突破现状的途径，于是产生了攻读清华MBA的想法。
>
> 我希望通过清华世界一流的师资，学习到国际水平的管理知识和经验；借助清华多样化的讲座论坛，同清华优秀的同学一起学习、生活、提升自己。
>
> 真心希望各位老师能够给我这个深造的机会！谢谢！

2) 修改后的清华面试优秀考生个人自述

个人自述

各位考官，大家好！我叫××，毕业于××大学，国际贸易专业，获经济学学士学位，毕业后就职于××国际金融信息有限公司。公司注册资本1.3亿元，拥有员工300余名，致力于为金融投资者提供专业、客观、及时的信息服务。

在2002年3月，我进入公司后，从事了一年的销售和市场工作。在2003年公司决定成立产品部时，我成为当时公司中最年轻的部门经理。部门组建初期，我的手下只有1名员工。经过严格筛选，我招聘了3位具有丰富专业知识和多年投资经验的专家。虽然，我的下属无论从工作经验、专业知识还是年龄上都比我有优势，但是，由于我对工作分配合理，领导方法得当，我们总是能够愉快而高效地完成任务。在任期间，我组建了产品部，完善了公司产品体系，创新推出了面向企业市场的专业产品，该产品不仅填补了市场空白，还为公司开创了一个新的利润增长点。

在工作中，我深深地感受到目前国内金融信息服务市场存在很多不规范的地方，信息服务产品的品质也有待提高。我的理想是成为一名优秀的职业经理人，能够为改变市场现状做些事情。但是以我目前的专业知识、管理水平和人际交往层次，实现这一目标是不现实的。我迫切希望能够找到突破现状的途径，于是产生了攻读清华MBA的想法。

我希望通过清华世界一流的师资，学习到国际水平的管理知识和经验；借助清华多样化的讲座论坛，接触到世界前沿的思想火花，并且清华有许多优秀的同学，同他们一起学习生活是我提升自己、拓展人际关系的最好机会。

真心希望各位老师能够给我这个深造的机会！谢谢！

点评

修改前的个人自述基本内容比较齐全，缺点是过于简单，尤其是工作的亮点不够鲜明，过于笼统。主要修改的地方有：增加了"经济学学士学位"；增加了"在任期间，我组建了产品部，完善了公司产品体系，推出了面向企业市场的专业产品，该产品不仅填补了市场空白，还为公司开创了一个新的利润增长点"这一工作亮点；将"我的理想是成为一名卓越的职业经理人"改为"我的理想是成为一名优秀的职业经理人"，因为"卓越"这个词有些夸大。

【例4-2-3】

1) 修改前的人大面试优秀考生个人自述

个人自述

各位老师：

我叫××，毕业于××大学的电信专业，5年前，受到新东方CEO钱永强老师的影响，我立志成为一名优秀的职业经理人，大学毕业后，我进入了一家很有潜力的公司——中体同方，这家公司是由中体产业、清华同方和IBM三方出资组建的。有志者事竟成，不到一年，我当上了客服中心的副经理。2004年6月，我进入了联想集团，职务是技术支持主管。3个月后，我所带领的团队业绩就升至全中心的第二名，我也得到了绩效考评的季度优秀，公司还奖励了我参加COPC培训的机会，可以说我实现了人生的第一个五年规划。

我希望通过在中国人民大学的学习，系统地了解管理知识和业界标准，实现人生的第二个五年规划。

我的介绍完了，谢谢！

2) 修改后的人大面试优秀考生个人自述

个人自述

各位老师：

大家好！

我叫××，毕业于××大学的电信专业，5年前，受到新东方CEO钱永强老师的影响，我立志成为一名优秀的职业经理人，大学毕业后，我进入了一家很有潜力的公司——中体同方，这家公司是由中体产业、清华同方和IBM三方出资组建的。"有志者事竟成"，不到1年，我当上了客服中心的副经理。又过了一年，我组建了客服中心，为公司创造年收入约130余万元，并且组织了两次全国性的渠道技术培训会，多次受到经销商和客户好评，还被公司评为"2003年度优秀员工"。抱着学习的态度，2000年6月，我进入了联想集团，职务是技术支持主管。3个月后，我所带领的团队业绩升至全中心的第一名，我也得到了绩效考评的季度优秀，公司还奖励了我参加COPC培训的机会。我不负众望，以98分成绩取得部门的第一名。以上就是我主要的工作经历，可以说实现了我事业发展的第一个五年计划。

中国人民大学有著名的教授，有优秀的同学，我相信人大的各位教授以及我身边的同学，能系统地让我了解管理知识和业界标准，使我的管理工作少走弯路。同时联想国际化的大潮使我的心灵受到了震撼，我也希望中国人民大学能把我塑造成优秀的管理者，推动民族企业的国际化进程。

我的介绍完了，谢谢！

点评

一般的个人自述可分为三大部分。首先，介绍个人基本情况，报考毕业院校、专业、学历等教育背景信息；其次，叙述工作经历，着重展示1～2个工作中的亮点或优秀的业绩；最后，阐述自己报考MBA项目的动机以及期望收获。案例中进行修改的地方是将工作的亮点更加具体化，将报考中国人民大学的原因阐述得更加详尽。

个人自述通用模板

各位老师早上/下午好，我叫××，在××工作。××年毕业于××，××学学士。

毕业后加入××，我先后从事过××。(介绍工作的闪光点)

在××年的工作时间里，我所学知识得到了充分应用，管理能力、创新能力、应变能力不断提升。通过广泛接触许多企业的高级管理者，锻炼了我的沟通能力，在与他们合作的过程中，我逐步确立了自己的职业目标，这就是做一名成功的职业经理人，同时，我认为自己虽然具备一定的××知识，也有一定的实践经验，但缺乏管理科学与管理知识方面的系统培训，于是产生了读MBA的想法。期望通过在××的学习，在未来实现我的人生理想。

我的介绍完了，谢谢！

上述模板给了每一部分的开头、第三部分以及结尾，考生可以灵活运用这一模板，准备自己的个人自述，争取在最短的时间内脱颖而出。

第三节　MBA面试重点问题及解答

1. 你们公司的组织架构是怎样的

【思路】清华MBA考官主要侧重考查两个方面。一是通过了解面试考生所在企业的组织架构来考查其在公司中的职位层级和重要程度等信息。二是通过提出这一问题来了解申请人对自身职能定位和企业经营管理框架的了解程度，以便评估面试考生的管理者综合素质情况。

2. 你未来五年的职业发展规划是什么？长期职业规划是什么？希望达到什么样的职位水平

【思路】面试考生应结合当前自身的职位水平、企业的晋升制度、以往的职位发展情况和自身管理者综合素质，设定合理的职业发展目标。值得注意的是，在提出上述问题后，考官很有可能结合考生所在的企业情况和所做出的回答，针对职业规划、职位目标的可行性和具体实现方式进行更为深入的追问。

3. 你毕业之后，有两份工作供你选择，一家是大公司，待遇很好，但是职位不是你想要的；一家是小公司，但是很有发展潜力，职业也是你想要的，你会怎么选择

【思路】考查申请人的职业选择倾向和职业发展理性程度。要从自身职业发展的具体规划和选择职业发展道路的标准等角度，体现自身职业发展规划的成熟性、合理性，进而体现出较大的职业发展空间，并体现出清晰的分析能力和表达能力。

4. 你认为MBA项目的培养会对你未来的职业发展有哪些帮助

【思路】可以结合自身的职业背景和发展规划突出以下几个方面的培养价值：

(1) 获得系统的管理知识；
(2) 提升自身的领导力水平；
(3) 获得优秀的校友人脉资源；
(4) 通过案例研究和管理方式的学习，深入研究企业实践；
(5) 获得全球化的视野和海外交换学习机会；
(6) 培养自身的企业家社会责任感。

5. 你的下属或同事是如何评价你的管理风格的

【思路】对于MBA面试考生而言，本题是一道关键性的面试题目，面试考官可根据作答情况，形成对面试者有关管理者综合素质的整体印象。因此，考生在回答本题时应体现出自己丰富的管理经验和较高的管理水平，能够结合企业、行业的特征，说明自己管理风格的合理性。

6. 请简要描述一下你们公司的绩效考核体系/你们部门的绩效考核机制是怎样的

【思路】根据西方国家的最新管理理论，企业所指定的业绩考核指标应当遵循SMART原则，即：

S(specific)——明确的、具体的，指标要清晰、明确；
M(measurable)——可量化的；
A(attainable)——可实现的；
R(relevant)——实际性的，现实性的，而不是假设性的；
T(time-bound)——有时限性的。

7. 当团队失去信心的时候，你作为团队主管如何提高团队的士气

【思路】当团队士气低落时，主要应考虑以下影响团队士气的因素：

(1) 个人目标与团队目标不一致(个人对团队的价值观是否完全认同)；

(2) 制度是否合理健全；

(3) 对工作丧失信心；

(4) 领导的风格；

(5) 是否有激励机制；

(6) 是否有团队文化。

8. 请谈谈你对企业核心竞争力的理解

【思路】可以考虑从以下几个角度分析企业核心竞争力，比如：产品优势、技术优势、价格优势、人才优势、管理效率优势、创新优势、品牌优势、销售网络(渠道)优势、地理区位优势、规模优势等。

9. 请描述一下你的主要缺点

【思路】作为一名较为年轻的管理者，在职业发展生涯中，不可能在每个方面都做到尽善尽美。从个人的角度出发，各方面的管理能力是一个逐渐完善的过程，需要不断积累管理经验，并从自身的管理实践中总结出有效的管理方法。注意避免提及严重违背MBA招生录取倾向的个人特质，尤其是未来的管理生涯中很难通过自身的努力和管理经验的积累而加以改变的个人特点。

10. 如果你的下属越级向你的上级领导反映问题，你将如何处理

【思路】本题属于典型的组织行为学问题。越级汇报是一种不符合企业管理原则的行为。作为一名高素质的企业管理者，应对具体情况加以区别对待。

11. 如果在公司一次重要会议上，你坚信自己的意见是对的，但是，所有人都反对你，你会如何处理

【思路】对于本道压力面试问题，考生首先应简要说明当时的情境、决策事项的重要性以及做出错误决策可能带来的损失等背景情况。进一步地，考生应综合考虑自己意见的重要性、错误决策的损失情况和团队协调的重要性，理性地做出决定。

12. 给你两分钟时间，你如何去说服我们

【思路】本题主要考查面试考生的心理素质、自身评价和语言组织能力。考生需要具备较高的承受压力能力，用富有条理性和可信服的语言来客观概括自己的优势，体现自己自信和坦诚的一面，给面试考官留下较好的印象和较高的评价，要做到不卑不亢。

第五章
个人综合素质面试之自我介绍

第一节　自我分析与定位
第二节　自我介绍的技巧
第三节　面试案例精选

2009年上海交大安泰经济与管理学院首次实行了针对管理潜力强但笔试能力相对较差的学生而设置的MBA项目提前面试。这不仅降低了学生在笔试备考过程中的压力，同时，也成为各大商学院争夺优质生源的一个重要手段。

目前，在全国MBA教育指导委员会的指导下，各院校积极探索，形成以个人综合面试、小组面试、抽题等主要考评方式的提前面试。其中，个人综合面试为结构化面试；小组面试可能涉及案例分析、决策模拟、角色扮演等方式；抽题则包括简答题、论述题、演讲题等，也可能是时事热点话题或管理学理论常识等各种形式的题目。

由此，考生在提前面试准备阶段需根据报考院校的具体要求，进行面试前的充分准备。

第一节　自我分析与定位

MBA提前面试主要考查考生的教育背景、工作经历、管理经验、外语水平、海外经历和创业经历等。与此同时，测评包含仪表举止、语言表达能力、逻辑分析能力、决策能力、判断能力、自我控制能力、人际交往能力、组织协调能力、应变能力、领导能力、创业精神、创新意识以及价值取向和职业道德等多方面的能力。

一、自我分析

理性客观，全面清晰的自我认知是MBA面试成功的基础和保障，也是考生对于过往学习经历和工作经验的归纳和总结，更是我们透过实践完成管理职能的梳理和知识体系搭建的过程。因此，看似轻而易举，实则系统且复杂。

下面从6个方面介绍如何进行自我分析，请考生认真思考并完成具体内容的整理。

1. 我是谁

我来自什么样的家庭，受过什么样的教育，我的地域和工作背景是什么，这和看问题的角度、工作的动机、喜欢与什么样的人打交道有关。

我是什么样的性格？自己的性格缺陷是什么？自己的性格优点是什么？我有什么样的生活和工作的信念与理想？

我有哪些优点和缺点？具备能够持续学习的能力吗？具备自学的能力吗？喜欢和人打交道吗？平时喜欢和什么样的人打交道？

我拥有什么？还缺少什么？这个方面的欲望有多强烈？

我的满意度有多大？(主要涉及工作环境、同事的期望、工作的强度等方面)我有哪些兴趣和爱好？这些兴趣和爱好与我的日常工作是否有关联？

我容易和人相处吗？我喜欢和什么样的人在一起？

我容易被影响吗？我经常影响别人吗？

我喜欢钱吗？如果对钱这个东西没有兴趣的人，是不应该选择来读MBA学位的，因为读MBA就是学习对金钱取之有道的各种知识和技巧的，是完全不同于其他如教育学、物理学、化学、人类学等学科的。

我喜欢自律和讲原则吗？

你还可以问自己很多类似的问题，甚至可以做自我测验，或者请别人来测验你的耐性、热情、激情、责任心等。询问自己这个问题，可以对自己目前和既往的工作和生活定位有一个更清晰的认识，这样有助于为自己将来的职业发展做筹划。

2. 我具备哪些先天条件和后天条件

我长相出众吗？可人吗？端庄吗？招人烦吗？喜欢争执吗？为什么？(先天条件)如果将人们分为不同的类别，我属于哪种类型的人？

我的家庭(父母、姐妹、太太/丈夫和孩子)是什么样的？(先天条件和后天条件)对我的影响是什么？

我怕什么？不怕什么？(先天条件)

我的教育情况和读书喜好。(后天条件)

我的经历给予了我什么样的烙印？对我的未来意味着什么？(后天条件)

我天生善于倾听？还是善于争执？是内向型的性格？还是外向型的性格？(先天条件)

3. 我为什么选择MBA

我为什么要选择MBA？是为了将来的高薪、更高的学历、找到一份好工作，还是为了通过学习成为业界高手？

我希望通过MBA学习使自己在哪方面得到提高？我想选择MBA的哪个方向？

我选择MBA的优势与劣势是什么？

MBA到底能学成什么程度？是要达到大师级的水平，还是普通管理者的水平？怎样学习MBA？

注意：这里提到的目标要尽可能具体化。

4. 通过MBA项目的学习，我想达到什么样的人生目标，有哪些预期

事业：要根据自身的特点和长处设定自己的业务奋斗领域，自己要在这一领域集中精力建立自己的专长，比如在市场营销、财务管理、资本运作、人力资源管理等焦点相对集中的领域内注意自己的业务发展。

职位：自己对自身所具有的领导才能、影响能力、策划能力的分析和估计，设定自己最佳的职位，作为一个职业经理人，要努力在这个方面建立自己的市场价码。

财富：给自己勾画一个财富曲线，在自己职业生涯的过程中，不可能总是处在收入和职业的巅峰，即便有，也只有很小的概率，要实事求是地为自己设定量化的奋斗目标。

社会：每个人都有自己的社会地位，并且力求社会认可自己的贡献和影响。对于职业经理人来说，这也是很重要的，要清楚应该为自己设定哪些目标，自己又具有哪些能力。

生命曲线(年龄、事业、财富、职位、社会地位等)如何形成？可以勾画出一个综合的曲线来观察分析自己心目中的生命曲线，这个曲线在遇到各种事件的时候，都会有所偏离和重新定位，但是，由于个人性格等天生素质的恒定，每个人还是会按照相关规律进行，机遇是其中很大的因素之一。

事业、职位、财富等在我心目中是什么定位？每个人其实对这几个目标有着不同的排列和追求，这里有并没有太大的对与错的区别，完全与每个人的价值取向相关。

5. 哪些因素会阻止我实现这个或这些目标

列出我各种个性上的先天特点(情绪化、喜欢张扬、喜欢沉默、没有耐心、喜欢单独做事情、喜欢和兴趣相投的人在一起共事、害怕独立做事情等)。

是否有语言障碍和人际沟通障碍？我独特的做人原则和脾性有哪些？

碰到各种困难的时候，我的态度通常会是什么样的？

我对接触新的东西和知识是否有障碍？或者对什么样的事情可能会有抵触情绪？

6. 我将如何克服这些困难或阻碍

我是否在各种情况下都能表现得意志坚定？

通过学习，我是否可以提升自己的认识，是否会有大的变化？我是否可以通过注意自己的不足来达到一种境界？

我的做人信念是否允许自己达到自己设定的各种目标？

我是否在下定决心做一件事情的情况下，可以长期坚持做下去？

7. 用执着的精神和悟性达到自己选定的目标

从做事情和从事一件工作的时间长短来看自己的耐心程度。对别人认为是不可能做成功的事情，自己如何去看。

在自己的职业生涯和生活中是否有过独辟蹊径的经历？经常会对自己做过的事情感到有缺憾吗？

对自己心仪已久的专业领域，如果没有既往的经历和学历，有决心和能力去通过学习与实践达到掌握和运用它的精髓部分吗？

通过对自己各个方面做全面的分析，为自己未来的职业选择和发展路径进行定位。从而，在面对考官涉及职业生涯发展、人生规划等相关问题的时候，考生不仅仅是感性主观的认知，而是尽力将已有经历总结和整理成为自己的资本，同时将劣势或负面的条件削弱和转化为积极正面的内容。从而，最终得到考官的认可，即感到考生选择报考MBA项目是职业生涯中一个合理的必然选择。

二、自我定位

在对自己进行深入回顾和清晰认知之后，自我定位将变得相对容易。但需要注意的是：自我定位并非需要考生将自己包装成为韦尔奇或李嘉诚一样的人物，而是需要我们按照院校MBA项目的培养目标和方案以及对项目的理解和期望出发，重新塑造自我的形象和气质，并突出自身的优势和核心竞争力，弱化劣势和不足，在此基础上，设计一整套面试应对策略(包括语言、行为、态度等)，做好全方位的面试准备。

普遍认为，MBA项目重点关注考生6个维度的特质和潜能。

1. 分析表达能力

分析表达能力完全是通过观察进行判断的，也是面试时最容易被面试官识别判断的。如果回答问题简洁明了、切中要点，分析问题层次清晰、有深度，这方面的能力自然会被体现出来。因此，在任何时候都不要直接说自己"有较强的分析表达能力"，而应留给面试官来检验，要用实际行动向考官证明自己的能力，这样的效果可能会更好。

2. 领导管理能力

这方面能力的体现也是比较客观的。例如，考生已经成功地在较长时间内担当领导者或者管理者，或者成功地组织过某些大型活动等，其具备一定的领导管理能力是不言而喻的。这时考生要做的就是如实叙述自己的一些领导和管理经历，切记不要变成自我吹嘘。而如果考生还没有担当企业领导者或管理者的经历，则一定要坦诚，绝对不能凭空捏造，因为到底有没有类似的经历，面试官能轻易地看出来。这个时候应该从其他侧面来展示自己的领导和管理潜质，记住只需简单说明自己确实有潜在的领导和管理能力即可，否则会让人感到厌烦。

3. 自信、勤奋

自信这个抽象的特征往往可以通过语言、行为判断出来，所以应避免直接说自己很自信。可行的方式是技巧性地表现自信的其他层面，比如：乐观、积极的形象和态度，对人对事所持的开放式的态度，接纳不同意见的胸怀等。至于勤奋的特征，通过短时间面试是看不出来的，需要考生自己去主动表达。但这种表达同样不应是"我确实很勤奋"式的自我宣言，而要用一些生动的事例来间接反映，例如，在工作繁重的情况下，自己如何坚持一年之久来复习备考等等。

4. 个性、气质

气质如何，更多的是一种感觉，考官凭借面试能有一个大体判断，对于考生也就比较难于临时塑造。而个性方面的多数特征则不容易在面试中观察出来，所以考生应该主动诉求，通过直接描述或间接的事例来说明自己的意志力、坚定性、正义感、风险意识和对困难的态度等。

5. 智商、眼界

考官对智商的检验，一方面可以通过考生回答问题的反应速度、机智程度等做个简单判断，另一方面也依靠考生自己的说明。最好不要直接说自己智商如何高，而要实证说明，比如：学生时代获得什么优异成绩、重要奖励，特别是竞赛方面的奖励；在日常学习、工作、生活中的创造活动、幽默感和丰厚学识等。而眼界则通过考生对事物或事件的分析所处的高度和深度来加以体现，它建立在知识的广泛性和智力的独创性以及广阔的胸襟等基础上，没有实力是无法展示的。因此，眼界是一种很高的要求，不要试图用技巧来证明自己的眼界很高，眼界只能用实力证明，伪装不得。

6. 自我激励

自我激励主要通过考生自己的描述来进行判断，而要说明这一点并不难。通过具体的经历来说明个人具有远大目标，比如：对个人目标的明确程度、对新的挑战的渴望、强烈的求知欲望、独立解决困难的能力等，都是体现自我激励的方式。

第二节　自我介绍的技巧

一、概述

自我介绍是提前面试中的必备项目，通常出现在个人综合素质面试环节，也可能穿插在小组面试过程中。之所以重要，是因为简短2分钟左右的自我介绍，不仅仅是对考生过往经历的高度概括和总结，还为面试考官划定出题范围，提供了关键坐标。

一般情况下，自我介绍的时间一般为2~3分钟。做自我介绍时应把握5个要点：第一，要突出个人的优点和特长，要有相当的可信度。特别是具有实际管理经验的考生要突出自己在管理方面的优势，最好是通过自己做过什么项目来验证说明。第二，要展示个性，使个人形象鲜明，可以适当引用别人的言论(如老师、朋友等的评论)来支持自己的描述。第三，不可夸张，坚持以事实说话，少用虚词、感叹词之类。第四，要符合常规，介绍的内容和层次应合理、有序地展开。第五，要符合逻辑，介绍时应层次分明、重点突出，展现自己的优势。

建议在完成自我定位环节的梳理后，将自我介绍形成文字稿，基本要求是300~400字之间，口述时间控制在大约2分钟左右。文字稿不要过于书面化，也不要死记硬背，而是用自己的语言，清晰、简洁、有条理地进行叙述，保持平和的语音和语调。争取在面试开场之时，通过简短有力的自我介绍迅速赢得面试考官的好感，并圈定面试出题范围。

二、自我介绍实例及分析

(一) 案例一

各位老师好，我叫××，1998年毕业于哈尔滨工业大学，同年分配到北京工作，现就职于一家外企，任市场部部门经理。下面我想从两个方面介绍一下我自己。

首先，是我的工作业绩：1998年7月分配到北京××公司重点实验室；1999年5月作为首席代表组建并运作上海办事处，一年后为公司实现了××万销售业绩；2000年5月加入××公司，在市场部任商务经理，带领销售人员，推动中小企业的网站建设；2001年1月，加盟美资企业——亿书堂科技发展有限公司，任市场部部门经理，主要负责培养销售团队，带领客户经理及销售人员推广公司的软件系统。其中最大的成绩是在亿书堂公司，作为市场部部门经理，带领客户经理，面对北大方正等竞争对手，最终将我们的软件系统与惠普、康柏、联想、恒基伟业四大随身电脑硬件平台捆绑成功，使我们的软件成为该行业的一种标准！

其次，我是一个勤奋、执着、求学上进、富有团队合作精神、具备敏锐的市场嗅觉的人。我的上司(哈佛大学MBA)认为我擅长于"目标管理"，所以也非常支持我报考光华MBA，光华是我的一个梦想，希望9月能够在这里聆听老师们的教诲！我的介绍完了。谢谢老师！

【案例解析】

(1) 自我介绍内容的梳理，如图5-1所示。

(2) "是你需要深造，还是你值得名校录取？"自我介绍必须非常简洁地回答这样一个问题。答案应该是："我需要得到来名校深造的机会，同时我也值得被名校录取。"很多考生的自我介绍都直言不讳地表明急需充电，急需到最高学府深造，往往忽略了前面这个重要的问题。所以自我介绍的核心是你值得被学校录取，值得被培养，而不是你需要深造。

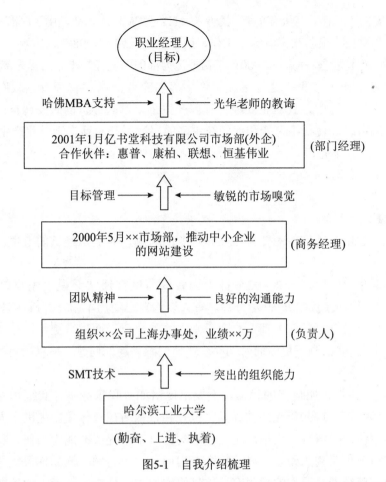

图5-1 自我介绍梳理

(3) 重在介绍个人经历，还是个人品质和能力。在撰写自我介绍前，要静下心来想一想自己这些年所有发生的事情，从十年寒窗到每年的工作经历，自己到底拥有哪些优秀的品质，哪些事情反映了这些品质。建议考生在自我分析和定位之后，通过过往的教育背景和工作经历中的典型事件，来证明自己所具备的品质和能力。

同时，自我介绍要以事实说话，切忌使用含糊的字句进行模棱二可的表达。主考老师都有很强的辨别能力。比如，你的第一学历院校在很大程度上反映你学习新知识的能力，你在很短的时间内被提拔为部门经理，在很大程度上反映你工作方面的能力等等，起承转合的逻辑需要在撰写过程中清晰地把握。

(4) 露出马脚，还是留下伏笔。在自我介绍时，对突出业绩的介绍要精炼，要点到为止，必要的时候要为主考官设置一些案例伏笔，引起主考官的兴趣，进而对你进行提问，然后将早已准备的内容娓娓道来。

准备过程中，考生需要进行反复模拟练习，并找不同背景的同学提出修改意见，在陈述时，不能让人感觉在背稿，而应该像与朋友交流一样，语气中肯又不失激情。最好多参加一些模拟面试，以提高临场的应变能力。

(二) 案例二

各位老师早上好，我叫××，1995年毕业于北京大学计算机专业，先后从事过软件开发、产品销售、技术支持等工作。1998年9月，我进入《IT经理人》杂志社，由于既有技术背景，又有较好的文字功底，而且我很喜欢记者这个工作，所以进步很快。1998年、1999年先后被评为"报社和报社所在媒体集团先进个人"，2000年年初被提为部门副主任，半年后提为部门主任。

在长期的记者工作中，我广泛地接触了许多著名企业的高层管理者、政府官员和专家学者。在和他们的交流过程中，我对企业经营管理产生了浓厚兴趣，同时发现自己缺乏经济学和管理学方面的系统训练，使我不可能和他们在更高的层次展开对话，于是我产生了读MBA的想法，经过了解，我选择了光华。

我的介绍完了，谢谢！

【案例解析】

案例中涉及职业生涯过程中的转换专业和行业的问题，有类似经历的考生在自我介绍过程中应多加注意。

(1) 准备自我介绍的时间一般在2分钟内为宜。面试官通常会说"先简单介绍一下你自己"，有时候会强调不要超过2分钟或3分钟。有人以为自己经历丰富，2分钟哪里足够展示自己多彩的一生？这里要强调，任何人都不喜欢听别人吹嘘自己，面试官更希望尽快走完必要的程序(自我介绍或抽签题等)，剩下更多的时间问一些他们感兴趣的问题，所以千万不要把自我介绍说得太长。

(2) 要以事实、数据证明自己的优秀，不要出现诸如"我很能干，我很优秀"等自我评价的词语。比如"1998年、1999年先后被评为'报社和报社所在媒体集团先进个人'，2000年年初被提为部门副主任，半年后提为部门主任"这句话只字不提我的能力如何、我的贡献如何，但显然给面试官留下了深刻的印象，以致后面专门问了一个问题"假如你很优秀，老板对你很欣赏，把你提为部门经理，而你的部门有一位年纪比你大、资格比你老、业务能力比你强的同事，你将如何处理和他的关系？

(3) 自我介绍的核心应该是用你最成功的一段经历或曾做出的最大贡献来证明你是一个优秀的人，用"先进个人""提升"等不容置疑的事实证明自己的优秀，在面试策略上都是非常正确的。

(4) 尽可能不要提及一些消极的、负面的信息。例如，被迫离职、与同事或上级领导发生矛盾、公司在市场中遇到的困难和竞争对手的冲击等等。这类问题不仅无法引起面试考官直接的好感，而且还会加大随后问答环节的难度以及压力面试的出题点。

(5) 要对自己为什么考MBA有一个可信的说法。最好在自我介绍部分交代这个问题，免得后面考官再问你。可以从机会的角度，例如，完成MBA项目的学习之后，我可以更好地把握这些机会。同时，由于在工作中与很多著名企业高层有接触，也意味着将来可以给商学院带来一些可利用的关系，所以对于学校来说，这样的面试考生才是有价值的。上述案例中，考生本科专业是计算机，缺乏经济学和管理学方面的系统训练正成为其事业的瓶颈，MBA教育不仅可以解决这个问题，同时在职业生涯发展进程中也是锦上添花的一笔，因此，既回答了为何选择MBA项目，也很好地说明了为什么选择在当前阶段开始学习。

(6) 要把写好的自我介绍文稿烂熟于胸。虽然文稿是自己写的，字数也不多，背下来并不难，但如果因此而不注意准备，也可能到时紧张脑子发晕，话说得不利落或者自我介绍时的背诵痕迹过重，导致个人面试的开场失利，从而影响考官的第一印象以及后续打分。语音备忘录是一个必要的工具，有数码录音笔更好，因为其有时间显示，多听自己的录音就会发现其实有很多需要改进的细节，比如：吐字是否清晰，语气是否平和，说话是否底气足，言语是否有自信。

第三节　面试案例精选

在实际面试中，主观和客观的各种意外情况都有可能出现。因此，在整个面试过程中，考生应集中注意力，放松紧张的心情，力争在面试的开端，也就是自我介绍环节中有逻辑、有条理地展现自己，为接下来的问答或抽题环节打下良好的基础。

关于成功的面试，下面几点内容及真实面试经验分享供考生体会和探讨。

一、面试中充分展现自己的优势和长处

相较入学考试而言，面试是另外一种感觉。有人觉得容易，有人觉得难，有人觉得幸运，有人觉得不顺利。有人曾将联考比作买了一袋机器擀的饺子皮，而面试就是一家几口人在大年夜一起动手包饺子，饺子的大小胖瘦全在于个人。等各包一堆后拢在一起下锅，众饺子在上下翻腾之际，总会发现各个饺子的分量并不一致，可谁又知道哪个馅多，哪个馅少呢。所以，面试没有正确或错误的客观的、量化的答案，没有统一的衡量尺度，要更多地关注考生的隐性因素，从不同维度出发，进而对考生进行综合测评，择优选择。

面试得高分的人，大概分为两类。其一，是备考阶段一直坚持工作，即便有短暂休假，也始终没有离开工作岗位的一批考生。虽然辛苦，但充实的状态会将这类考生的能力和优点迅速传达给考官，并收获不错的评分。其二，是早早地抛开了工作，埋头在学习上，希望多耕耘多收获的一种。虽然由于沉浸在复习笔试之中会使自己多少失去了一些人际沟通的技巧，但后期有针对性的面试准备，以及充足的练习时间，使得这一类考生也顺利地在面试中拿到高分。

过去清华大学曾刻意地制造考生与考官的不期而遇，不希望考生太早掌握面试的程序，不希望考生太早熟悉自己面试的团队。因为考虑到太多的准备会遮掩考生的弱点，在短短的时间里让考官无法分辨，故清华大学选择"恰好"的时机，考核和观察在毫无准备的情况下考生最真实自然的状态。优点未必是通过的保证，但弱点一定是淘汰的理由。然而即便如此，面试无论如何都是可以准备的，无论程序怎么变化，都是个人面试和小组面试的相互结合。

1. 从细节处入手

个人面试的时候一定会要求做自我介绍，考生要准备3个版本，即2分钟版、1分钟版和30秒版，因为不同的考官会做不同的要求，无论之前你看到的面试要求上是怎么说的，真实的情况是：面试通知上写明了"自我介绍2分钟"，但在进入考场后考官却明确提出"给你30秒介绍自己"。于是，在毫无准备的前提下，考生迈出了得低分的第一步。由此，自我介绍一定要控制在考官要求的时间以内，这是一个人是否职业的标记，同时也是测试你反应能力的标志。多数考官会根据你的经历问你问题，回答问题的时候要把最重要的一条答案放在前面，如果你习惯

把最好的理由放在最后，这会让考官觉得不耐烦，而且有的考官习惯于在你回答的中途打断并换问题，那样他就听不到你最好的答案。另外，不要猜测考官给了你什么样的分数，曾经有一位考生，经过努力看到了考官某一栏里填写的数字，发现自己的是5，别人都是6、7，甚至8，之后心态和情绪都大受影响。在随后的小组讨论中集中不了注意力，同学启发他也没能发挥自己思辨的主观能动性，也无讨论中的互动。可惜的是，等到下午口语考试的时候这名考生才恍然大悟，他所看到的那一栏是"工龄"栏，不过已经追悔莫及。

2. 早做准备

关于个人经历的问题，通常考生都有准备，但是，无论准备得多么好，不要让考官觉得你倒背如流。考官很在意你是否通过说假话来给你的经历"整容"，哪怕微不足道的细节也能撬动你实际上完美无瑕的人生。所以诸如"你是什么地方的人"这类的问题不要随口说，你在表格上怎么填就要相应地怎么说。

3. 扩大交往

能给高分考生带来伤害的弱点就是过分内向，尤其是在长期埋头复习之后。内向与否在一问一答的时候不容易出现，但是在小组讨论的时候就会充分显露。因此建议考生一方面可以通过企业求职应聘的面试进行练习；另一方面，可以到专业面试辅导机构进行专业的一对一的训练，还可以多参加一些社会活动。

小组讨论的话题、形式或内容等有很大的差别。因此，在面试前应多关注一些社会新闻热点话题，梳理管理职能的一些通识。这里为考生推荐专业性和针对性较强的中国MBA教育网、MBA智库等媒介。

面试也不用准备得太过充分，保持适度的紧张感会提高你的反应敏捷程度。只要在生活中很多的事情你都经过思考，面试时有限的问题根本就算不了什么。

二、个人面试流水线

与企业用工面试不同，MBA面试有自己的程序和特点。

首先，面试官一般是由两类人组成，一是学校的老师，二是来自企业的管理者(特别是一些大的外企的人力资源部经理或从国外顶尖商学院毕业回国后被聘为顾问的"海归派")。面试组一般由3~5名面试官组成，主要提问人为1~2人。其中有一个角色尤其要注意，在面试中他(她)始终会给你施加压力，要么表现出对你的回答不耐烦，要么对一个问题进行追击。其实压力面试的目的是考查学生对此类场景的处理能力和把握能力。人往往在这样的情况下就会紧张，进而语无伦次、答非所问。对于这个情况的处理，建议考生放松地以笑容对待。回答问题时要与提问考官眼神交流，同时要照顾到其他旁座面试官。特别是施压的考官，正面积极的眼神互动，可以表明你不仅没有因为他的不耐烦而放弃与他的交流，还希望他能够注意你对问题的回答。如果施压采取的是对问题的追问办法，则主要考查考生临场发挥和随机应变的能力。无论哪种形式的压力测试，最重要的是不要紧张，语无伦次的回答显然会使考官怀疑你平时在工作中的组织沟通以及管理能力。

其次，MBA的考生来自各个行业，大家的工作经验、年龄都有很大的区别。各院校在对考生的职业结构进行规划和选择时，并非只片面地考虑是否有国有大企业背景等。以下几点是考官更容易给出高分的情况。

(1) 曾在著名公司工作过。无论是什么职位或部门，在大公司(包括外企和国企)的工作经历无疑会给考官一个很好的印象。比如，来自微软的考生往往会在第一时间引起考官的关注。这是因为考官知道：微软的招聘人员程序很复杂，所以他会相信能被微软聘用的人一定有可取之处。同样，在国内著名企业工作，比如，华为、联想等也会给考生带来较高的起点分数。

(2) 有一定的管理经验，管理职能明确。既然都说MBA招的是管理人才，如果曾经做过管理工作，当然是读MBA的理想人选。这里的管理工作是广义的，既包括人员的管理(比如marketing manager, sales manager)，也包括对项目的管理(比如account manager, project manager)。所以，如果你做过管理工作的话，则会具备一定的优势。

(3) 具有创业经历。这里说的创业不一定是自己当老板开公司，这里的创业经历是指帮助或协助过老板经历创业。举个例子，兴起的互联网热潮给了年轻人很多机会，年轻人也有很大的空间去发挥自己的能力，所以尽管互联网创业项目大多没有成功，但是，只要把经历总结出来，就已经表明了你的分析能力、创新能力和决策能力，相信会吸引考官的注意力。

(4) 工龄稍长的考生。试想，三四十岁的考官甚至是五十岁的清华教授选择谈话的对象时，他是愿意选30岁有很多工作经验的人谈呢，还是愿意找一个20多岁的小伙子谈？注意：这里说的是MBA这样的未来优秀管理人员的面试，而非其他。

(5) 研究生学历或本科名校毕业的考生。有这类资历的考生不仅在综合评价项目上能够得到较高的分数，而且会给考官一个较好的第一印象，毕竟这可以从某一方面反映一个人的素质。

其实以上几点只是粗浅地被认为考生具有的一些客观优势，即基础条件，但是整个面试是符合"二八原则"的，这些优势只会占到20%，甚至更少。更多的是在面试中你所展现的综合素质和软性因素。

1) 面试中的着装问题

(1) 正式场合一般成套穿西装。或许西服配牛仔裤是20世纪80年代的港式电影中最酷的亮相，但这并不是现代商业领域职业化应有的穿法，这一点，从事IT行业的同学切记，不要看到比尔·盖茨这样打扮，你就盲目跟学。西服与裤子的颜色搭配不好的话会非常扎眼，所以，如果没有把握，记住穿衣最简单的定律——同色系的衬衫和领带要搭配好。

(2) 不一定非要白衬衫、深色领带，又不是餐厅服务员，不用穿得这么统一，但要与西服颜色搭配好，自己没把握的话，穿上试试，然后问问老婆、朋友的意见。

(3) 最好不要穿浅色袜子。特别是当穿上深色西服黑皮鞋后，尤其注意不能穿白袜子。想知道为什么？只要你坐下来，跷起腿，让朋友在对面看一下就知道了。

2) 面试中对自己的定位

我认为在面试中很重要的一点就是"本色表演"。对于工龄较少或没有真正做过管理的考生一定要注意一点：千万不要把自己装成有管理经验的人。你又不是演员，考官又不傻，一个好的考官随便追问你几个问题就能把你的底摸清。要注意MBA要招的学生是"具有一定的管理经验或具有管理潜能的人"，没有管理经验的人可以表现得具有管理潜能。想清楚一点：你到底要表现给考官什么？多年的会计经验？良好的销售业绩？有创意的顾问？优秀的助理？也许你换过很多工作或部门，但是不一定要将各方面都展现给考官，抓住你最优秀且最熟悉的一方面向考官介绍。曾经有考生在面试的时候，在个人面试的自我介绍阶段，就采取了重点介绍的办法，引起了考官的兴趣，所以当有人询问其考官问了几道题和什么问题的时候，考生已经不记得题目了。因为后来跟考官形成了互动，甚至面试官对考生所回答的问题也提出了自己的看法。因此，良性的互动是成功通关的重要法宝。选择一个比较熟悉的工作来谈，可以让自己形成主动优势，因为这方面你肯定比考官知道得多，你是专家，你还怕什么？

3) 面试中的形体和语言

这里主要是考生在面试时展现出的气质和修养。有些面试辅导班教考生进门应该怎样，出门应该如何。其实最基础的就是进入考场前需要轻声敲门示意，进入之后主动与考官点头问好，并安静得体地坐到正确的位置。另外，不要跷二郎腿，以及在面试过程中不要称呼考官名称，不要评价考官的问题等等。最后，还有很多所谓标新立异的事情尤其要注意，比如，千万不要做出临走之时给每个考官递张名片的举动，也许有些考官会觉得你很专业，但是，大多数情况下考官会觉得你是一个分不清场合的人。

语言方面，你的声音也许不好听，但这不是你的过错，而且考试不考唱歌，所以，请放心选择你的语调和速度，语调不宜过高，因为你不是参加辩论赛；语速也不要太快，没人跟你抢时间，要让考官听清楚；情绪不要激动，容易激动的人往往说明了他为人不成熟，但是要表现出你的热情和对未来的信心。

4) 面试内容的准备

因为是本色展示，考生也无法准确预测到考官会问及的具体问题，所以考生的面试准备通常是根据测试维度进行相应的准备。特别是根据材料中自身的劣势等条件缺陷，考官会发问或形成压力面试。比如说："你为什么经常换工作？""你对你的老板怎么评价？""你的简历告诉我们，你已经做到××公司的高级职位，为什么还要辞职？""你认为读MBA对你的帮助是什么？"当然，如果在面试开始阶段的自我介绍准备得足够妥当，可将过往经历、教育背景等适当地突出，那么考官在接下来的问题环节中多数也会围绕自我介绍进行提问。这里可以给考官埋下一些伏笔。比如，我曾经在一家为企业提供CRM解决方案的外企工作，且CRM系统因为企业性质、主营业务的不同，具有多样化这一特点。所以，在进行自我介绍的时候可考虑突出这点，但无须展开详细阐述，而是将案例和细节留到问答环节，以抓主考官的注意力为佳。接下来考官就非常有可能从CRM和E-Business角度进行提问。果然，在下面的10多分钟里面，你们就会针对这个问题进行探讨。相反，如果你不能把考官吸引住，那么可能你全被问到你所不熟悉的问题，比如，股票、公司兼并、安然事件等，这种"专家地位"到了面试官那里，很有可能让你措手不及，对你的面试不利。为了以防万一，对于重大和热门事件考生应提前准备。

在最后，通常面试官会问一些与管理学理论相关的问题，对于考生而言相对简单，并且容易准备。比如，"'三个和尚没水吃'反映了管理学中的什么问题""'玻璃天花板'是指什么"等等。

三、从联想面试到光华之路

为了准备好北大的面试，我做了以下准备工作。

首先，详细了解北大的面试程序。当时准备笔试的时候，我遵照辅导老师的建议，专心复习文化课，对面试的基本情况，包括基本程序、考查要点、涉及问题的范围等，均一无所知，这时辅导班的免费培训使我对北大的面试有了一个初步的了解，有了这样一个大体的认识：①个人陈述，以案例讨论为重，虚假的工作经历只能有害无益，这是最考验你能力的地方；②自我介绍将会决定你的第一印象,也将为后面的问题留下基础,这是必须认真细致准备的工作;③老师自由提问,不知道自己会有什么题目,反而显得比较公平,因此回答这个阶段的问题可以以四平八稳为目标,不求标新立异获得高分,只求万无一失,尽量少丢分。

其次,我对自身的基本情况做了一个简要的SWOT分析。我在一家北京市属的大型国企工作,属于刚够报考年限的考生,工作时间短,刚刚符合报考条件,而我的工作一直与财务有关,没有做过真正的企业经营工作。

现将有关基本分析列于表5-1中。

表5-1 SWOT分析

S	所在企业有一定的社会知名度,在基层单位做过财务经理
W	工作时间短,刚刚符合报考条件,没有做过真正的企业经营工作
O	紧扣自己熟悉的工作内容,将老师的注意力吸引到自己最熟悉的领域上来
T	如果老师对我的工作经历不感兴趣,将对面试成绩影响很大

根据这个表格的分析,我决定重点将我的工作经历讲清楚,以激发老师的兴趣,毕竟在自己最熟悉的领域吃亏的可能性是最小的。因此,我草拟了一个自我介绍,并反复演练,使之可以正好控制在一分钟以内。做了这些工作,我觉得剩下的最重要的就是与老师如何在短时间内进行有效沟通了。听说考官主要有两位,一位是北大的老师,另一位是企业人力资源的高管。也就是说,企业界人士的看法要占一半的面试分。于是,我决定开始我准备工作中最关键的一步:我决定到社会上以求职者的身份去找单位面试,增加自己对面试的感性认识,同时为自己找份工作。由于3月正是招聘高峰期,加之运气还好,通过上网投简历,我得到了联想、嘉里、科利华、平安保险等数家大公司的面试通知,特别是联想,竟然连续去了三次,受益匪浅,下面我就以联想为例,讲讲我的企业面试感受。

联想的面试确实很正规,首先,要参加综合能力测试,合格者才能进入下一关;其次,接下来的面试由两位考官组成,一位是人力资源部门的人员,一位是招聘部门的人员,如果进入第三关,招聘部门的考官将由副总担任。

在通过第一关后,我很快接到通知,参加第二关的面试,面试时首先由人力资源部门的考官发问,问题是"你为什么选择联想?"类似问题我在嘉里遇到过,因此便按照仔细思考过的思路这样回答。我想加入贵公司主要有三方面的原因:第一,我喜欢富于挑战性的工作,我虽然能够胜任原单位的工作,但总觉得缺点什么;第二,我觉得自己的能力、素质和学历完全符合贵公司的岗位要求;第三,联想的高速发展给我留下了深刻的印象。

为什么设计这样的答案,我的思路如下:第一个理由可说明自己的个性特征,同时间接回答了想离开原单位的原因,防止在这个问题上被问住;第二个理由主要表现自己的信心,工作肯定是能拿下的,要不就不来面试了;第三个理由当然也一定不能少,要是公司不好为什么来面试啊!

接下来的第二个问题来自具体业务部门的考官,果然问的是"你为什么要离开原单位?"由于第一个问题已埋下伏笔,因此,我又将第一个原因重复了一遍,并进一步阐述自己对具有挑战性的工作的喜爱。一切都是那么合情合理,因此我也没有在这个问题上被纠缠。接着就是有关业务的问题了,毕竟相关工作都是做过的,因此顺利地过了关。

上面讲了那么多，我是想说明一个问题，那就是刚开始的问题回答的好坏对后面的交流影响很大，不仅联想如此，其他几家也是这种情况，所以在总结了几次实际面试的经验后，我又将自我介绍仔细修改了一手，然后静静地等待北大面试的到来。

记得我的面试安排在下午的第二批，自我陈述后，主考官的第一个问题是：为什么要辞职离开原单位？这正是我在联想面试时回答过的问题。在此之前仔细分析了一下，觉得这个题目看似简单，其实并不好回答圆满，主要原因在于很多人之所以辞职报考，一方面是因为竞争非常激烈，不辞职很难考上；另一方面是不辞职去考，原单位多半不会主动支持，其中原因大家恐怕都深有体会，这里就不再叙述了。这个问题我已通过企业正规面试背得滚瓜烂熟。我回答考官，我很喜欢挑战性的工作，原单位的工作太缺乏挑战性，所以我不想干了，想找份更有挑战性的工作来干；加之我开始工作的时间较短，所以希望选择在职班增加实际工作经验。答完后，考官微微一笑，好像还算满意，没有进一步深问，接着又问我匆匆辞职，将来工作如何打算，这也是我希望被问的问题。于是我就将在得到考试分数后参加企业面试的事大体说了说，并告诉考官，这些公司的面试我都顺利通过，面试后我会挑选一家最有挑战性的公司。听到这里，考官又问我为何要这样找工作？我说一来我本身就要找工作，二来北大这里是面试，找工作也是面试，正好可以锻炼锻炼。说完我看见考官会意地笑了一下，我想这关是过了。

回想我的整个面试准备过程，我觉得以下几个方面是值得总结的。

(1) 面试的自我介绍部分一定要下功夫认真准备，如果你没有很好的工作业绩，也不要气馁，关键在于要能和考官进行有效的沟通，因为考官不仅看你已取得的成绩，还要看你以后的发展潜力，所以首先要对自己有信心。

(2) 如果你觉得自己平常不是很善于与人沟通或者容易紧张，那么不妨先争取参加真正的企业面试，特别是一些知名的大公司的面试，可以提高你的实战水平，克服心理恐慌。

(3) 对没有把握的问题不要冒险，以稳重为佳，同时尽可能将考官的话题引入你所熟悉的领域。

四、MBA个人综合素质面试攻略

面试成绩终于下来了，不出所料，成绩优秀。应社科赛斯甄老师所说，写一篇面试心得也算为后来的兄弟姐妹做些贡献。

1. 认清形势，积极准备

联考结束后，虽然感觉还可以，但这仅仅完成了一半，想利用春节期间准备一下面试，就到社科赛斯请教甄校长，他建议我在春节期间找一些《中国经营报》《销售与市场》《21世纪经济观察》等报纸以及《大败局》《联想为什么》一类的商业书籍阅读，以扩充知识，重点看一些企业的故事，将一些故事变成自己的故事，消化好不要贪多。我在回家前，到海淀图书城买了几本书就回家了，利用春节期间重点研究了一些企业案例和热点知识，同时还经常到中国MBA备考网的论坛看一些网上的资料，如案例、面试经验等。中国MBA备考网的信息很丰富，建议考友们浏览借鉴。

2. 准备英语口语

为了更好地准备英语面试，我特意买了一些英语口语方面的书，将职位面试中常用的口语表达进行了整理，反复记忆，大声朗读，灵活运用。英语面议应重点准备：我为什么考MBA，我的业余爱好是什么，我的优势是什么，我MBA毕业后的目标是什么等问题。面试结束后，在与同学交流的过程中，我发现几乎全是这样的问题，因此，英语面试不用太担心。

3. 参加面试辅导班

这点非常关键，我从面试辅导的过程中收获颇多。春节后，我便在中国MBA备考网上看到有面试辅导，咨询了解后得知，面试辅导的团队是由历年高分的优秀学员、企业人力资源专家以及多年从事MBA面试培训辅导的老师们组成的，会给考生模拟面试全流程，并进行录像，让你过后自己审视和纠正不足，于是，我马上报名参加。通过全真模拟面试，收获的不仅是规范的待人接物、衣着服饰等细节，更有面试流程、评分标准、考官观察角度和重点以及技巧等。尤其是一些小的事项，完全可以通过录像反复观察，以避免一些细小但却非常关键，同时又不易被发现和克服的错误，例如身体语言、口头禅等日常习惯中的小毛病。

4. 进考场面试前，仔细检查

报考MBA，目标就是将来成为一名职业经理人，所以必须以职业经理人的标准要求自己。

(1) 检查衣着搭配是否合适，不要让衬衣露出来，影响效果。

(2) 检查皮鞋是否有灰尘。

(3) 检查发型是否凌乱。

(4) 检查手机是否关机。

(5) 进考场前，先用手揉揉脸，放松一下自己。

5. 自信、积极的心态很重要

老师想通过面试选拔合适的以后有培养价值、能做职业经理人的考生，因此，自信非常关键。

进入考场，要有礼貌、很自信地与老师打招呼，然后落座。从敲门到考试结束，都是考试的范围，一定要充分体现职业的标准。

6. 掌握回答问题的技巧和考查意图很关键

(1) 思考考官面试的目的是什么？其实，面试的目的是想通过面试选拔更合格、更适合接受MBA项目培养的考生，不是想为难住同学们。考官无非想通过面试发现考生的管理潜能或发展前途。因此，我们应该思考如何能更好地根据老师的期望角度进行阐述。

(2) 面试不同于笔试，笔试的答案是标准的，而面试不同，如何向考官展示你的管理潜能很关键，也许你的回答还可以，但考官未能发现你的管理能力，恐怕你的面试成绩就很一般了。

(3) 要善于利用说明的其他几种方法。要解释一件事，你完全可以利用说明文的几种说明方法，例如下定义、举实例、打比方、做比较、类比等。在面试试题中，名词解释很多，解释一种现象的说明文也很多。但你不一定非要在这道题上纠缠，可以举些工作中或你所了解的这方面的知识或观点进行展开，充分展示你的优势。而且，每个人的面试时间是一定的，只要在你的时间内让老师感到满意就可以了。我们有一个同学是海尔的业务经理，老师在面试中根据他的背景问了一个问题，这位同学介绍这个背景和具体操作，然后老师就这个故事中的几个细节做一进步提问。因为这是他亲自经历过的，很熟悉，因此他的回答令面试考官很满意，结果他的面试成绩是优秀。

(4) 要善于"挖坑"。在面试中老师除了让你抽题，还会对你的自我介绍和回答中的一些问题、词句进行深究，其目的是看你是否诚实和你是否真正做过管理工作，或是否有管理潜能和悟性，因此，你在回答试题时可以考虑在你的擅长之处将精彩之处留下一个小破绽，以便引导老师来提问。

(5) 注意眼下流行的管理热点问题或焦点话题。面试考官大多是学者，很关注流行的管理热点和焦点。因此，在你的面试回答中如果能谈出这些共同感兴趣的话题，会让老师感到你有一定的知识储备。这些热点和焦点可以到网站、报纸、期刊中发现，还可以通过手机阅读软件寻找，看看最近流行什么，大家在关注什么，热门的商业管理类书籍是什么。

(6) 善于"跑题"。当你遇到你不了解的题时，可以通过举例子，打擦边球，跳到你擅长的领域，然后通过第四条经验"挖坑"，让老师来发现"问题"。

(7) 将没有新意的常规题回答出新意。一些试题属常规试题，没有新意，回答不可能出众，也就很难取得优秀的成绩。如我在面试中抽到一个常规试题"请列举一个你崇拜的人或喜欢的一本书，并说明为什么？"这是一道很普通的试题，但我的回答令老师很满意。我答道：我最喜欢的一本书是卡耐基的《成功大全》，因为这套书包括"写给女孩子"，我推荐给我的女朋友，与她共同阅读，并就书中的一些章节共同探讨，目的是让她更加支持我的工作和事业；阅读到"人性的弱点"时，可以让我在事业成功时，及时反省自己，避免得意忘形，冷静分析形势；当我的工作情绪低迷时，书中"人性的优点"可以鼓舞我的士气(一般人也就答到这里，很平)。我很喜欢这套书，而且我在宜昌做销售经理时，买了五套，每个员工每个月借一本，然后写读书笔记，并在月末例会时谈感受(这就告诉考官，我曾做过管理一方的经理，有相当的管理经验)，虽然我们那时处于市场开拓期，工作难度很大，压力也很大，但员工精神很饱满，认为工作虽然很苦，但因为年轻，能学到东西，吃苦就是资本。虽然工资低一些，难度比较大，但工作依然很努力，对公司的认可程度和忠诚度很高(通过这些可以看出我的管理水平)。由此我认识到管理一支队伍，要提高效率，提高工资仅是一种手段，保持团队持久的学习能力是团队建设至关重要的工作(讲到这里，我说的特别慢，一定要让老师听清楚)。

(8) 把精彩和重要的地方讲的慢些，让所有的考官听清楚，亮点是会为整个面试加分的。一个在企业工作的老师问我一个问题：你们公司是如何控制业务员费用的？我就举了几个实际方案，同时分析其中的利弊和漏洞，以及补正措施。(能来参加面试的考官一般都是企业的高层领导，工作距离基层管理有一定的距离，这些也是他们感兴趣的地方。同时，学校的老师大多以理论居多，可以给企业制订方案和政策，但一般很少知道下边是如何对付政策的，因此他们对这类话题很感兴趣。)这位老师接着问道，你就不怕业务员拿假票报销吗？我回答道："水至清则无鱼，一个经理要明白哪些是你的核心利益，哪些是业务员的核心利益，你将业务员管得很紧，差旅费控制得很严格，会严重影响业务员的情绪，同时会增加许多控制费用。"讲到这里，三位老师都很满意地点点头。时间到了，我与老师打招呼离开了考场。

五、人大考生的面试之路

赴京面试的日子越来越近，虽然对自己信心比较足，但我在中国MBA教育网浏览时也看到网上对面试问题讨论得异常热烈，而且列出的模拟考题五花八门后，心里不免有些紧张。仔细分析一下，除了一些关于报考目的以及结合考生实际工作的问题外，其他问题都天马行空，很难有针对性的准备，只能靠平常积累的一些常识临场发挥。因此心里越发没底，不由地效仿起网上那些与我一样没谱的"难兄难弟"们，到处收集历年来各高校的面试题目，煞有其事地备考起来。

眼看第二天就要面试了，我也没有太多心思表达我的同情，还得静下心来想想自己的破解之道。于是，我躺在床上，闭目养神。第二天一早起来赶往面试地点，我想打探一下上午考试同学的情况，为自己下午考试做好准备，果然老远就看见三五成群套装着身的精英考生走向考试地点。

在大楼门口，已经聚集了很多等待考试的考生。有些面试完毕的考生刚从里面出来，立刻被一群熟悉或不太熟悉的同学团团围住，请他介绍一下面试的步骤和所提的问题，我也凑拢过去，想沾沾光。有的考生出来以后满面春光，精神焕发，当然也就滔滔不绝地讲述一番，而有的考生可能自我感觉不太好，一方面简要回忆老师提出的问题，一方面神情沮丧，长吁短叹，给还没进去的同学增加了不少压力。大多数同学都担心英语提问，实际上也是这一环节出现问题最多。有一位同学说当主考官用英语向他提问时，他没有听懂。当他请求给他一个机会换个问题时，遭到了拒绝。另一位同学也得到了类似的问题，他得到的问题用中文表达很容易，用英文表达则让他语无伦次。我站在大门口听了一会儿大家的讨论，大概了解了面试过程，就返回住地。

午饭后，我早早躺在床上休息，养精蓄锐准备迎接下午的考试。虽然是躺在床上，其实根本睡不着，脑子里乱哄哄的，只能头蒙在被子里，强迫自己安静下来。在床上辗转反侧了近1个小时，实在躺不下去，干脆起床。用清水洗了一下脸，清醒一下头脑，然后换上面试的正装，出发参加考试。本以为自己是到的比较早的，可到那儿一看，已经挤满了准备参加面试的各地考生，在楼道里或窃窃私语，或高声谈笑，很是热闹。好不容易等到了两点，在有关老师的安排下，面试考生被分成数个小组分别面试。

过了一会儿，其他考生和主考老师陆续到了。主考官让我们先在考场外等候，叫到名字的进去面试。第一位进去的是一名女同学，大概过了15分钟，她从里面出来，长出了一口气，叫另一位男同学进去。我们其他人马上围住那个女同学，向她打听老师提问的方式和题目内容。她说有一个题目不会答，中间又换了一道，不知是否会扣分，那是一道有关高层管理者薪资制度方面的题，问如何看待红塔集团褚时健，她说自己连褚时健是谁都不太清楚。听她这么一说，有几个同学也开始紧张起来，生怕自己也抽到时事性特别强的题目。第二个进去的同学在里面待了足足20分钟，出来时头上都冒汗了，这让大家都比较紧张。随着时间的推移，我看见一个又一个的考生进去，却始终没有轮到我。我一次又一次地忍受着煎熬，等轮到我进场时，其他人都走光了。

我故作镇静地坐在考官对面，按照主考官的指示从信封里抽出两道中文题，然后开始回答问题。第一道题是"请说明一下企业文化与企业使命的区别与联系"。这道题有点理论化，好在我有一些理论基础，便凭着自己的感觉简单做了回答。看见考官没有打断我的意思，心想赶紧答下一题。第二道题是"说明一下利润率与市场占有率之间的关系"。这道题比较好答，我回答得比较仔细，我从企业目标到竞争环境按不同角度进行了分析，接着老师让我用英语做简单的自我介绍，我心里想真是老天保佑，这恐怕是最容易的一道题了，于是我便把早就背熟的几句英文流利地说出，还没等我说够，主考官示意我停下，告诉我可以走了。我向老师表示感谢之后，便离开了考场。

出来以后，心里豁然开朗。其实，面试也不过如此，也只能如此，考官不会太过于看重你答的是否绝对正确，是否全面，而更看重你理解问题、分析问题、解决问题的能力。要满怀自信，沉着应对，尽可能抓住短短20分钟的时间，展示你的个人魅力和学识，只要得到了考官的认可，就能赢得面试的成功。

六、管理高手栽倒之后的感悟

"经济管理专业毕业，从事6年管理咨询工作，独立开展过十几个大项目，见过阵仗无数。只要笔试能过，面试应该说十拿十稳。"这是所有认识我的同事和朋友共同的见解。而实际结果出乎所有人的意料，我以206分(北大第一面试线185分)拿到北大面试通知书的时候，就预感自己已经成功了，甚至连上学的钱都提前准备好了。可北大公布录取名单之时，我不知将网页翻了多少遍，却始终没有发现自己的名字。抱着一线希望，我打通了光华管理学院招生办公室的电话，结果……

半年过去后，心情早已平复，今日应编者之邀，将落败的经历总结如下，避免后来者重蹈覆辙，也算是"废物"利用吧！

1. 盲目自信

我现在体会到自信的对岸是自负。了解光华的面试流程后，我只是简单地将个人经历整理了一下，并没有特别认真地准备。我没有深入考虑，虽然案例分析是我的专业，日常管理也是我的强项，但这都不是在面试时展现水平的充分条件，只不过是一个必要条件。要想在当时条件下发挥出水平，没有准备是难以轻松胜出的，因为面试成员个个都是精英分子，哪一个都不肯做分母。

2. 信息不灵

由于今年取消了管理知识考试，因此各大院校普遍重视面试。我根本不了解光华管理学院对面试的重视程度及面试与考试二者之间的关系，又没有设法探听，结果匆忙上阵。

3. 临阵失误

我们小组共有6人，其中有2名女士，讨论过程中，其余5人发言接连不断，好像有意将我隔离出去(其实不是，不过是因为别人准备充分，反应快而已)。当时，我不由得心慌意乱，不知该怎么办？好容易找到一个机会，索性不管三七二十一，连头带尾说了足足四五分钟，说完以后，连自己都不知道说了些什么。

4. 画蛇添足

由于对自己的表现感到心虚没底，因而一门心思想办法挽救，忘记了小组面试的主旨——团体意识。讨论即将结束，小组组长做总结发言时，我突然意识到，他的总结出现了一个漏洞，我赶紧非常夸张地补充上去，有意让主考老师看到，以图多抢些分，当我觉得老师没有反应时，心里顿时没了底，我想，这可能是最后的败招。

5. 运气不佳

做面试总结时，我一直没有在意这点，始终在自己身上找原因，直到前几天，见到几位面试朋友才认识到这个问题——错过了面试团队的模拟演练。本来想找几个朋友，提前热身，可后来，由于周日连续加班未能实行，错过了机会，而演练过的同学都考得不错。

第六章
个人综合素质面试
之回答问题

第一节　回答问题的诀窍
第二节　经典问题339问

第一节　回答问题的诀窍

回答问题是面试的主体部分，面试时考生一定要高度集中注意力。对于一些比较简单的问题，自然可以从容应付；而遇到一些难题的时候，则可以适当思索数秒钟，再组织语言，如果一时没有思路，可以先从"复述问题"开始，因为，问题往往是给出一个案例来让考生分析，可以将问题的题干部分略微展开，在此过程中逐步将思路引到所问的内容上，再予以回答。另外，回答提问时仪态也很重要，要保持大方自然。

考生应充分利用读题的时间，在脑中形成答题的基本框架，并可以适当思索数秒钟。组织语言时，思考时间不能太长，因为面试官希望的是你能快速反应。这时你要根据提问给出一个明确的是或否的回答，然后论证自己的观点。很多问题是没有标准答案的，这时，观点明确、说理清晰、表达流畅、分析透彻就能得高分，面试得高分的关键不仅在于回答问题的内容，更在于你如何回答。需要指出的是，回答问题要坦诚，不要强词夺理、文过饰非，尤其是在一些难题上，先承认自己对这个问题研究不够，了解不深，接着尽可能地讲出几点来。回答提问时仪态很重要，应该保持"坐如钟"的端庄姿势，绝对不要跷二郎腿，也不能靠着椅背。在听问题时，上身可以略微前倾(这是虚心倾听的姿态)。如果是扶手椅，可以将肘部搁在扶手上，两手轻松地互握。目光要有神，坚定有力，不要游移不定。我们建议，目光大概有70%左右的时间应注视考官，30%的时间可以下垂，这两者应交叉轮替。注视考官时，目光应柔和，不要长时间地死盯着对方。听提问时，目光要聚焦，但回答问题时可以适当散射。面对多位考官时，应交替注视每一个人，但切忌变成一扫而过(这往往是轻蔑的表示)。

初看面试题目范围极广，时事、管理、财务、金融、营销、人力资源、信息管理无所不包，让人有点眼花缭乱，不知该从何处入手准备。其实，把题目进行归类，便会发现如下特点：综合类题目及个人情况所占比例最大(管理类题目也占很大的比例)，其他专业性强的题目所占比例次之，个人情况及对MBA的认识所占的比例则较小。现根据这个分类，逐一加以说明。

综合类题目所占比例最大，这体现了学校对考生综合能力的重视。校方通过考生对当今社会经济方面的热点问题分析，观察考生管理等相关知识的储备。由于MBA是一个实践性很强的学科，学校除了要求考生掌握攻读MBA所需的基础知识，更注重考查考生的管理者潜质，考查考生实际分析问题、实战解决问题的能力等。实际上，面试的标准不是你的回答与理论上的正确答案有多接近，而是看你对经济、管理方面热点的关注程度。因为，作为一名职业经理人，对宏观、微观经济环境的关注是其基本职业技能的要求。

其他专业性较强的题目，如果你恰巧学过该专业知识或工作与此相关，你可以尽情发挥你的优势，回答可突出自己的独特观点，这会给老师留下深刻的印象。但如果问的不是你熟悉的专业，也不用紧张，你可以根据你的管理基本常识及工作阅历给出你对问题的认识。其实，老师在考查你回答面试题目的同时，更重要的是考查你对问题的总体把握，以及在工作、学习中形成的分析问题、解决问题的思路。你能对一个你不熟悉的专业问题迅速形成自己对问题的整体把握，其实就体现了你的管理能力。

关于个人情况及对MBA的认识，主要涉及6个方面的内容：①个人成功、失败的经验；②如何处理组织中关于管理的共性问题；③对企业家的认识；④职业规划；⑤社会对MBA的看法和评论；⑥读MBA的动机及以后方向的选择。

以上是从内容上对问题进行分类的，从另一个角度来看，也可以把问题这样分类：行为面试类问题、压力面试类面试问题、案例面试问题及其他问题。

一、行为面试类问题

准确判断一个考生是否有职业经理人的潜质不是一件容易的事。面试中有一种通行的考查应聘者胜任特质的方法，是行为事件面试(behavioral event interview，BEI)。这种方法是由哈佛大学已故心理学教授麦克米兰博士及其研究小组于20世纪70年代初期首创的，当时美国政府委托他们寻找驻外联络官。麦克米兰研究小组就用行为事件面谈法收集信息，总结出杰出者和胜任者在行为和思维方式上的差异，从而找出对外联络官的核心资质，并进一步确定最终人选。

行为事件面试法是通过一系列问题，帮助考官收集考生在代表性事件中的具体行为和心理活动的详细信息；基于考生对以往工作事件的描述及面试官的提问和追问，来评价考生在以往工作中表现的素质，并据此推测其在今后工作中的行为表现。例如：这件事情发生在什么时候？你当时是怎样思考的？为此你采取了什么措施来解决这个问题？

行为面试中还有一种类型的题目，例如：

① 你目前的职务或头衔是什么？
② 你向谁汇报工作？
③ 你的直接领导是谁？
④ 谁向你汇报工作？
⑤ 你的直接下属有多少？
⑥ 在不同时期你的工作主要任务和职责是什么？

这些问题是为了考查考生在归纳主要职责上是否有困难，考官人员可能旁敲侧击，请考生描述日常工作并举例说明，以便从具体细节中做出判断。从这个步骤开始，考生就是主要的叙述者。这一步骤除了初步了解考生的工作职责外，更为主要的是要从考生提供的初步材料中捕捉到下一步开展行为事件调查的突破口(如：请考生描述一些代表性事件)。这部分也不要花费太多的时间。

具体的行为事件面试会要求考生讲述关键事件，事件应包含以下几个方面：事件发生的情景；事件中所涉及的人；在该情景中的思想、感受和愿望；在那个情景中究竟是如何做的；事件的最终结果是什么。这是面谈的关键阶段，却常常出现问题，不是考生想不出描述什么行为事件，就是描述得过于简单，还要注意不要洋洋洒洒以至于跑题，绕了半天也许你还是没有弄清楚究竟要表达什么问题。正是因为总有这些情况发生，所以在回答问题的时候要整理思绪，引导自己集中谈论真正体现个人素质的关键事件。

考官还会针对考生讲述的事件进行提问，具体问题有如下4类：

针对行为的情境和任务部分提问，如"领导为什么要你代表公司与客户进行谈判""该谈判的目标是什么""你当时对该谈判有什么准备"等。

针对行为的结果提问,如"对方答应了你方哪些具体的条件""公司对你谈判的结果的评价怎样""你又是如何知道的"等。

针对最成功之处提问,如"你觉得在这次谈判中最成功的地方在哪里"等。

针对最失败之处提问,如"在这次谈判中,你遇到的主要困难是什么""你又是如何克服的"等。

二、压力面试类问题

这类问题旨在考核考生的应变能力和承受压力的能力。面试题目环环相扣,要求考生在短时间之内作答,基本上没有过多的思考和准备的时间。考官更看重考生在压力情境之下的创造性和职业综合素质。而考生的表现在此环节也大不相同,有的愈战愈勇,有的则明显开始丧失信心,从而导致整个挑战的失败。我们发现,大多考生物质准备较充分,比如着装的职业化、资料的充分性、问题的预估等,但只有在现场表现得放松的考生才能充分发挥出自己的真实水平,最终胜出。所以,面试时的心理准备至关重要。

压力面试往往先提一个不甚友好的问题,一开始就劈头浇你一盆冷水,让你在委屈和激愤中露出本色。在考官看来,击溃你的心理防线,才能筛选出真正有心理承受能力的智者,找到能面对劣势和压力的"新鲜血液",假如工作中真遇到蛮不讲理的客户,你是不是也能一避了之呢?以下将针对这类问题列出一些可供参考的回答。

【考官】你从原来公司部门经理的角色换成一名普通员工,你心里有没有任何不平衡?

【答】没有,因为我离开原来的公司最主要的因素是因为行业不景气,然后公司业务不多,尤其是我们部门的工作任务不大,我觉得会有些荒废,所以我选择离开。现在的网通,是一个比我原来的公司大很多的公司,相对而言管理也更加规范,再加上我没有从事过电信行业,所以从头做也是应该的,如果一个人有能力的话,一定会得到公司的赏识,或许会得到很快的晋升。

【考官】如果不录取你,你会怎么办?

【答】(略思考几秒钟)我还会考清华,有几个原因:一是清华一直是我的梦想,而且,由于小时候没有意识到学习的重要性,荒废了很多时间,错过了第一次考上清华的机会,我希望我能圆这个梦;此外,因为MBA对我来说是必须要考上的,清华又是我心目中MBA教育最好的学校,所以,我还会考清华。

【考官】你周围的同事对你的评价如何?你最大的缺点是什么?

【答】总体评价我觉得还是不错的,但是也有很突出的缺点,比如沟通能力有问题。

【考官】能具体一点吗?

【答】比如说,开会的时候,我会特别急地把自己的想法说出来,其实很多东西大家本来是有共识的,只是没有说而已,而我就会以为大家没有想到而夸夸其谈,这样会使开会时很难激起大家的思考和共鸣。

类似的问题还有:

① 你工作5年还毫无建树,我怎么能相信你是优秀的人才?

② 如果我们没有录取你,你又听到你非常信任的朋友告诉你,招生中有黑幕,你怎么办?

③ 你从事的是销售工作，你在销售工作中是否遇到过串货的问题，你是如何处理的？

④ 在简历中看到，你原来在学校教书，后转为公司副总经理，谈一下你是如何完成角色转变的？

⑤ 如果我们不录取你，你怎么办？

⑥ 你要是死了，想在自己的墓碑上写句什么话？

⑦ 这就是你的简历吗？怎么这么差？

三、案例面试问题

案例面试是给你一个实际场景，根据案例提问。

问题："某啤酒企业将要在S市新建一工厂，你是项目负责人，该工程下周就要举行奠基仪式，给市领导和媒体的邀请函已发出，这时，一位从德国进修回来的工程师对项目提出了严重质疑，作为项目负责人，你将怎么办？"

你可以把题目大声读了一遍，大概想一两分钟，这样回答：

"因为离奠基仪式还有一段时间，我会立即召集我的项目成员，研究工程师的质疑有没有道理，他提出的问题是我们确实没考虑到，还是他不了解情况。如果我们认为我们是对的，那么并不影响其他的工作；如果确实是我们的疏漏，项目有严重的问题，投产之后会带来巨大损失，那么我会立即报告公司高层，请求立即停止有关工作。"

如果考官问："如果想避免项目停产，你会怎么做呢？"

你可以回答："除非研究之后证明工程师的质疑没有道理，否则我不会为了保住我的乌纱帽而想方设法挽救这个项目。我宁愿因为工作失误而丢掉饭碗，也不愿意看到一个可能给企业和社会带来巨大损失的工程上马，这是我做人的原则。"

可以说，虽然你没有正面回答考官的问题，但显然这样的回答已经博得了他们的好感。

考官又问："你觉得德国回来的工程师可能从哪些方面对项目提出质疑？"

你可以回答："可能这个工程师在德国进修，比较了解啤酒生产技术的发展趋势，觉得我们的方案并不符合世界潮流；另外，也许他刚好学到一些啤酒行业的案例，觉得我们这个项目在工厂选址、消费者定位等方面存在问题。"

考官说："有没有这么一种可能，工程师的质疑只是针对生产工艺的细节，而这完全可以在工厂投建过程中加以解决，并不影响下周的奠基仪式？"

此刻你要明白，前面的分析不够全面，只想到项目要么继续，要么终止，忽略了虽然存在问题，但可以逐步完善的第三种情况，于是可以说："我非常同意您的说法，如果工程师的质疑不是致命性的，有改进的余地，那么仪式可以正常举行，以后再解决工程师提出的问题。"

这种类型的问题还有：

"假如你很优秀，老板对你很欣赏，把你提为部门经理，而你的部门有一位年纪比你大、资格比你老、业务能力比你强的同事，你将如何处理和他的关系？"

面试中的案例分析题，其实质是要考查考生思维的清晰性、完整性、层次性，其答案不会"完全穷尽，相互独立"，重要的是看考生是否懂得结构化分析思路，是否善于抓住问题的关键点。

缜密的逻辑思维是一个经理人获得成功的必要条件，因此，如果你在面试中被发现思维简单、颠倒因果、逻辑混乱，那实在是很悲惨的事。当然这种情况一般不会出现，否则你不可能考到能面试的分数。但因为紧张或别的原因而在回答问题时回答得过于简单或出现漏洞，却是可能的，所以掌握一套完整分析问题的框架并配以必要的练习，才能在面试时胸有成竹、游刃有余。

在面试中有些考官会轮番提问，短时间内一连串地问很多问题，比如：

① 在你参与完成的项目中，你的具体职责有哪些？

② 在与外商交流的过程中你认为需要注意些什么？

③ 你所从事的是某某行业，那么你对国内该行业的发展前景是如何看的？

④ 如果外商准备在国内投资于该行业，请你来做代理，那么你会推荐其投资什么样的产品？具体实施中需要哪些步骤？

⑤ 以你的经验，你认为所投资的项目在具体实施过程中将会遇到的最大问题是什么？

这些问题一提出，就好像考官正是自己所在行业的行家一般，这个时候根据自己所知如实表达看法，关键是要能够自圆其说。

个人面试中有些同学被问及的问题包括你和上司之间的关系如何处理，例如：

① 上司签发的报告中有一个错字，若已被公布，你将会做何处理？

② 上司经常剽窃你的建议，比如：事先批评你的建议并不实际，事后却向其上级推荐了该建议且并未说明这是你的原创。你又该如何处理？

四、其他分类

从其他方面来看，MBA的问题可以分为以下几个形式。

1. 基本命题

基本命题的设计是从MBA选拔的标准出发，用于挖掘考生的背景材料和特征。挖掘背景材料最佳的方法是找出典型素材，典型素材又往往与"最"字及学习、工作、生活中的转折点等联系得最为密切，因此，基本的命题经常涉及以下问题。

1) 和"最"字相关的

比如：你最大的成功/失败/痛苦/幸福是什么？你记忆最深刻的一件事是什么？对这样的问题，大家可自己构思一些，也可以从一些书中找一找，关键是掌握与工作、学习、生活转折有关的"最"字的规律，如你为什么要攻读MBA？作为一个数学教师，你是否认为你攻读MBA转折太大了点？我们注意到你一年内换了三次工作，为什么？你这样容易变化，是否意味着你现在选择MBA也仅仅是因为冲动呢？

2) 和MBA概念和内涵相关的

比如：你如何评价中国的MBA教育？你认为什么样的人才适合读MBA？相较其他人，你读MBA有什么优势？有什么劣势？你认为读MBA能给你提供哪些帮助？你最看重哪一点？

2. 定位命题

定位命题一般与个人的自我定位及个人特质相联系。比如：定位为管理者，就有可能会被问及关于管理风格、激励、沟通等问题；定位为人力资源经理，就有可能被问及绩效考评、人员培训安排、企业文化等问题。

定位命题的出现有三个原因：①MBA面试是一个高度动态的交互过程，在这个过程中面试官起着主导作用，他们从总体上控制着面试的节奏和进程，但面试的交互性使得面试官有时会自然地将问题集中在考生的隐含话题中；②定位说明了考生的成就、专长、个性等情况，面试官根据定位进行提问检验考生是否有更强的针对性；③根据定位进行提问，可使多数面试问题限制在一定的范围内，避免出现过多的生疏问题，影响面试的可信度。

3. 其他命题

其他命题是指不归类于基本命题和定位命题的问题，它包含的内容广泛而复杂，比如，社会经济生活中的热点问题，主要集中在管理、道德、经济、文化等范围，近几年由于网络经济、共享经济、一带一路、人工智能、区块链、5G等成为焦点，有关这方面的问题也很容易出现。平时应注意关注社会经济等方面的热点问题，有选择地对重要问题进行分析，并形成分析、解决这些问题的方法。又如压力面试的问题，可以看看前面提到的例子。考官通过令人沮丧的问题，以测验考生的压力反应，怎么回答就看你怎么艺术处理这些尴尬了。

其他命题并不是没有规律可循，而是它太广泛，不像前面两类命题那样仅通过归结一定数量的问题就能命中相当的考题。所以，在有限的时间内，应将精力集中在对基本命题和定位命题的分析和把握上。

其他命题中难度特别大的题并不是很多，不要总想着哪些难题会让自己难堪，要抓主要矛盾，暂时不要考虑难题，难题出现时，应沉着应对，能表现多少就表现多少。

第二节　经典问题339问

这里有个问题集，考生可以思考一下，这些问题属于哪类，考查考生哪些方面，该如何作答。

(1) 你认为组织中什么样的人最难领导？
(2) 你们部门目前有几个人？是怎么分工的？是如何考核的？
(3) 你最欣赏的企业家是谁？为什么？
(4) 你的领导风格是怎样的？是偏柔和的，还是偏强势的？
(5) 举例说明激励的方法及其利弊。
(6) 组织结构变化的趋势。
(7) 请分析一下北方经济环境与南方经济环境的区别与联系。
(8) 企业上市的利与弊。
(9) 如何保证并提高员工的积极性？
(10) 作为财务经理，你如何选择筹资渠道？
(11) 从企业的角度谈谈银行利率市场化的影响。
(12) 你如何看待国企的股份制改革？
(13) 你为什么要学MBA？MBA与学术硕士有什么区别？
(14) 企业财务与会计有什么区别？

(15) 如果你是总经理，对于员工的能力与业绩，你认为二者哪个更重要？
(16) 假如你是领导，怎样对待"品高才低"与"品低才高"的人？
(17) 你在公司的管理中遇到过什么困难？
(18) 担任部门经理需要哪些素质和知识储备？
(19) 请谈谈企业法人治理结构的必然性。
(20) 如果入学后感到MBA教育不理想，你会如何做？
(21) 你认为如何才能当好国有企业的负责人？
(22) 针对不同的客户，你是如何进行管理的？
(23) 如何挖掘客户？
(24) 请谈谈小企业如何融资？
(25) 请谈谈营销在企业经营活动中的地位和作用，营销与销售有何异同点？
(26) 你如何理解企业文化的内涵？每家成功的企业都有优秀的企业文化，你认为这种说法对吗？
(27) 如果上司不理解你，你会怎么办？
(28) 你认为管理信息系统在企业中的作用有哪些？
(29) 请说明目标管理的概念、作用及其应用。
(30) 激励有哪些方式？其在管理中能发挥哪些作用？
(31) 请谈一谈你对中国股市的看法。
(32) 如果现在有一个项目需要投资，预计收益率为10%，此时银行的利率也为10%，问：如果你是此项目的决策人，是否投资？
(33) 如果一家企业经营状况良好，但月底却发不出工资，请问企业运营中出现了什么问题？
(34) 你如何定义职业经理人？做到什么程度才是优秀的职业经理人？
(35) 请用现代企业制度来谈一谈国有企业改革。
(36) 如何使你的管理幅度更大？
(37) 你如何避免员工的大规模离职？
(38) 请什么是授权、权利和职责？
(39) 请谈谈你作为一名管理者对管理的看法。
(40) 你觉得什么是作为一名管理者应该具备的素质？
(41) 请回答知识经济时代企业无形资产的意义和价值。
(42) 你和原来的上司在工作中是如何相处的？
(43) 如果你和你的下属发生矛盾，会如何处理？
(44) 请谈谈你认为自己最成功的一次经历。
(45) 请谈谈你认为最失败的一次经历。
(46) 你认为什么是管理的精髓？
(47) 你对中西方不同的管理学说和经验有什么看法？
(48) 你最喜欢的管理格言是什么？你怎么理解它？
(49) 你认为企业家是天生的，还是可以后天培养的？
(50) 请谈谈你自己的职业生涯规划。

(51) 你是否对读MBA后选择的方向有比较清晰的认识？
(52) 你认为读MBA能给你带来什么？
(53) 你对于社会对MBA的看法和评价有什么想法？
(54) 你选择在职的MBA还是脱产的MBA，为什么？
(55) 谈谈你对中国资本市场的认识。
(56) 你认为中国的国有股减持怎样才能做到多赢？
(57) 你认为怎么样才能促进中国资本市场的发展？
(58) 你认为加强监管对资本市场的意义是什么？
(59) 请谈谈你对财务管理的看法。
(60) 请谈谈你对会计作用的认识。
(61) 你认为现金流对一个企业的意义大吗？
(62) 会计师和审计师对公司的意义有何异同？
(63) 为什么在中国有很多上市公司热衷于粉饰财务数据？
(64) 请谈谈你对市场营销的认识。
(65) 在很多跨国公司和一些大企业中，都给员工提供茶点，在这个过程中发现部分员工将公司提供的茶点等私自带回家，如果你们公司发现这样的情况，你将如何处理？
(66) 你认为市场营销的主要构成要素是什么？
(67) 你了解渠道管理吗？你对市场上的串货现象有什么解决办法？
(68) 你对绿色营销有什么看法？
(69) 你心目中的人力资源管理是什么样的？
(70) 为什么人力资源管理越来越重要？
(71) 为什么只有人力资源是需要激励的？
(72) 什么样的机制有利于开发和激励人力资源？
(73) 你对企业文化有什么认识？你认为它有作用吗？
(74) 你认为电子商务的哪个方向可能在今后有比较大的机会？
(75) 请谈谈你对互联网产业的认识。
(76) 请谈谈你对网络股泡沫破灭后的看法以及为什么会破灭。
(77) 请谈谈你对ERP的认识。
(78) 请谈谈你对管理信息系统在管理上应用的看法。
(79) 请谈谈你对中国咨询产业的看法。
(80) 中国企业需要洋参谋吗？为什么？
(81) 华为是中国企业中国际化做得很好的一家企业，请问其国际化比较成功的原因是什么？
(82) 上市公司高管与职业经理人有何差别？
(83) 请描绘你们公司的发展前景。
(84) 你所在公司在行业中的主要优势和劣势分别有哪些？
(85) 请谈谈你对中国风险投资行业的看法和认识。
(86) 在全球化的趋势下，你认为MBA应培养学生哪些方面的能力？
(87) 请谈谈你对资本市场出现的银广夏和蓝田等现象的看法。

(88) 以通用电器或其他企业为例，请谈谈企业多元化的问题。
(89) 以宝洁公司为例，请谈谈多品牌管理的问题。
(90) 以麦当劳公司为例，请谈谈你对品牌的认识。
(91) 以沃尔玛为例，请谈谈你对百货业的连锁经营的看法。
(92) 以IBM或联想为例，请谈谈你对IT企业向服务转型的看法。
(93) 请谈一谈你对联想收购IBM个人电脑部门这个中国企业海外收购案例的看法。
(94) 什么是现代企业制度，其主要特征是什么？
(95) 现代企业家应具备哪些基本素质，如何培养和造就中国的企业家队伍？
(96) 什么是亚当·斯密的"看不见的手"？
(97) 科技进步与经济增长有何关系？
(98) 你怎么看待"绿水青山就是金山银山"这句话？
(99) 请谈谈"创新、协调、绿色、开放、共享"的新发展理念对我国经济社会发展的战略意义。
(100) 请简述"固定成本"和"可变成本"的经济意义。
(101) 投资项目的主要筹资方式有哪些，其特点是什么？
(102) 你的企业在制订一项较重大决策时，你作为厂长与书记持支持态度，而班子其他成员均持反对态度，你如何抉择？
(103) 经理股票期权的含义是什么？
(104) 你认为作为一名领导者，对员工行为影响最大的是什么？
(105) 一家企业的管理性部门与技术性部门经常出现矛盾，如果你作为厂长，如何解决这些矛盾？
(106) 你公司最近有一名主要技术人员到其他公司任职，并带走了主要技术，使你的公司蒙受了巨大的损失。你认为应如何避免类似事情再发生？
(107) 什么是公司的治理结构？
(108) 设计研究院常遇到一种情况，就是研究人员一旦技术成熟后，就调走了，而且往往调到同行业竞争对手单位去，你认为如何才能留住技术骨干？
(109) 你是一名厂长，最近想在职代会上公布一套重大方案，你担心通不过会对你的威信有较大影响。你将怎样做？
(110) 你的企业是个技术性较强的企业，对员工的素质要求较高。作为厂长，你采取什么方法保证员工的素质？
(111) 作为一名厂长，你如何使用正、负激励方法？
(112) 你从事哪个行业？目前行业现状如何？突出问题是什么？怎样解决？
(113) 你所在的企业制订具体的战略规划了吗？你认为企业战略规划的意义是什么？在我国，如何制订企业的发展战略？
(114) 在我国，某些行业已变为买方市场，在买方市场条件下，市场开发至关重要，制订市场开发计划时，应考虑哪些因素？
(115) 你目前在哪家企业工作？你认为对贵企业发展影响较大的因素是什么？最关键的因素是什么？是体制吗？
(116) 企业的发展，关键因素是人的问题，作为企业主要管理人员，如总经理，怎样稳定现有的人才队伍，怎样调动员工的积极性？

(117) 资本运营是近年来的热点话题，什么是资本运营？资本运营有哪些方式？有什么作用？

(118) 研究和开发是企业发展的保证，企业为什么要独立从事研究和开发？

(119) 企业融资有多种渠道，你如何理解直接融资对企业发展的意义？

(120) 我国经济体制改革的目标是什么？你作为企业的负责人为实现这一目标应该做哪些工作？

(121) 我国国有企业改革的目标是什么？现代企业制度的基本特征是什么？

(122) 领导的本质是什么？一般来说，作为一名领导者应具备哪些素质？

(123) 你认为个人决策与集体决策各有什么特点？如何处理好二者的关系？

(124) 什么是集权、分权？怎样处理好集权与分权的关系？

(125) 什么是规模经济性？如何处理好规模经济与竞争的关系？

(126) 你认为传统营销观念与现代营销观念有什么区别？

(127) 你认为哪些外部环境因素会影响企业发展？

(128) 你认为影响企业市场竞争能力的主要因素有哪些？

(129) 在市场经济条件下，你认为企业与政府部门的关系是什么？

(130) 你如何看待管理信息系统在企业管理中的应用？

(131) 谈谈你对信息技术的理解和认识？

(132) 你如何看待信息技术对企业发展的影响？

(133) 你认为在企业中如何运用信息技术提高管理的效率？

(134) 你认为人工智能技术在你的行业领域中有什么应用前景？

(135) 请你谈谈中美贸易战对国有企业的影响？

(136) 请你谈谈国有企业怎样才能在与民营企业竞争中处于有利地位？

(137) 什么是管理信息系统？谈谈你的认识。

(138) 什么是产品寿命周期？了解它对企业管理有何意义。

(139) 你的公司在招聘员工之前，应做好哪些工作？

(140) 在知识经济条件下，你认为企业管理应具有哪些特点与变化？

(141) 你认为人力资源开发与人事管理有什么区别？怎样在企业中实施人力资源开发？

(142) 在管理中会遇到有关弹性的概念，你如何理解？

(143) 如果你的工作能力超过你的上级，你如何在工作中处理好上下级之间的关系？

(144) 有人认为企业支付大量的推销费用会使产品的销售价格上升，你如何解决？

(145) 小型国企改革的方向是否就是非国有化，为什么？

(146) 你对知识经济是如何理解的？

(147) 怎样理解决策是领导的基本职能？如何认识领导决策的重要性？

(148) 我国经济体制改革的性质、任务是什么？为什么企业改革是经济体制改革的中心环节？

(149) 你在工作中遇到最困难的事情是什么？你是如何应对的？你对你的表现满意吗？

(150) 你的同事、下属或上级中有非常难以相处的人吗？你是如何做的？

(151) 如果你的上司想让你做一件你认为不符合商业伦理的事情，你该怎样做？

(152) 你认为你最成功的一件事是什么？

(153) 你印象中最深刻的一件事是什么？
(154) MBA毕业后，你的短期计划是什么？
(155) 你的五年职业规划是什么？希望达到什么状态？
(156) 你认为什么是"影响力"？你认为自己的影响力如何？
(157) 你的五年职业目标是什么？十年目标是什么？
(158) 请举例介绍一个你曾经领导并影响过的某个项目或任务。
(159) 你是否提出过某些新观点使其成为某项活动或项目成功的关键因素。
(160) 请举例说明你是如何实现自己制定的目标的。
(161) 介绍一下你与由不同性格、特点的人组成的团队共同完成的某件事情。
(162) 如果现在给你10万元，你会怎么创业？100万元呢？
(163) 你为什么要读MBA？现在很多人认为报考MBA的学生眼高手低，你怎么认为？
(164) 你为什么想要报考这所学校？
(165) 你认为我们是否会录取你？
(166) 你最大的成就是什么？
(167) 你的事业目标是什么？
(168) 在大学中你最难忘的经历是什么？
(169) 你为何选择你上大学的那所学校？
(170) 哪些因素对你的选择有决定性作用？
(171) 谈谈你对大学生谈恋爱的看法。
(172) 你的专业是什么？为何选择该学校？
(173) 现在看来，你是否庆幸选择了该专业？
(174) 如果你可以重新选择，你会选择哪个专业？
(175) 大学时你每周的学习时间有多少小时？
(176) 你最优秀的功课是哪门？为什么？
(177) 你最不擅长的课程是哪门？为什么？
(178) 你的学习成绩是否反映出你的学习能力？如果没有，那么你为什么没有取得更好的成绩？
(179) 到目前为止，你所受的教育从哪方面为你的事业打下了基础？
(180) 你最喜欢大学生活的哪些方面？
(181) 你最不喜欢大学生活的哪些方面？
(182) 大学时你参加了哪些课外活动，你在其中担任的职务和做出的贡献是什么？
(183) 你如何支付你的学习费用？
(184) 你如何形容作为大学生的你？你现在有所改变吗？
(185) 如果大学生活重新开始，你将如何安排你的学习和生活？
(186) 你希望从事什么样的工作？
(187) 你为什么选择这个职业？
(188) 你认为什么样的工作岗位最适合你？为什么？
(189) 你直接负责什么工作？领导哪些人？你工作方面关键的技术难题是什么？管理方面的呢？

(190) 你工作中最擅长的是什么？有哪些不足？为什么？
(191) 你会如何改进你的工作表现？在改进过程中你会采取哪些具体行动？
(192) 你主要的成绩有哪些？这些成绩对你的经济收入或者其他方面有什么影响？
(193) 你是独立取得这些成绩的，还是有别人参与？
(194) 你每周工作多少小时？
(195) 你认为自己最突出的专业技能是什么？
(196) 对于目前的职位，你最喜欢或最不喜欢哪些方面？为什么？
(197) 你是否做过决策？你的决策是否成功？为什么？
(198) 请举例说明你的创新精神。
(199) 你面临过的最大挑战是什么？你如何面对这些挑战？
(200) 在未来的五年中，你所在行业的发展方向是什么？
(201) 请描述一下你与老板的关系，对于你的表现他最满意和最不满意的是什么？
(202) 请描述一下你工作中的失败之处。
(203) 你如何面对失败？
(204) 你会如何改进你的工作？
(205) 请谈谈你现在的工作，你满意吗？为什么？
(206) 对于你现在的工作，你认为哪些方面是事业成功的关键？为什么？
(207) 与公司中同等水平的同事相比，你的工作表现如何？
(208) 你的工资情况如何？与公司中的同等水平的人相比又如何？
(209) 你最理想的工作是什么？
(210) 你的职业目标是什么？你如何保证它的实现？
(211) 请描述一下你所在部门的组织和你如何在有限的事实上做出重要决策？
(212) 你的管理理念是什么？
(213) 你的管理风格是什么？有哪些方面你觉得需要改进？
(214) 你是如何组织、参与团队工作的？
(215) 你如何评估自己的成绩？
(216) 你认为作为一名优秀的管理者，什么样的个人品质最重要？
(217) 你喜欢制定比实际能达到的稍高一点的目标还是稍低一点的目标？
(218) 你通过什么方式发掘下属的潜力？
(219) 你对下属监管的松紧度如何？你允许他们有多大的自由度？
(220) 你怎样激励下属？
(221) 请描述一下你的经营管理哲学。
(222) 作为管理者，你的优点、缺点分别是什么？
(223) 作为管理者，最难的工作是什么？
(224) 你更适合做一名领导者还是被领导者？
(225) 你的下属对你作为他们的上级如何评价？为什么？
(226) 请举例说明你是如何预测潜在问题，并采取主动积极的对策的。
(227) 你认为什么样的主管能让你工作得更出色？

(228) 你认为什么时候需要保守的思想？

(229) 未来的5年中你有何打算？10年、20年呢？你一生有哪些想要实现的目标？

(230) 你为何想读MBA？你想从中有哪些收获？

(231) 请讲述一件你在过去的生活中努力达到某个目标的事件。你当时的目标是什么？你为什么有这个目标？你制订出什么样的计划？在这个过程中你曾经遇到过哪些困难？最终结果如何？

(232) 某公司4位研究开发小组成员在研究出一项重要技术后准备集体辞职，到竞争对手公司去，你是该公司的总经理，你觉得应该采取什么措施？为什么？

(233) 如果你一会儿走出这个房间时，其他等待面试的人向你询问你的面试题目。你将如何回答？为什么？

(234) 请讲述你在未来5年内对你的职业生涯的打算。你的目标是做职业经理人还是当老板？为什么？两者有什么主要区别？你为什么选择这样的目标？你将如何达到这个目标？

(235) 如果用三个形容词来描述你，将是哪三个词？

(236) 你通常读哪些书籍、报刊，为什么？

(237) 你最近读了哪本书？这本书给你的印象是什么？

(238) 有人认为你如何使自己把握时代的脉搏，或是在你的工作领域中发展个人技能？

(239) 有人认为技术精英将成为未来管理者的主流，你相信这句话吗？

(240) 你的业余时间如何安排？

(241) 你目前在事业、家庭、朋友和兴趣爱好中找到的平衡点，从长远来说是否适合你？

(242) 你最喜欢哪种活动？为什么？

(243) 在你的成长过程中谁对你影响最大？对你有怎样的影响？

(244) 你的偶像是谁？为什么？

(245) 你的朋友如何描述你？你的老师呢？

(246) 你为自己制定了什么样的目标？打算如何实现你的目标？

(247) 你认为自己很成功吗？

(248) 在企业里，你认为决定一个人成功的因素是什么？

(249) 你最大的优势是什么？

(250) 你认为诚实总是上策吗？

(251) 你认为顾客永远是对的吗？

(252) 你是能从成功中学到更多的知识，还是能从失败中学到更多的知识？

(253) 在共享经济时代，网络上几乎能找到你想要的任何知识，那么MBA还有用吗？

(254) 美国的比尔·盖茨、扎克伯格、杨致远等人都是辍学从商后成为世界级商界英雄的，你认为他们为什么能够成功？

(255) 你认为在校学习还有多大作用？

(256) 你认为当前有利于中国发展的国际环境是什么？又有哪些不利因素？

(257) 你认为中国最大的竞争力将来自何处？

(258) 你如何看待教育的商业化？

(259) 请谈一谈你对目前中国楼市的看法。

(260) 未来10年，你有何打算？为什么有此打算？
(261) 目前美国经济发展到了什么阶段？这个经济阶段的主要特点是什么？
(262) 你认为企业应该承担哪些社会责任？
(263) 请谈谈国有企业股份制改革的困难及解决困难的办法。
(264) 请你谈谈全日制和在职哪一个更好，为什么？
(265) 如何解决工作中棘手的问题。
(266) 请你结合专业谈谈对管理的理解。
(267) 现在向企业派稽查特派员，你认为如何？
(268) 怎样发挥下属的积极性？
(269) 你的理财观是怎样的？
(270) 如果你与公司领导发生意见分歧，你会如何处理？是否坚持己见？
(271) 请谈谈你对中国未来经济发展的看法？
(272) 你认为自己有什么缺点？
(273) 你认为挑选工作单位时应首先考虑哪些因素？
(274) 你是如何挑选学校的？为何选择该学校？
(275) 请谈谈在疫情影响下民营企业的生存问题。
(276) 目前美国等很多西方国家向中国施压，要求中国加快人民币升值步伐，请谈一下你对人民币汇率的看法。
(277) 你认为企业家应具备什么样的素质？
(278) 在工作中遇到的最大挫折是什么？
(279) 请谈谈你到工作第10年想达到的目标，怎样达到？
(280) 你为什么选择攻读我们学校的MBA项目？
(281) 你对有奖销售有什么看法？
(282) 你认为国有企业的总会计师和外企的财务总监有什么区别？
(283) 你认为一个人取得成功的关键因素是什么？
(284) 如果有一个MBA速成班，一年内就可以读完，你愿意上吗？
(285) 目前国内金融监管部门已逐渐向外资银行开放了人民币业务，你认为国内银行与外资银行各自的优势在哪里？如果你是一家商业银行的行长，你将如何应付日渐激烈的市场竞争？
(286) 假如你是一家大公司的销售部经理，在年终对下属人员进行考评时，有人提出业绩考核不能仅仅以销售量来衡量，还要考虑地区差异。你认为他的提法是否合理？你将会怎样去做？
(287) 你的知识结构中哪些方面强，哪些方面弱？你认为MBA教育对你有何帮助？
(288) 请谈谈宏观经济形势对企业的预测作用。
(289) 请谈谈企业重组。
(290) 如果一名不如你的同事得到提升，你会怎么办？为什么？
(291) 如果你所在的公司一片混乱，而你此时被任命为总经理，你会怎么做？
(292) 请谈谈我国住房制度、养老制度、医疗制度改革的重要性和对经济的影响。
(293) 国有企业改革的方向、目标及目前的形势。

(294) 某科研机构在进行研究项目的工作划分时，如何保证公司的秘密不外泄？

(295) 信息及高科技公司如何在竞争过程中保证产品的领先地位？

(296) 以前做技术，现在转做管理，你有哪些转变？

(297) 你所在的公司有什么地方需要改进？

(298) 你愿意到大公司打工，还是愿意到小公司当老板？

(299) 你是否跳过槽？如果是，为什么？

(300) 如果你手下的员工达不到你的要求，你会怎么做？

(301) 你觉得你在公司中最适合什么工作？为什么？

(302) 假设你是一位领导，而你的下级由于不满你的领导，申请调走，但由于他很能干，若调走对工作影响较大，你会如何处理？

(303) 请论述民营企业、国有企业、外资企业在市场竞争中的优劣势。

(304) 你认为中国的外汇储备是否太多了？中国政府还应加强吸引外资的力度吗？

(305) 你的工作经历实际只有两年，如果你今年被录取，将成为这一届MBA学生群体中最年轻的一员，很可能存在管理经验不足的问题，你如何看待这一情况？

(306) 怎样衡量一个人的管理素质？

(307) 怎样看待环境保护的问题？

(308) 请谈谈你参加了哪些社会公益活动？

(309) "经营企业和经营人生一样"，对此你有何理解？

(310) 对于南方和北方两个地区的人，你怎么区别他们的不同之处？如何针对这种不同，采取不同的管理方式或被管理？

(311) 请谈谈中国民营企业发展的前景和障碍。

(312) 如果公司的人事和财务主管位置空缺，你愿意选择哪个职位？为什么？

(313) 如何判断一家企业的管理水平？

(314) 一个人受教育的程度与他的管理水平有什么关系？

(315) 请你谈谈对金融、股票市场的看法。

(316) 在某饭店，服务员给客人的菜上错了，比客人点的菜贵，服务员按原来的菜价收费，经理对这个处理方式很满意，表扬了他，你对这位经理怎样评价？如果你是这位经理，你该如何处理？

(317) 你如何看待人才流动问题？你为何变换工作？

(318) 企业财务管理与会计的联系和区别是什么？

(319) 你认为自己适合做技术工作还是做管理工作，为什么？

(320) 你认为在校学生与企业职工有哪些不同？

(321) 当你的下属与你的上级领导闹别扭时，你如何协调处理？

(322) 你如何处理与领导间的矛盾？

(323) 请阐述你所从事的工作，并从公司的市场、销量、人事、产品、组织架构等方面介绍你的工作单位。

(324) 请谈谈中国国有企业陷入困境的原因。

(325) 请谈谈自己最喜欢的一本书。

(326) 请结合你的职业谈谈你对"新基建"的看法。

(327) 如果你被我校全日制MBA录取，正好有一个你梦寐以求的大公司要正式聘用你，你会不会去？

(328) 你的业余爱好是什么？当你工作紧张是如何放松自己的？

(329) 当你与同事的观点、看法不同时，你会采取什么办法？

(330) 你读过哪些与MBA有关的书？谈谈读后感。

(331) 请谈谈信息革命对社会及商业环境产生了什么影响？你有什么看法？

(332) 如果你是人事经理，如何面试新员工？

(333) 请说说在工作中与管理有关的事情。

(334) 如果你在电梯中遇见总经理，该如何在短短的几分钟内向他陈述你的想法？

(335) 你认为最适合你的工作是什么？

(336) 你认为中国国有企业改革面临的最大障碍是什么？请评价一下平均主义对公司经营的影响。

(337) 请谈谈你对金钱和权利的看法，对获取金钱和权利的方法的看法，对金钱和权利使用的看法。

(338) 假如你是一名销售人员，发现其他商家的人大多靠不正当的手段从事销售，你将会怎么做？为什么？

(339) 你如何分配工作、家庭、学习的时间，能保证学习的时间吗？

第七章
MBA面试之无领导小组面试

第一节　无领导小组面试的方法及分类
第二节　无领导小组面试的特点分析
第三节　无领导小组面试的评价标准
第四节　无领导小组面试的试题形式
第五节　应试者如何在小组面试中"出彩"

第一节 无领导小组面试的方法及分类

无领导小组面试采用情景模拟的方式对考生进行集体面试，是近些年MBA面试经常使用的一种方法。该方法由一定数目的考生组成一组(4~18人不等)，围绕一个主题进行讨论，讨论过程中不指定参与考生中谁是领导，也不指定考生应坐的位置，让考生自行安排组织，考官来观测考生的组织协调能力、沟通表达能力、辩论的说服能力等是否达到MBA的要求，以及协作能力、进取心、情绪稳定性、反应灵活性等个性特点是否符合MBA的选拔标准，由此来综合评价考生。

无领导小组面试根据不同的标准分为以下类型。

(1) 根据讨论背景的情境性，可以将无领导小组讨论分为去情境性的无领导小组讨论和有情境性的无领导小组讨论。

(2) 从是否给考官或考生分配角色的角度来划分，可以将无领导小组讨论分为定角色的无领导小组讨论和不定角色的无领导讨论。

(3) 根据小组成员在讨论过程中的相互关系，可以将无领导小组讨论分为竞争性的、合作性的和竞争与合作相结合的。

(4) 根据无领导小组讨论的情境与拟任工作相关性，可以将其分为与工作相关情境的无领导小组讨论和与工作无关情境的无领导小组讨论。

第二节 无领导小组面试的特点分析

一、无领导小组面试的优点

无领导小组面试作为一种有效的测评工具，和其他测评工具比较起来，它的优点具体如下：

(1) 能测试出笔试和单一面试所不能检测出的考生综合能力与素质；

(2) 能观察到考生之间的相互作用，可考查考生的随机应变能力等；

(3) 能依据考生的行为特征来对其进行更加全面、合理的评价；

(4) 模拟考生在处理实际问题中的情境，能使考生在相对无意之中展示自己各个方面的特点；

(5) 能使考生有平等的发挥机会，从而很快地表现出个体上的差异；

(6) 能节省时间，并且能对竞争同一岗位的考生的表现进行同时比较；

(7) 应用范围广，能应用于非技术领域、技术领域、管理领域和其他专业领域等。

二、无领导小组面试的缺点

无领导小组面试由于组织的随意性，它的缺点具体如下：
(1) 对测试题目的通用性要求较高；
(2) 对考官的评分技术要求较高，考官应该接受专门的培训；
(3) 对考生的评价易受考官各个方面特别是主观意见的影响(如偏见和误解)，从而导致考官对考生评价结果的不一致；
(4) 不同考生之间的影响较大，可能会影响考生的正常发挥；
(5) 指定角色的随意性，可能导致考生之间地位的不平等；
(6) 考生的经验与题目的匹配度可以影响其能力的真正表现。

第三节 无领导小组面试的评价标准

在无领导小组面试中，考官评价的依据标准主要是：
(1) 受测者传递有效信息的数量；
(2) 是否善于提出新的见解和方案；
(3) 是否敢于发表不同的意见，支持或肯定别人的意见，在坚持自己的正确意见基础上根据别人的意见发表自己的观点；
(4) 是否善于消除紧张气氛，说服别人，调解争议，调动他人积极性，把众人的意见引向一致；
(5) 能否倾听别人意见，是否尊重别人，是否侵犯他人发言权。

另外，考官还要看其语言表达能力、分析能力、概括和归纳总结不同意见的能力、发言的主动性、反应的灵敏性等。

第四节 无领导小组面试的试题形式

无领导小组面试的讨论题从形式上可以分为以下5种。

一、开放式问题

所谓开放式问题，是其答案的范围可以很广，很宽，主要考查考生思考问题时是否全面，是否有针对性，思路是否清晰，是否有新的观点和见解。例如：你认为什么样的领导是好领导？关于此问题，考生可以从很多方面作答，比如：领导的人格魅力、领导的才能、领导的亲和力、领导的管理风格等。开放式问题对于考官来说，容易出题，但是不容易对考生进行评价，因为此类问题不太容易引起考生之间的争辩，所考查考生的能力范围较为有限。

二、两难问题

所谓两难问题，是让考生在两种互有利弊的答案中选择其中的一种。其主要考核考生的分析能力、语言表达能力以及说服力等。例如：你认为以结果为导向的领导是好领导，还是以过程为导向的领导是好领导？一方面，此类问题对于考生而言，能够引起充分的辩论；另一方面，对于考官而言，不但在编制题目方面比较方便，而且在评价考生方面也比较有效。但是，此种类型的题目需要注意的是两种备选答案一定要有同等程度的利弊，不能是其中一个答案比另一个答案有很明显的选择性优势。

三、多项选择问题

此类问题是让考生在多种备选答案中选择其中有效的几种或对备选答案的重要性进行排序，主要考查考生分析问题实质、建立规则、抓住问题本质等方面的能力。此类问题对于考官来说比较难出题目，但对于评价考生各个方面的能力和人格特点则比较有优势。

四、操作性问题

操作性问题，是给考生一些材料、工具或者道具，让他们利用所给的这些材料，设计出一个或由考官指定的物体来，主要考查考生的主动性、团队合作能力以及在实际操作任务中所充当的角色。比如：给考生一些材料，要求他们相互配合，构建一座铁塔或者一座楼房的模型。此类问题主要考查考生操作行为方面的能力，同时情景模拟的程度要大一些，但考查言语方面的能力则较少，同时考官必须很好地准备所能用到的一切材料，对考官的要求和题目的要求都比较高。

五、资源争夺问题

此类问题适用于指定角色的无领导小组面试，是让处于同等地位的考生就有限的资源进行分配，从而考查考生的语言表达能力、分析问题能力、概括或总结能力、发言的积极性和反应的灵敏性等。比如：让考生担当各个分部门的经理，并就有限数量的资金进行分配。因为要想获得更多的资源，自己必须有理有据，必须能说服他人。所以此类问题可以引起考生的充分辩论，也有利于考官对考生的评价，但是对讨论题的要求较高，即讨论题本身必须具有角色地位的平等性和准备材料的充分性。

第五节　应试者如何在小组面试中"出彩"

考生如果能够做到以下几个方面，可在面试中增加脱颖而出的机会。

(1) 对自己充满信心。虽然无领导小组讨论是竞争者之间的"短兵相接"，但也不要因此感到惧怕，因为各个应试者都有公平的机会脱颖而出，尤其是那些自信的参与者。

(2) 放下包袱，大胆开口，抢先发言。对于每个小组成员来说，发言机会不多，如果胆小怯场，沉默不语，不敢放声交谈，那就等于失去了考查的机会，结局自然不妙。当然，如果能在组织好表达内容的基础上，做到第一个发言，那么效果会更好，给人的印象也最深。

(3) 讲话停顿时显得像是在思考，这么做能表现你是在思考后进行作答的。这种做法在面对面的面试时是可以的，因为，面试者可以看得出你在思考而且是想好了才回答。但是，在电话面试和可视会议系统面试时，不要做思考的停顿，因为，这一停顿会造成死气沉沉的缄默。

(4) 论证充分，辩驳有力。在无领导小组讨论中，考官会借此考查一个人的语言能力、逻辑思维、分析能力及业务能力等。夸夸其谈，不着边际，胡言乱语，只会在大庭广众中出丑，将自己的不利之处暴露无遗。语不在多，而在于精，考生要做到观点鲜明，论证严密，一语中的。如果要表达与众不同的意见或反驳别人先前的言论，记得不要恶语相加，要做到既能够清楚表达自己的立场，又不令别人难堪。

(5) 尊重队友观点，友善待人，不恶语相向。相信每一个成员都想抓住机会多发言，以便"突显"自己，但为了表现自己，对对方观点无端攻击，横加指责，恶语相向，往往只会让自己最早出局。没有一个公司会聘用一个不重视合作、不尊重同事的人。

(6) 千万不要"一言堂"。不可滔滔不绝，垄断发言，当然也不宜长期沉默，处处被动。

(7) 准备纸笔，记录要点。可以随身携带一个小笔记本，在别人滔滔不绝地讨论时，你可以做些记录，帮助你整理自己的思路，同时也表明你在注意听。

(8) 视情况上交讨论提纲。将讨论纪要迅速整理成文，一目了然，上交主考官，既展示自己流畅的文字功底，又给人办事得力、精明能干的好印象，这样的人谁会不欣赏？

第八章
MBA面试经验谈

面试成功的方法论

名校MBA之路注定是一条充满艰辛和磨砺的道路，只有不畏艰险、执着跋涉的奋斗者，才有希望实现自己的理想。从备考开始，会历经提前面试、笔试和复试，每一个环节都非常关键，稍有疏忽或懈怠，我们就可能被理想的大学拒之门外。下面结合院校提前面试的考核标准来介绍一下MBA入学面试可以从哪些方面入手准备。

认清自我，正确定位

参加面试之前，我们需要将自己的学习和工作经历进行认真分析，并找出优势与不足。然后，确定自己的定位，反复演练。正确的定位，就是要求我们在面试中的表现要符合自己的经历和想追求的未来。面试，是一次没有脚本的表演，这就要求我们认真塑造自己的形象，包括仪表、谈吐、礼仪、行为等。有位朋友建议我们去国贸，观察那里工作的人们的仪表、举止和行为，这很有道理。有人曾疑问哈佛大学的学生为什么那么容易成功，有一种观点是说因为来往于哈佛做报告的人几乎都是商界领袖和政界要人，每天耳濡目染，便会不自觉地就去模仿，这样也就塑造了自身形象。同时，眼界开阔了，也有助于他们日后的成功。塑造自身形象，还可以从电影、电视中获得借鉴。影片中演员的仪表和举止都是经过精心设计的，选一些好的角色揣摩，肯定对面试是有所帮助的。

1. 面试准备，细节为王

1) 仪表与礼仪

面试的时间很短暂，一般在30分钟以内。在这么短的时间内来评价一个人，很大程度上与第一印象有关。有位摩托罗拉中国区的人力资源经理曾说过，在面试中是否录取一个人，其实自他进门的那一刻起，到第一句话说出口，就已经决定了75%，所以好的仪表与礼仪相当重要，这会给人一个良好的第一印象。

面试中，男士一律要着西装，且要注意衬衫、领带、袜子、皮鞋的匹配。最忌讳的是穿黑皮鞋，配白袜子。西装最好是欧式的，系三粒纽扣的那种，注意最下面的一粒纽扣不用扣。记得我们在模拟面试时，一位男生讲完后，由老师和同学提意见，有位女同学就对那位男生说："你能不能穿一套时尚一点的西服？"那位男生当时穿的是一套美式西服，即上排扣的那种。也许考官也会注意到这方面的问题，并非美式西服一定不能穿，只是欧式西服更适合中国人，穿起来更帅气一些。西装的颜色方面，最好是深色的。和我同分在一个小组而在我之前面试的那位同学，穿的是一套枣红色的西服。这种颜色的西服一般是节目主持人或演艺人员穿的，在这种场合不太适合。那天，他面试的时间较一般考生长，出来后，我就问他感觉怎样，他一直摇头。

至于女士仪表，最好是职业套装，化素雅淡妆，穿高跟鞋。在面试中不要将套装上衣脱下，而只穿一件紧身毛衣，这样的衣着，在西方被认为是老板的女秘书用来吸引老板的着装。

礼仪方面，主要是进出门时注意礼貌，在面试中注意目光的交流。不要回答哪位老师的问题，就只盯着这位老师看，还应兼顾其他老师。

2) 自我介绍与后续问题

建议收集一些往年被问到的题目，或者知名外企在面试中常会问到的一些问题，自己搜集一下答案，这样可以避免在面试时思考过久或不知如何作答。例如："你最大的缺点是什么"或者"请简述你的一次最失败的经历，并说明你从中学到了什么"。如果事先没有经过准备，在如此短的时间内和压力环境下，考生通常很难回答好这样的问题。也许有的同学会回答自己没有缺点或者讲述失败经历，这其实并不是一个明智之举。俗话说，人无完人，建议挑选一些通过学习或是职业化修炼能够改善或修正的缺点作答。

关于自我介绍，时间建议控制在2分钟以内，一般从哪一年毕业于哪所学校开始，或者表明自己来自哪里。重点放在工作经历、业绩的介绍，至于那些诸如"我在农村长大，能吃苦耐劳""我曾在学生会担任某某职务"等，一般可以不说，因为这样的回答没有特色。要善于挖掘工作中的闪光点。自我介绍需要记熟，但千万不要表现出像在背书，否则会因辅导痕迹过重而被扣分。

3) 模拟面试与实战揣摩

仅仅思考某些问题和思考后把它表达出来，二者的效果是不一样的，后者效果更好，所以我们一定要做一些模拟面试。在家可以对着镜子做自我介绍，或者请朋友、同学做考官来提问我们。这是一种行之有效的避免紧张和怯场的练习方法。

其实，面试考官问得最多的还是与考生工作经历有关的问题，对于离自己工作经历太远的问题，就不要花太多心思了。最近发生的与自己行业密切相关的热点问题可以了解一下，可以通过上网、看报纸等了解国际国内的一些重大新闻。

2. 应对面试，把握本色

自信是通过自己的举止、谈吐、气质等表露的一种沉着、镇静和向上的精神。谦虚而不自卑，自信而不狂傲。说大话或撒谎在面试中是很容易被考官发现的，因为我们不知道考官会追问一些什么问题。有位老师告诉我，某名牌大学在面试时就当场揭穿了一位考生的谎言，他将自己在某知名外企的一段实习经历说成第一份工作，并做到项目主管。岂知，主考之一就是该公司的人力总监，几个问题下来，就露出了破绽，考生自然被淘汰。所以，我认为，诚实的表现能增强自信，而怀着任何侥幸的心理都是不应该的。我们要在诚实的基础上，将人格、个性、经历中的闪光点展现出来。

在我的面试过程中，老师曾问道："假如在你收到光华的录取通知书后的第二天，你们单位给你提供一个为期3个月的培训，培训回来后老板为你升职提薪，请问你是选择去美国接受培训，还是来光华读MBA？"我的选择是来光华读MBA，理由是："首先，来光华学习我可以学到更加系统和深入的管理知识，光华有很多优秀的老师，可以长时间和学生交流，这是短期培训所不具有的。其次，北大历史悠久，具有深厚的文化底蕴；资源丰富，有亚洲最大的图书馆，可以很好地利用这些资源，学到更多符合我国国情的知识。最后，去国外培训是一次机会，这样的机会以后还会有。但是，如果我在光华毕业后自身素质和能力提高了，这样的机会还会有更多，也可以更好地利用这样的机会。"老师接着追问："如果你的老板留你，说'我们待你不薄，你为什么要走呢'，你怎么回答？"我的回答是这样的："首先，我在本部门已经做得很顺利，并且培养了接班人，我的离开不会给公司带来大的影响；另外，在我毕业后，如果公司发展需要，我会再回来继续和公司共同发展。"然后我的面试宣告结束。

面试的总体感觉还算顺利，气氛也比较轻松。面试前，我也很紧张，我的一位很好的同学鼓励我说，你就把考官当作你的商业伙伴，真诚地与他们交流。也许他的话起到了作用，也许幸运女神朝我微笑了。于是，我来到了光华。

我能，你也能，相信自己，没错的！

成功寓于细节之中

在攻读光华之前，我在通用公司做过三年的客户经理，主要从事大客户销售工作。由于经常接触高级经理并与其他陌生人打交道，因而，我对MBA的面试并不惧怕，并希望通过自己的经验与大家探讨面试中需要注意的方面。

做好充分的面试准备，个人面试可以说是比较轻松的。个人面试应该留给考官的印象是态度自信、举止有礼、表述有层次、分析有逻辑、应变能力强。下面将从行为和语言两部分来谈谈面试。

1. 行为

行为是针对个人重点的考查项之一。从考生敲门进入面试教室的那一刻起，考生的一举一动都将成为面试考官考核的内容。首先，考生敲门的频率及声音的大小应该适中。当得到允许进入时，考生应该轻轻推门进入，并转过身，然后向面试考官问好，并将院校要求的资料交给考官。其次，小组成员一起进入考场，事先一定要有所准备，是一起向老师问好，还是不说话，用点头示意，这些动作都要事先演练，避免到时乱作一团。在面试过程中，面部应该始终保持微笑，目光应与面试考官进行交流，尽量避免不必要的小动作。面试结束时，应该向考官致谢，若在面试过程中发生任何物品的移动，应该放回原位，然后离开面试教室。

2. 语言

语言是面试中一切表现的载体，一问一答间，常常就决定了你的命运，语言的表述往往就是一切的关键。自我介绍一般为两分钟，不要超过时间限制。但切忌为了赶时间而加快语速，整个过程语速要适中。对于问题的回答应该注意权变的思想，即在什么情况下采取什么样的措施。考官可能会在后面的提问中专注于某个问题，一问到底。我在进行小组面试时，有一位考生是人事主管，考官问他在面试过程中最看重什么？他回答是价值观，并恰到好处地给出了理由。考官接着问现任总裁与前任总裁的价值观往往不一致，这又如何解释？他的回答是个人差异，但会慢慢融入组织的价值观中，否则将会出局。事后想想，这个回答出现了较大问题。没有考虑到公司的价值观在一定时期内具有稳定性，并不是固定不变的，公司的最高管理者往往都有各自的风格，他们的差异恰恰可以丰富公司的价值观。当然，对于以上的问题不会有标准答案，要看你如何自圆其说。到后面，面试问题已经与案例和实际工作没有什么关系了，考查的是临场的应变能力，以及对一些管理理念的理解。不论是什么问题，都应该注重语言的逻辑性。音量要适中，保证在离你最远的考官身后一米处可以听到你说话。

专科生的北大之路

作为一个专科生，报考的是北大光华这样的名校，我曾一度对通过提前面试失去了信心，好在几个备考的朋友一直鼓励我，我才度过那段纠结的时光。

当下定决心后，我通过近半年的充分准备，终于获得了北大光华的预录取资格，现将我的心得体会整理出来，希望能对专科生有所帮助。

1. 要摸清MBA面试内在规律

关于面试我们并不陌生，面试就是面试官对面试对象就面试内容进行面谈，高明的面试考官会针对面试对象来设计不同内容。对于未来的MBA学生，面试内容主要考查学生的综合素质，是对考生现有的思维水平、分析能力、应变能力、工作业绩的综合测试，特别是对自己的理解及把握能力，对他人的理解及把握能力，对环境的理解及把握能力的全面考核。同时，MBA面试也重视对考生的潜质的考核，这里的潜质指考生的可塑造空间，包括对新知识的接受能力，对新环境的适应能力，对自己未来前途命运的信心等。除此之外，面试过程中考生如何运用手段去表现你的综合素质及潜力也很重要，这些手段包括语言、语气、着装、精神面貌等。

2. MBA面试的特别准备

北京大学的张维迎教授在一次回答记者关于北大光华MBA面试的问题时，谈到MBA面试虽然涉及的范围很广，但还是有全面准备的可能和必要，并认为那些能够全面准备到面试的方方面面的人很不简单。

的确，再回顾一下面试考什么，其中很多事需要自己在面试前认真思考，找到自己的思维逻辑，通俗地讲就是自圆其说，若不事先准备，仅靠在面试过程中即兴发挥，则很难成功，尤其是当面试气氛不那么平和，面试考官的问题不那么友好的，精心的事前准备就显得尤为重要。

那么，MBA面试究竟如何准备呢？我觉得MBA面试准备应该是系统的、全面的，而且是针对性很强的。从MBA面试的构成要素来看：面试=面试考官+面试对象+面试内容。面试准备可从以下三方面着手。

1) 针对考官的准备

北大的MBA面试有三位面试考官，其中两位是来自企业的高管，一位是光华的教授，因此，要分别准备两种不同风格的逻辑，回答教授的问题尽可能体现理论的深度，逻辑思维条理性要强。而回答企业老总的问题时，则尽可能往实践方面靠，可操作性一定要强。此外，还要针对考官做一种准备，那就是通过事先在自我介绍中设置"关子"来诱导面试考官就你已准备得很充分的问题进行提问。比如：你在自我介绍中说你曾经发表过论文，那么考官很可能就会问你论文的主要观点是什么；你有一些与众不同的很有创意的想法，那么，你不妨在面试中先卖一个关子，待考官追问时，你再和盘托出，以便着实地打动考官。

2) 针对面试对象的准备

这主要包括面试自我简历的准备，面试前的形象准备，如何到达面试地点，如何调整自己紧张的心态。需要突出强调的有两点：其一是面试中的自我介绍一般为两分钟，因此事先准备的书面简历内容应该在脑子里非常熟悉，哪些是重点，各个部分分别需要多长时间，都要非常清楚，以便根据面试老师的要求进行介绍。其二是关于心态调整的问题。其实任何人面对这么重要的面试都会紧张，尤其在面试前的等待时间里，心情更加紧张，这段时间是调整的关键，你可以想一些令你感动的事情，或者不断地对自己说：我只要正常表现和发挥就可以了。这样能够减轻你的压力，紧张心情自然会放松些。需要指出的是，进入面试室两三分钟后，应逐渐适应面试的节奏，精力要完全集中，若此时再让思绪游离于面试之外，状态热不起来，紧张不起来，那么你的面试表现肯定会大打折扣。

3) 针对面试内容的准备

这是准备工作中最为复杂的一步，如何才能穷尽各种可能的问题，做到心中有数呢？我想把面试可能涉及的内容分为两大方面。一方面是考生不可能控制的方面，诸如考生的第一学历背景、工作年限、工作业绩(包括职位)等。另一方面是考生可以通过精心准备而表现得很好的方面，具体来说，就是面试中考官提出的各种问题。其涉及面非常广，通常会有以下几类问题。

第一类问题主要考查理论常识，比如：管理者与领导者的主要区别是什么，国企改革的主要问题是什么，等等。要根据自己的理解进行回答，并适当注意理论深度和逻辑的严密性与清晰性。

第二类问题考查考生的综合素质与潜力，主要包括以下几点。

① 考生如何看待自己，包括考生的过去、现在和将来，即通常所说的"最……的"问题，比如：你最大的优缺点是什么，你为什么要考MBA，你工作中最大的收获是什么，你感受最深的事情是什么，你将来最想从事的工作是什么等等。

② 考生如何看待他人并与他人进行沟通，包括上司和下属以及其他人，比如：你如何说服你的上司接受你的某个观点等等。

③ 考生如何看待环境，这主要是指社会上的一些热点问题，比如：某一企业案例说明了什么问题，你对中国某一知名企业的看法等等。

④ 考生对职业道德的认识，比如：你在工作中是否为了灵活性而放弃了原则，你对商业社会中出现的道德问题如何看待等等。

这4类问题最需要考生进行细心的准备，因此对每一类问题进行深入的思考是必不可少的，除此之外，要关注一下社会热点问题，形成自己有理有据的看法，可以看一下近期的报纸或网络头条，关注一下经济与管理方面的要闻。

第三类问题最有意思，这一类问题本无标准答案，或者你根本不熟悉，或者你根本无法回答这个问题，我把这一类问题叫作"突然袭击式"问题，比如：你喜欢权力吗？对待这类问题，准备工作是无从下手的，但在面试过程中要有思想准备，首先，你可以重新复述一下问题，确信问题提出者想要了解的方面，再有针对性地展开回答。其次，你必须清楚，这一类问题考的不是你的答案，而是你回答的方式与速度。最后，你面对这一类问题时必须保持平和的心态与自信的表情，切忌语无伦次、方寸大乱。在分别对各种问题进行了精心的准备以后，还要考虑观点一致性的问题，要让自己的思路在不同的问题之间穿梭，即融会贯通。此外，还要注意的就是回答问题时要用简洁的语言，切忌滔滔不绝、言而无物。

【点评】虽然每一个人所遇到的面试官和面试环境不一样，每个人面试的内容也不一样，但是只要按照一般原则进行全面准备，就会在面试中做到胸有成竹。

倒在门口的冲刺

在是否报考北大的问题上我最犹豫不决,因为太多的人谈及北大、清华时无不涉及个人背景,而我的问题恰恰就是背景无亮点。我的背景是:普通的本科教育经历,5年多的工作经验,没有丰富的团队管理经验,这些让我不得不反复评估风险。当然,如果直接报考一般的MBA院校,命中率会较高,但实在达不到我的个人预期,因此,我决定试一试,看看能否争取到一个入学名校的机会。然而事与愿违,我未能获得预录取资格,最终还是与北大擦肩而过。痛定思痛,我决心把此次失利好好总结一下,以免后来的同学重蹈覆辙。

影响面试分数的因素有以下几个:

(1) 第一学位,学历,毕业学校在国内的排名。

(2) 工作业绩(工作背景、工作单位、所属行业、职位、工作年限、企业规模、年薪)。

(3) 注册会计师证、律师资格证、注册税务师证、经济师证等证书及相关工作经历很有用,几乎等同于咨询业经历。

(4) 发表文章很重要。据我了解,凡在国家419种重点期刊发表过论文的,差不多可以多出10分。

(5) 考生的综合素质,包括领导力、团队管理能力、逻辑分析能力、语言表达能力、自信和勤奋、个性和气质、智商和眼界、自我激励等。

(6) 报名时提交的推荐信相当重要,由此可以推断考生的社会关系。推荐信不是描述工作经历,而是从侧面反映考生的自身优势。

一路走来,清华MBA

一、如何参加模拟面试

参加模拟面试之前,一定要提前准备好个人介绍的陈词。了解自己的语速,准备3个版本:1分钟版、2分钟版、2.5~3分钟版,根据实际情况来选择。最开始我三个版本是不同程度的文字压缩,后来发现不好背,临场的话更容易紧张,我索性只用一套内容。

(1) 1分钟版:姓名、学校、公司名称、所处行业、市场地位、所在部门职能、职位晋升情况、业绩。

(2) 2分钟版:1分钟+攻读MBA的原因。

(3) 2.5~3分钟版:2分钟+未来职业规划。

在基本思路上一定要运用辅导老师讲的"从市场的角度说行业,从行业的角度说企业,从企业的角度说专业,从专业/业务的角度说自己",另外加上企业商业模式/盈利模式的独创性和自己的独到观点,以及对企业生存环境的理解。

文稿准备好以后要反复背诵,达到辅导老师说的"熟练如背唐诗",也就是说不需要特别过脑子，嘴里就能顺着说出来，因为面试一旦紧张起来，大脑很容易空白。背熟了之后开始边背边录音，然后自己听刚才的自我介绍，反复进行这个环节，主要是为了消除背诵的痕迹，让自己表现得自然，有娓娓道来的感觉，所以要对语速、语音、感情进行调整。

二、关于模拟面试

在参加清华全球项目MBA面试之前，我参加了三次模拟面试辅导。每次结束之后，我会把老师提到的之前没准备过的问题加入我的面试题库里，并根据老师的意见就回答内容做出调整，同时积累行业热点话题，比如：我先后在两次模拟面试中，就被问到了关于利率市场化、创新金融余额宝、人民币国际化、阿里巴巴与民生银行合作推出直销银行、民营企业申请银行资质等热点话题，这些问题平时都要留意，不要为了准备面试而两耳不闻窗外事。

我在第二次个人面试的时候对整个面试过程做了个录音，回到家后一听，发现存在语速过快的问题。虽然，之前老师指出这样的问题，但直到我听到录音时才意识到问题的严重性，主要还是由于自己紧张，状态不够放松。所以，我也建议大家把自己的面试过程录音，回去后重新听，从旁观者的角度更容易发现自己身上存在的问题。

由于面试辅导地点和清华离得很近，我在最后两次模拟面试结束之后，都跑去清华熟悉考场环境，陌生的环境很容易造成紧张感。第一次是晚上，在经管学院转悠了一圈，熟悉了一下教学楼的结构分布。回想起在过去这几个月里，自己为了写材料夜夜弄到凌晨两三点，睡几个小时就爬起来去上班；为了英文面试，天天在上下班的地铁上看英文剧本；半年多的时间里没有过周末，我不禁落泪。我相信自己能够考上清华，我也相信此刻清华和我有心灵感应。第二次去清华是中午，正好和我第二天面试的时间一致，我就提前进入状态，权当就要面试了，感受了一下氛围，看了一下考生休息室。这次我觉得自己就是一个清华学生了。

三、参加清华MBA面试

在面试前一天晚上，我重新熟悉了一遍我为面试准备的内容，包括个人信息表、申请书、公司介绍、推荐信、辅导课程作业、面试题库。我前后用了两三个小时，看完之后，心里觉得很踏实，忐忑不安的情绪也平复了不少。

另外，就是物质方面的准备，所有第二天要提交的材料都要准备好，另加两支笔(一方面自己备用，另一方面别人没带时借出)，重新熨烫了一遍衣服，准备了化妆包、钱包、备用的发圈、鞋擦(以防在前往考场的路上被别人踩到)、纸巾、湿巾、润喉糖、水等。

饮食上，食欲多多少少还是会受到影响，但为了保持体力，可以吃巧克力、香蕉、维生素片等，喝红牛也是不错的方法。

可能有些同学会觉得没必要这么做，我准备的大多数东西也的确没用上，但图的就是安心。

进入面试考场后，我按照惯例做了自我介绍，之后就是考官针对我的申请材料开始提问。首先，教授对我的材料进行了质疑，我有一封推荐信是亲属写的，教授问这个人和我是什么关系？我为什么让他来写？

答：因为他很了解我，在我的成长过程中给过我很多建设性的意见。

问：让亲属来写难道不会对你的实际情况进行夸大吗？

答：我只是想真实地展示我自己。

问：我看你第一封推荐信是部门主管写的，你为什么第二封让他来写？

答：部门主管主要是针对我过往4年的工作表现做出评价，我想再从成长经历这一方面做一个展示。

问：里面提到你的兴趣爱好是绘画、弹琴，你认为这个对于你的管理有什么帮助或影响吗？

答：我个人比较喜欢人文方面的东西，我觉得它可以培养我的人文气质，而清华MBA的特色就是培养未来商业领袖的人文气质，这会积极正向地影响管理者的个性魅力。

问：但是这两样兴趣爱好对管理有什么影响呢？

答：我觉得这个是我私人的爱好，对管理影响不大。

(说到"私人的爱好"的时候，高管点了点头。)

问：请概括一下你的性格特点。

答：沉稳。

问：还有呢？

答：关注细节，喜欢做有挑战的事。我现在的这份工作就涉及与客户、市场部、营运部的沟通协调，这对我来说是个挑战。

(高管笑着说，确实是个不小的挑战。之后，教授开始提问。)

问：你未来几年的发展计划是什么？

答：成为商业银行风险管理领域的中层管理者，带领一个更大的团队。

问：那就还是从事风险管理了？

答：对，我会一直在风险管理这个领域发展，我对这方面也很感兴趣。

问：我觉得MBA项目不适合你，你更加适合读MPA。

答：我觉得MPA更加适合政府官员。

问：不是啊，MPA对于财务这一块更加专业一些。

答：我认为作为商业银行风险管理人员，要想从更深层次把握业务的风险水平，就需要深入了解客户的经营状况、财务状况、运作模式，并具备多个行业的背景知识，在此基础上才能做出正确的信贷决策，有效控制风险。另外，我读MBA之后，很多课程资源是共享的，我可以听MPA的财务相关课程。

问：我还是觉得你不太适合读MBA。

答：我的这份工作需要具备多个行业的背景知识，而且我知道清华MBA全球项目的培养理念就是培养具有国际化事业的管理精英，而我在外资银行工作，有国际化的发展平台，这点与清华理念比较吻合，我能够将我在MBA学习到的管理知识与我的工作实践相结合，将本土管理理念与欧洲银行的管理优势相结合，帮助外资银行更进一步地实现本土化发展。

问：是这样的，我根据你未来的发展规划，感觉你是想成为一个专业人士，但我们MBA不是培养专家，而是培养通才，未来能够成为综合管理者，管理整个银行，而你还是比较局限于风险管理，作为风险管理人员，你怎么实现你的职业发展？

答：我来讲一下我们银行一位风险管理领导的职业发展路径。

问：你不要讲别人，你就说自己。

答：我在公司核心部门工作，我不仅了解我们部门内的工作内容，而且对于前端市场部、后台营运部的工作内容和流程都很了解。

(说到这里，感觉教授和高管都很认同，点头同意。)

问：你过去5年都在这个风险管理部门？

答：是4年，到明年5年。

问：你们在银行的后台也不会接触客户吧？

答：我们这个部门算是中台，营运部是后台，我们是需要和客户直接沟通的。

高管接着说，我给你提个建议啊，这个跟今天的面试没有关系，我知道银行里边都规定中后台人员不能接触客户，比较回避，你回去跟你们行里的领导申请，以后和客户经理一起到企业那边去看看，你说你只站在旁边看，不说话，我相信你们领导会同意的，因为咱们这个MBA课程还是主要讲理论的，比较虚，你不到企业那边实地看看是不会对它有一个概念的，实地看了才知道企业是怎么运作的，好吧？

(我表示同意。)

(教授)问：你当初是怎么来到这家银行的？

答：网上应聘。

问：一直都在这个部门？

答：是的。

(高管)问：你们银行主要针对哪类客户群体呢？

答：我们银行主要针对能源行业、制造业以及批发零售业的企业客户，为他们提供金融服务。

问：但是我们确实没听说过。

答：主要是因为我们都针对企业客户，没有个人业务，但是我们银行在这些行业内的知名度还是很高的。

问：你们做政府贷款吗？

答：不做。

(教授)问：那你们银行主要的客户都是这些奥地利在中国开办公司的客户吗？

答：不是，我们银行除了有一部分客户是跨国集团之外，有大量的本土大中小型的企业。除了申请中提到的保时捷之外，知名的企业还有山西潞安矿业、阿尔山矿泉水、西王玉米油等，而且我知道清华之前的一次明德笃行的活动是到九三集团参观学习，九三集团在大连的一家分公司也是我们银行的客户。

(高管)问：是大连分公司在你们的大连分行做业务？

答：不是，是这个大连分公司在我们这边做融资。

高管笑称：那你们银行的客户经理够厉害的。

答：我们银行的知名企业还是很多的。

(于是，结束了整场面试。)

接下来是英语环节。清华全球项目的MBA面试老师提问，你从事风险管理，请说明有哪些风险？在这些风险中哪种风险最重要？为什么？你们如何防范该类风险？你们做财务分析吗？对财务分析有多少了解？你们银行我们基本上没听说过，这是什么银行？问题围绕我的工作展开，所以我也答得比较顺利。感觉在我谈到风险的时候女教授比较认可。这方面的问题比较个性化，不具有共通性，就不详细说了。

我的面试时间可能比较长，出来后心里其实还是挺没底的，感觉英语老师和校友高管都对我比较认可，但中间的教授一直在质疑我，从我的申请材料到职业发展路径再到公司背景，但是她提问的态度还是相对温和的，所以气氛上还算和谐。

在我备考的这段时间里，有句话我一直记在心里，一次次鼓励自己：A ship in the harbor is safe, but that's not what ships are built for. (船舶港湾固然安全，但这不是造船的初衷。)我将这句话送给大家，共勉。

清华考场上的危机是这样度过的

提前面试是紧张刺激和惴惴不安的。录取后的回忆则成为一段美丽的彩虹，为成功而付出的艰辛总是在成功后转化为幸福和自信的源泉，鼓励我们继续为追求下一个目标付出更多的艰辛。

其实，与其他同学相比，我已经不能用幸运来解释了，能上清华，是我今生最大的机遇，因为我犯了一个十分低级的错误。面试那天，中午我赶到经管学院的时候，已经有点晚了，拿到考场号，我便急匆匆地上了楼。在四楼的尽头，两位考生正在窃窃私语，一打听，正是我此次面试的同组考友，四人中的另外一人正在屋内面试。见到我，他们十分友好，告诉我最后就要轮到我时，门开了，里面的同学出来，我连汗都未擦，就径直走了进去。老师一边让我做自我陈述，一边在查找资料，原本一切正常，可就在我陈述要结束时，中间的老师与两边的老师非常奇怪地互相交流了几句什么，然后一起看着我，说：请再说一遍你的名字？我十分纳闷，不知这是什么问题，略一沉吟，我如实做了回答，三位老师又一次翻开了资料。核对后，说对不起，你搞错了，你不是我们这组的面试学员。天啊！我当时头脑中一片空白。怎么走出的考场，我都回忆不起来了。为什么会连考场都搞错了，我至今也没有搞明白，唯一庆幸的是，出来后，我并没有急于去找正确的考场，而是在大厅里靠着柱子停了3分钟，正是这3分钟，使我清醒了许多。其实，问题并不复杂，无论我是否走错了，我即将面试的老师并不了解，所以我一定要展现最好的一面给他们。

匆匆赶到考场，我显然是最后一个。进门后，一位考官大概因为等时间长了一点，所以笑着说：晚到场的，一定都是明星，看来我们没有白等啊。此话一出，我也轻松了，人一放松，思维马上就活跃起来，笑着回答道："多谢您的美誉，我更希望清华的名师把自己培养成为一个有内在实力的演技派。"大大方方承认老师对自己的评价，既表现出应有的自信，又巧妙地捧了一把老师。接下来的问题就仿佛考官正是我所在行业的行家一般，这个时候我暗自地对自己笑了笑，因为我知道他想考查我什么。然后我根据自己所知，如实地表达我的看法。当然感觉状态不错，思维也一直非常活跃。考官对我的回答表现得饶有兴趣，严肃的气氛渐渐得到缓解。接下来，中间的主考官又问及我对女性攻读MBA的看法，以及自己将来的发展方向，例如"你已经在技术方面累积了一定成就，那么你将来的发展方向是什么？是会选择做一名主管技术的经理，还是希望做一个企业的老总？"最后，极少发问的左边那位考官问道"你喜欢看哪些书籍？"这时的气氛已经十分轻松。我知道自己彻底扭转了局势，结果我走进了清华。

我的经历说明面试过程中出现危机时，一定要镇定，面对老师要学会察言观色，并及时调整自己的情绪，这些非常重要。我在面试结束后遇到一位考友，面色很难看，他说原本进去时感觉还好，可看到考官自始至终都板着面孔，就有些发毛，考官的问题又非常棘手，例如"你和上司之间的关系如何处理？""上司经常剽窃你的建议，比如他事先批评你的建议并不实际，事后却向其上级推荐了该建议，且并未说明这是你的原创。你又该如何处理？"这些让他越发感觉考官是在故意为难他，结果这位考友不幸落选。

总结一下，面试可以准备的不外乎以下几点。

(1) 衣着。专业的衣着，作为一个简单而有效的工具，可以在第一次见面时，给对方一个深刻、良好的印象。因为整天与白领打交道的面试官来自各行各业，他们已经习惯于专业、整洁的着装。

(2) 心态。平和的心态有助于从容地思考和应对面试，正所谓"智者不惑，仁者不忧，勇者不惧"，清华的校训是行胜于言，所以踏踏实实的谈吐风范是可取的，切忌巧言、令色、足恭。

(3) 确定谈话基调。一个简化的标准应该是工作年限。年限短的，面谈的内容宜多一些畅想；年限长一点的，面谈的内容宜多一些与实际相联系的体会。

(4) 提前到场，熟悉环境。提前一段时间到面试地点，熟悉同学，熟悉环境。

(5) 注意平时的积累。虽然把它列在最后一点，但它却是最重要的一点。日常的丰厚积累、广泛的涉猎是面试时应对自如、信心十足的基础。

北大光华MBA面试经验与心得

我有幸参加并通过了光华MBA在职项目的面试考核，下面我从材料准备及面试两个方面，将我整个面试过程及心得简单整理一下，这既是对前段时间的一个总结，也可以是对其他同学有一定的帮助。

首先是思想方面的准备，一定要想清楚为什么要上MBA，有了强烈的动机，才能在准备的过程中全力以赴。

接下来就是材料准备阶段了，我觉得需要注意以下几点。

第一，要结合网络报名表及短文的各项内容要求，把自己的过去、现在和未来仔细梳理一遍，每一个阶段都非常重要。我把自己的过去分为三个阶段，以工作地域及职位变动划分，每个阶段都总结了2~3件成功的事和一件失败的事。目前正经历的工作可能相对更容易总结一些。未来的职业愿景非常重要，最好要确立有益于社会、有益于人民的愿景，能体现一个人的社会责任感，这也是光华非常看重的一点。

第二，就是材料的撰写。开始写短文以前一定好好看看光华的培养目标、优势、特色，尽量在短文里有所体现，以便说服光华，你就是他们想要的，通过深造，将来会成为他们所希望培养的人才。另外，材料内容一定要真实，在真实的基础上可以适当提高，以突出个人的优秀能力或潜质。一定不能弄虚作假，否则在面试的时候很可能会穿帮。如果在信息核实的时候被发现，那么问题就大了，不仅取消资格，还会上黑名单，会影响未来多所院校的申报。

第三，写好材料后，可以找有相关经验的朋友看一看，比如已经被录取了的学长，光华教授或从事文字、HR专业的朋友，让他们多提意见。材料要多修改几次，特别是短文、标点错误、错别字等都应该避免,以体现对学校的重视和尊重。

第四,网上填报。为保险起见,报考光华的同学一般也会报考清华及人大,但是建议不要放在同一批报考。假设都报今年第一批,如果光华第一批没过,清华又被拒,这一年就浪费了。我第一批同时报了光华和清华,说实话,光华面试完感觉一般,还安慰自己光华面试就算实战演习了,清华应该没问题,结果没想到清华材料审核结果直接被拒,那几天压力确实不小。如果清华报第二批,还有机会和第一批的同学交流一下,分析一下今年学校选择的侧重点,有针对性地进行准备。

如果资料审核通过了,恭喜你,你已经向目标靠近了一步。接下来将是最重要的面试。面试主要考查申请人的教育背景、职业背景、沟通能力、领导能力、创新能力、思维与分析能力、职业素养等。下面我结合我的面试经历,介绍一下面试时需要注意的地方。

面试的第一个环节是身份审核、交费及抽签,一定把该带的材料都带着,如身份证、毕业证、学位证等,如果有重量级的荣誉证书、职业证书等,带去也无妨,但是奖杯就算了,拍好照片直接可以在系统中选择性提交的位置进行上传。

建议面试时应着正装,尽量不戴装饰物。

抽签结束后会有老师简单介绍面试注意事项,最主要的就是核对考场号及时间,抽到两场面试紧挨着的同学有点命苦,不过也不用担心,因为两场之间有5分钟左右的休息时间,有抽到两场时间重叠的同学请及时申明,更换时间。要强调的是,面试开始后,候场同学严禁交头接耳,否则有可能被以作弊为由取消考试资格。

下面正式进入面试环节。

在面试小屋门口会有座位供下一位考生等候,时间到了会有秘书引导进入考场。据我的观察,秘书也会会写写画画,估计也会参与评分,据我分析这可能是言谈举止、穿着打扮一类的项目。各位一定要注意以下几点:口头语、习惯性动作尽量去掉;坐姿挺拔,有助于发声,能让你显得更加自信;肢体语言适当,不要张牙舞爪,如果控制不好就把手放腿上;眼神坚定,主要与提问你的面试官进行目光交流,但也要不时地关注一下其他两位考官及秘书;由于面试房间非常小,所以音量不需要很大,但要有底气,语调要有起伏,可参考新闻联播进行练习。

北大在职MBA的两场面试是一场抽题,一场个面,个面那一场时间相对较长,大概20分钟,另一场相对较短,约15分钟,两场顺序不固定。我先进行的是个面场次,被要求在两分钟内做自我介绍。第一印象很重要,所以自我介绍要好好准备,字斟句酌,并对镜练习。要做到在自我介绍的时候眼睛能和三位考官及秘书自然交流,如果不熟很可能忘词,据说还有可能被打断、中间穿插问题,一定要记住被打断前讲到哪里了。此外,优秀的自我介绍也有助于提高信心、克服紧张情绪。

在抽题环节中,抽完题后把题号告诉考官即可,不用读题。一定要把题目看清楚,特别是有很多小问号的题,每个小问题之间可能会有一定逻辑性,有利于对题目的理解和语言的展开,搞清楚题目真正考查的点。思考时间我认为一分钟以内都没什么问题,太长就浪费时间了。

总有人问都考过什么题,我之前也向学长问过类似的问题,但其实能抽到相同题目的概率太小了,还是应该掌握答题的思路,有了思路比到处搜集考题重要得多,因为题目只是一小部分,重头戏是回答完抽题后考官接下来的提问,而这也是最难的部分,考官一般会按照你的背景进行提问。

通过多方渠道的了解，大致总结一下如何回答抽题及考官的问题。

第一，答案不重要，关键看回答问题的过程和思路。

第二，作答要有逻辑性、层次性，用辩证的观点分析问题和解决问题。如何体现逻辑性、层次性呢？多看看政府工作报告，使用例如首先、其次、再次、第一、第二、第三等词语。如何体现辩证的思考方式呢？要看到事物的两面性，并坚持用普遍联系、发展的眼光看待问题，只有相对，没有绝对。

第三，要结合自身或身边案例。首先，考官问的大多数问题是和行业相关的；其次是日常工作中的管理问题，如何处理同事关系，如何与客户合作；最后就是个人发展的规划、原因、目的、途径，这些与你的三观联系比较紧密。

第四，回答问题时要适当展开，但也不能太啰唆；不会的问题就直说，不可胡说；不卑不亢，既要尊重面试官，也要表现得自信成熟。

第五，如何面对紧张，据我观察大家都紧张，第二场就好多了。

充分的准备可以让自信心得到提升。完全不紧张是不太可能的，适当紧张可以促进肾上腺素的分泌，有助于提高大脑的运转速度和注意力的集中。考官不是出于敌意而要为难考生，他们的目的是选拔适合北大光华的人才。随着面试的进行，紧张的情绪就会逐渐缓解，要把注意力集中在面试的问题上，不要过多地关注考官的态度。

一路走来，感触颇多，感谢孜孜不倦地提供辅导和进行模拟面试的各位老师，感谢给我诸多支持与鼓励的家人，还要感谢对我严格面试的北大光华MBA考官。北大光华，一直是我的梦想，在这里，将开始我人生崭新的一页。

种下一颗希望的种子，用汗水去浇灌

MBA好比是人生，它如同职业发展中的一个投资项目，可以用项目管理的思维来管理MBA的择校和准备。其实，准备的过程紧张而刺激，是对自己人生和职业历程的一个总结和全面梳理，认清自己的优势、劣势以及面临的机遇和挑战，是对书面表达和沟通能力的一个升华。这一过程可以让自己的能力快速提升。

项目启动，明晰动机。众所周知，读MBA的目的可能包括提升能力、扩展人脉、创业、获得学历、落户等。要根据自身的情况，给自己一个花大价钱且耗时2~3年的强有力的理由。我给自己的动机是：为聆听大师的管理思想，为和勤奋的人在一起，也为梦想。

分析需求，知己知彼。MBA是一笔大的投资，无论是在时间上，还是在金钱上，无论是前期的提前面试、文化课的复习，还是后期的2~3年艰苦的学习，都需要对自己进行全面的分析，具体如下：

(1) 财力：不同学校的学费相差悬殊，需要预测将来MBA毕业能否对个人职业发展有质的改变，能否产生巨额回报，再决定初期的投资力度。

(2) 时间：在职和全职各有优缺点，前者可以充分享受学校的宝贵资源，专心学习，学习效果自然有保障，但也失去了2~3年工作的机会，后者则需要挤压大量周末和其他业余时间，需要平衡好学习、工作和生活的关系,好处就是学习不影响赚钱。

(3) 年龄:年轻的可以读全职或国际班,甚至毕业后可以重新选择更有前途的行业;而年长的可能要考虑多年职业的积淀,用MBA增强自己在既有行业里的能力,可以考虑在职班。

(4) 工作经历:国际化是一大趋势,因此,国际背景被越来越多的学校所看重,跨国公司就职、国外工作或学习经历都可以为自己加分,而纯粹的国外旅游不在此列;创业背景可以彰显一个人的探索、创新、开拓进取等多方面的能力,如果有,可以好好把握;日常的管理经验可以展示一个人的视野,多思考自己工作中与管理相关的事例,突显自己的管理能力、领导力;学习能力和可培养潜力也是学校考查的重点,可以结合自己工作后的学习成长经历展现自己是有潜力的可塑之才。

(5) 外语能力:高级管理者越来越离不开国际合作,英语是一项重要的技能,如果英语能力强,可以添色不少。

清楚自己的情况更适合什么层次的学校,可以继续下面的选择。

定义择校范围,设立目标。各校特色各不相同,可以根据自己的特点,从不同角度选择几个不同类型的学校(此处的例子不具有客观性,仅用于举例),有努力争取的,有性价比高的,因此要尽量多手准备,避免前功尽弃。

① 选项一:清华、北大、人大等顶级院校的声誉、师资、教学质量、校友层次都是有目共睹的,但这些院校管理严格,学习的过程可能很辛苦。

② 选项二:特色院校,如农大的期货、北师大的管理咨询、对外经贸的金融等都是强项。

③ 选项三:性价比高的院校,如北航、北理工、中科院,其特点是师资一流,政府背景深厚,国际合作院校丰富,学费低廉。

根据前面的分析,为自己圈定1~2所首选目标院校和1~2所备选院校。学校风格迥异,如果有提前面试,则可以从最难的院校入手准备材料,其他院校的材料自然水到渠成。

我参加了4所不同类型院校的面试,不同学校的学员层次感异常明显,也就是将来的圈子,如果可能,尽可能选择对自己有挑战的学校,成功了,意味着你可能会进入一个新的层级。

千里之行,始于足下,精心准备提前面试材料。提前面试申请材料是给评审老师的第一印象,有些竞争激烈的院校材料通过率可能8:1。如何在简短的文字中清晰地展现自己的优势、成长和潜质等真实情况至关重要,即第一目标是获得面试资格。

(1) 集中精力整合一切资源,材料要尽量在1~2个月内准备好,包括必要的听课和辅导老师面谈梳理,这项工作很艰苦,如果时间过长,可能会是一种折磨。

(2) 梳理经历本身就是对自己的一个全面分析的过程,在历史的长轴上提炼自己的成长历程,犹如大浪淘沙,会发现自己原来有很多闪光点,这是申请材料需要的内容。

(3) 材料书写是一种书面沟通,金字塔等理论对如何清晰表达观点、展示卖点很有指导意义。材料不能隐晦,必须直白露骨,因为看材料的老师时间有限,可能不到3分钟就要看完材料,在众多平淡的申请材料中,要让老师一看到你的材料就眼前一亮,并为之一振,这是写材料的唯一出发点。

(4) 材料要基于事实,但是可以提炼其中蕴含的管理理论或展现的个人品质、能力等,因为面试的大部分内容都是基于材料提问的,所以材料要真实,事件要熟悉。

(5) 数字是最有力的说明,材料中可以多量化自己的成就和业绩,例如自己提出的某项管理措施提高了60%的销售额。

(6) 有的院校的面试材料需要推荐信。它是对申请人真实情况的一种侧面或补充说明，最好找到直接领导或其他熟悉你的前任领导，他们能从第三者的角度佐证申请人的真实情况。

面试一般是3个老师现场面试一个申请人。在10～30分钟内，如何让老师快速了解自己，全面展示自己，需要细致地做全面的准备工作。

(1) 从事件中挖掘和总结管理问题，总结工作中遇到的与管理相关的实际案例(展现领导力、沟通能力、企业家精神、创新、危机公关等能力)，这些都是面试时提问的焦点。

(2) 适当准备英语面试，很多院校都有英语面试，有的甚至要求临场描述报纸、杂志里的内容，是对英语沟通基本功的考查。

(3) 可以找朋友练习面试几次，发现自己日常沟通的短板(例如语速、目光交流、小动作等)，对指导自己临场发挥大有裨益。

(4) 有的院校有小组面试，它更看重的是团队协作，不是个人英雄主义。可以提前1个小时到现场，一般可以提前30分钟看到分组名单，此时找到组员，简单沟通，了解彼此背景，适当分配几个备选角色。在面试过程中，要积极发言，有效阐明观点，根据自己的座次，决定准备大面上的问题，还是细节观点(第三个以后发言的话，就要准备细节观点，以示区别他人)，要有高屋建瓴的分析、发展的眼光、创新性的角度等。

(5) 如果有多个学校同期面试，需要事先预约，尽量错开面试时间。

拿到面试通知单后，可以事先实地考察场地，如此可以节省面试当天的时间，避免不必要的焦躁；要着正装，显示自己的职业性，这是对面试的重视，也是对面试官的尊重；面试过程就是和3～4个人聊天，无须紧张，聊聊你为何而来，回答面试官感兴趣的问题，展现真实积极正面的自我；回答问题时切勿过于直白，注意艺术性，还要注意如下几个常见的问题。

① 自我介绍要力争在3分钟之内完成，内容要精炼，展现自己最优秀的多个层面。

② 职业发展目标务必清晰，符合逻辑，包括近期目标和远期目标，要结合自身工作实际，有扎实的基础才能飞得更高、更远。

③ "为什么要读本校的MBA"也是常见的问题，必须结合自己的现状畅想未来。

我从7月开始准备提前面试的材料，到8月底陆续正式提交，再到9月中旬一次获得面试资格并完成面试，成功拿到中科院、北航、人大、清华的录取资格，最终我确定选择清华MBA。

在无数个深夜的听课、练习、面谈结束后，我从北四环奔袭几十公里回家，虽然很累，但那种充实感从未有过，人生就是在不断的挑战自我中实现自我价值！

用行动来改变自己

萌生读MBA的想法大概是在2013年6月，起初通过网络了解和关注。但因为自己启动较晚，确切了解提前面试政策和流程时，已经临近清华、北大、人大第一批面试材料提交期限，只能忍痛割爱，放弃了一次机会。鉴于自己起步较晚，剩下的时间和机会有限，但又想能够充分利用好时间，在有限的时间内尽最大努力给自己一个满意的结果，因此，本着"专业的人做专业的事"的原则，我选择了社科赛斯辅导机构。

对于如何选择学校、每个学校的项目特色等常规问题，辅导课程中都有所讲解，同时，自己也可以通过深入浏览目标院校的网站而逐步得到答案，在此不一一赘述。此外，只想把我自己在准备材料和面试过程中的点滴体会、感触与大家分享，哪怕只是解答了你心中关于备考的一点点小疑惑，我亦欣然。

一、材料写作

1. 关于态度

1) 保持平常心

要把最真实的自己展现给辅导老师，切勿避讳缺点、不足，也不要过度夸大业绩和优势。只有让老师客观、清晰地了解你，才能帮助你更好地梳理思路、挖掘亮点，最终形成了一个完美而又独特的材料。

2) 要主动

记得我准备清华、人大第二批材料时，辅导老师同时辅导了30多名学员，他的敬业精神与责任心令我身感动容，我想这也会是所有辅导老师的写照。老师的时间和精力都是非常有限的，因此，大家一定要主动与老师联系、沟通、交流，相信任何老师都会尽自己最大的努力去帮助每一个追求上进、对自己负责的学员。

3) 对自己负责

不要有"交了钱万事大吉，坐等其成"的心态。无论是写材料还是面试，主体都是你自己，老师和学校起到的是辅助作用，是锦上添花。自己要对自己的事情尽心、负责，若自己对自己都不负责，又怎能苛求他人追求完美呢？

4) 天道酬勤

我的材料在正式提交前一共反复修改了11稿，在得知我以比较理想的成绩同时拿到清华和人大第二批材料通过资格时，陈老师对我说：你是我所有学员当中唯一一个修改了11稿的学员，你很勤奋，所以你应该得到这样的成绩。但是当我翻阅邮箱里无数封辅导老师在凌晨发来的邮件，回顾无数个深夜与老师电话沟通的情景时，我想说的是，勤奋这个词应该归属于我和我的老师！

2. 关于方法和技巧

清华、北大、人大三所学校中，清华的材料内容是最多的，考查也是最全面的，因此写起来相对复杂和困难。但清华和人大的材料较为类似，因此，建议大家从清华入手，这样清华的材料完成后，人大的材料相对就容易了。北大的材料与上述两校的风格差异较大，如果时间允许，建议分批次完成，这样更利于保持思路的清晰和风格的统一。

写材料的过程是一个全面梳理自己的成长历程、学习生涯和工作经历的过程。开始时大家往往无从下手，觉得没有内容可写。因此，建议大家提早做准备。没有思路时，多听几遍社科赛斯关于材料写作的课程，从课程中获得一些灵感。开始动笔时不要追求完整和全面，在回想自己以往经历的过程中，随时把自己脑海中闪现出的可能会用作材料的事例、要点等记录下来，随着这些点的不断累积，材料的主干就基本成型了。接下来，就是在这些内容中选取最有代表性的、最有说服力的、最有感染力的内容进行梳理、润色、修改，最终形成完整的材料。

写出一个独特的自己。听过辅导课程的同学可能都有这样一种感觉：在刚开始动笔时没有思路，尽管老师一再提醒我们要有差异化，很容易情不自禁地把老师讲到的一些经典范文中的格式、写法往自己的材料中套用。当时，我在写清华材料的第一个问题。当我绞尽脑汁为这个题目拼凑内容的时候，我的老师提出了一个新的方向，建议我考虑选择"请举一个你帮助别人成功的例子，请写出背景、经过、你的行动、对别人的影响和结果"，以此体现我的工作价值与贡献。因为我是从事人力资源工作的，人力资源本身就是一种支撑性的工作，"为他人作嫁衣裳"的这种工作性质注定不可能像市场、销售或技术等能够创造出显赫的业绩，那么人力资源工作的成功往往体现在帮助别人成功而间接为组织创造价值上。我顿时觉得这个题目太适合我了，写起来得心应手，既能在材料中融入自己的管理思维，又能体现一个人力资源从业者的职业道德与专业度。也许我放弃了一个看似全面优秀的"我"，但展示了一个独特、实际又能够带给评审老师新意的"我"。

二、面试准备

1. 关于态度

1) 保持适度紧张

首先，适度紧张说明重视，也更加能够让面试老师感受到你对学习的向往和真诚；其次，适度紧张能够保持敏捷，并且对老师有可能提出的一些"陷阱"问题保持警觉。

2) 变被动为主动

提到面试，很多同学的概念就是老师问，我来答，所以经常抱着一种被问，甚至有些同学会用一种被审讯的感觉来对待面试。这样必然会造成被动和过度紧张，而且往往会表达不够充分，因为你是在以应付老师的问题为目的，觉得应付完一个问题就松了一口气。实际上，面试对于我们而言，是一个展示自己、推销自己的过程，在这个过程中，"我"是中心，"我"是主导，抱着这种主动的心态，依据社科赛斯课堂上提到的每个关注点，在与面试老师交流的过程中去有侧重地、逐步地向老师介绍自己、展示自己，面试的效果就会大有不同。

2. 关于方法与技巧

1) 回答问题总体思路

以第一、第二、第三或首先、其次等语言形式概括要点，然后再视情况一一展开，这在清华面试中尤为重要。因为清华较为严谨，注重逻辑性和条理性，且有相当比例的压力面试成分。这种答题方式的优势是：首先，可以通过概括性的语言展现自己对该问题的理解和看法是具有一定高度的；其次，显示出自己的逻辑性、条理性；再次，在压力面试的过程中，老师也许会频繁打断，这样能够在短时间内把最精彩的内容阐述出来，避免只说一个观点就被打断，也许后几个观点很精彩，但已经没有机会表达；最后，加速老师的认可，减少被追问细节的概率。如果这个提纲挈领的观点被老师认可后，很容易就进入到下一个题目，而不会过多纠缠于细节。

2) 对于没有准备的问题

这时候可以给问题几个前提条件或者限制范围。面试时，老师问："评价一下你公司和同行业的某公司的薪酬水平。"这个问题其实我并不清楚，但我必须要面对，如果我简单地回答是高还是低，那么接下来老师很可能会质疑我的答案，并且追问我答案的依据是什么，这显然对于我是很不利的。我的回答是:"我们公司在某些区域是很有优势的,比如在××,我们公司的薪酬水平在同行业是有绝对优势的(并且适当以数字举例)。"我觉得这样回答的好处有两点:第一,要让答案更具可信度,不容易被老师质疑;第二,较为严谨,对一些问题(尤其是大而广的问题)是经过深思熟虑的,不是随口而出的。

3) 能够领会并辨识老师的问题,进行归类准备、做答

一个问题的表述形式有千万种,大家要有举一反三、识别和归纳的能力,这个方法既适用于通用问题,也适用于专业问题。要以一个答案对应一类问题,这样在准备阶段,内容会比较清晰、简洁,在实战过程中的表现也能够更加从容。

4) 善用能够体现条理性、逻辑性的语言形式

在听模拟面试录音时,我发现自己在面试时很少使用第一、第二、第三或首先、其次、再次这种能够体现理性、逻辑性的字眼,与其他同学交流,发现这是大家的通病。我想可能有两种原因:没这种语言习惯,不敢说,本身没有那么多观点,凑不出第一、第二、第三。经过几次面试,我发现,很多时候观点的内容不重要,而表达的形式很重要。也许第一点和第二点仔细推敲是差不多的,但如果通过不同的语言形式表述出来,就可以成为两个观点,至少会给听者这样一种感觉。语言不像文字,可以有时间去推敲,而说话转瞬即逝,没那么多时间推敲,所以,一定要大胆地说,这样就会让老师感觉你有条理性、逻辑性。但是,在准备的过程中,还是建议大家以严谨的态度要求自己,这种方法可以在紧急情况下当作一种小技巧来使用。

世界上最慢的速度不是爬行,而是徘徊!如果你确定了目标,选好了方法,就立刻开始行动吧!上帝在你心中播种了一个愿望,一定是真心想帮你实现它!

从失败中反思

去年我参加了正常批面试,由于种种原因没能通过。我想把自己的一点体会与大家分享,以使更多的人免遭覆辙,顺利走完考试的最后一程。

1. 面试前的准备

1) 参加面试辅导班或小组

分数出来以后,很多机构会办一些面试辅导讲座,请一些曾经在面试中取得优异成绩的同学来讲,也有一些人在网上自成面试准备小组。要尽可能多地参加这类活动,以增加可借鉴的经验。

2) 了解你所报考学校的信息

了解的信息包括学校的课程,设立面试的程序以及可能的面试评分标准,面试老师构成,以往面试中可能提到的问题等,这些信息有助于你更全面也更有针对性地准备面试。我没有注意这些,一切都按去年的信息去准备,最后才发现今年有了很大的改变,准备的材料在截止日期前还没有准备出来。虽然,最后得到了学院老师的谅解,但心情大受影响。

3) 准备、完善自我介绍

自我介绍在面试中占有重要位置。自我介绍的时间一般为2分钟,老师提问的问题也大抵基

于此，但是要多准备几套方案，因为老师可能在临场的提问有些变化。我就是没有多准备几套方案，结果吃了大亏。当我的面试开始时，其中一位老师让我用1分钟介绍一下自己。我一下愣住了，先是不知所措，然后就用极快的语速将个人情况陈述了一遍，结果可想而知，考官老师中没有人能听清我的回答。后来回答下面的问题时我基本上是在"梦游"中度过。希望各位同学能在仿真模拟面试中对可能出现的问题预先修正，防患于未然，尽可能降低面试时出问题的可能性。

2. 面试中应注意的事项

1) 着装

第一印象很重要，面试时着装不可大意，男士宜穿深色西服，浅色衬衫；女士以职业装为宜。

2) 自信

自信才能镇定、从容地做答，克服面试时的紧张感，如果自以为会出问题，那几乎肯定会出现。相信"你"是最优秀的。没有人无所不能，不同的人有不同的优势，把你的优势展示给面试老师，相信你就能取得面试成功。

3) 面试中的互动

面试中忌目光飘忽不定，忌眼睛只盯着一点，也忌躲避老师的目光。有放松自己，有适度的目光接触，这既有利于缓和自己的紧张情绪，也有利于创造一个轻松的面试气氛。这是一个和优秀人士"闲聊"的机会，若你能自信、稳重，就能博得他们的青睐，取得成功。

4) 小组讨论注意事项

小组题目随机抽取，成员也是面试之前随机组成的，彼此不熟悉。面试前参加一些小组讨论，掌握一些小组讨论的基本常识也很必要。小组讨论时尽量避免冷场、争抢发言等现象，相互配合、合作，争取取得好成绩。小组成员的成绩并不仅仅取决于各自的表现，还取决于整个小组的讨论是否成功。

充分准备，充满自信，冷静回答，这就是我的感受。

从失败中反思，在跌倒中爬起，我想这是每一个经历失败的人在选择继续前行之前要对自己说的话。也许刚刚过线的笔试分数会给你带来巨大的压力，也许希望成为名校学子的愿望使你害怕失败，也许与辛苦的付出相比，你更愿意等待幸运女神的眷顾。

但是，这些都不应成为你的理由。坦然面对生活，从容应对挑战，你就能获得成功。

第九章
MBA提前面试专题辅导

第一节　清华大学与北京大学MBA提前面试专题辅导

第二节　中国人民大学MBA提前面试专题辅导

第三节　复旦大学MBA提前面试专题辅导

第四节　上海交通大学MBA提前面试专题辅导

第五节　南开大学MBA提前面试专题辅导

为了适应MBA教育的发展趋势，使MBA招生工作更加符合培养高级企业管理人才的定位，并与国际接轨，清华大学、北京大学、中国人民大学和复旦大学在全国率先施行了MBA招生改革，打破了以往"先笔试、后面试"的传统招生考试方式，推出了全新的MBA招生考试模式。作为我国MBA教育最具实力和影响力的两所院校，清华大学和北京大学的MBA招生改革在我国MBA教育发展史上具有里程碑意义，也代表了我国MBA招生改革的未来发展方向。

为帮助广大有志于报考这几所院校的MBA考生准确了解最新的报考要求和面试技巧，我们下面分别对其加以系统介绍和指导。

第一节　清华大学与北京大学MBA提前面试专题辅导

一、清华大学、北京大学MBA项目申请

(一) 清华大学MBA申请项目

清华MBA包括"清华MBA在职项目""清华-MIT全球MBA项目""清华金融MBA项目"3个申请项目。下面我们具体了解一下各申请项目。

1. 清华MBA(在职)项目

对于清华MBA(在职)项目而言，采取在职学习方式，清华MBA项目采用灵活学制。一般学生标准的学习进程为：①6个月入学前学习(少量业余时间到校)。②24个月学校课程(业余时间到校)。③6个月学位论文(可在工作岗位完成)，即主要利用周末集中进行授课。根据清华经管学院的官方信息，该项目适合各种职能的中高级管理骨干向高层综合管理者发展，也适合创业者拓展事业。其中，周末上课班能够平衡管理骨干的工作和学习时间；集中上课班更适合高级管理者、京外学生的学习需求。该项目毕业后颁发清华大学研究生学历证书和工商管理硕士(MBA)学位证书。该项目以中文授课为主，可选英文选修课程，每年的招生名额为240人。

根据清华大学经管学院的学习时间安排，对于攻读该在职项目的清华MBA而言，可以自由选择以下两种具体的上课时间组合：周末班是每周周末一天+周末或平时的一晚来校学习。集中班是每两周集中上课一次，每次周五晚上、周六、日全天。

实际上，攻读该项目的清华MBA学生在选择上述上课具体方式的同时，也就确定了自己的班级群体，即清华MBA(在职)项目的班级是由选择相同上课时间的清华MBA学生组成的。

从清华MBA在职项目的学生实际总体情况来看，攻读该项目主要有以下两方面的优势。

(1) 较为高端的班级校友群体。选择在职攻读清华MBA的人士年龄阶段、职位层次等要略高于清华全球MBA(全日制)项目，这无疑有助于提高班级校友群体的整体职位水平和管理资历，使清华在职班MBA获得宝贵的清华校友资源。

(2) 采取在职学习方式，即主要在周末上课学习，基本不影响正常工作，在经济上承受的压力也相对较小。

2. 清华全球MBA项目(全日制)

2008年10月29日，麻省理工学院斯隆管理学院(简称MIT)正式与清华大学经管学院在内的四所知名的亚洲、欧洲商学院合作，共同推出全新的管理学硕士(MSMS)项目，致力培养全球性国际化高端管理人才。

清华全球MBA项目为清华MBA的全日制项目，其上课方式如下：①12个月必修课学习：第一年必修课阶段为整班全日制学习。②6个月选修课学习：可根据自己需要选择平时、晚上或周末的选修课程学习，可到海外进行一个学期的交换学习，或者到海外进行为期一年的海外双学位学习。③6个月学位论文：可在校外工作岗位完成。学制为两年，18个月课程+6个月学位论文，有寒暑假供进行实习工作，非定向学习方式档案迁入的考生可申请学校宿舍。对于该项目的清华MBA毕业生而言，由于该项目由清华经管学院与麻省理工学院(MIT)斯隆管理学院联合推出，所以该项目毕业后颁发清华大学学位和学历证书+MIT斯隆管理学院课程学习证书。该项目采用全球领先的课程体系，全英文课程(部分为双语)，可选高级专业课程，MIT师资，MIT特设课程模块，MIT实践学习，每年的招生名额在80人左右(含海外留学生)。

麻省理工学院无论是在美国还是在全世界，都有非常重要的影响力，培养了众多对世界产生重大影响的人士，是全球高科技和高等研究的先驱领导大学，也是世界理工科精英的所在地。麻省理工学院是当今世界上最负盛名的理工科大学，是《纽约时报》笔下"全美最有声望的学校"。尤其值得一提的是，与清华联合培养全球MBA项目的麻省理工学院斯隆管理学院，该学院成立于1914年，在世界商学院排名中一直名列前茅，在2012年的《美国新闻与世界报道》全美商学院总排名中名列第四位，仅次于哈佛商学院、斯坦福大学商学院和宾夕法尼亚大学沃顿商学院，在企业管理人才培养和研究体系等方面享有极高的声誉。

由于采取清华经管学院与美国麻省理工学院(MIT)联合培养的模式，清华-MIT全球MBA项目具有以下明显优势。

(1) 可以同时获得清华经管学院和麻省理工学院(MIT)斯隆管理学院的宝贵课程资源，从而同时吸收清华、麻省理工学院这两所国内和国际顶尖大学的精华，如校友网络、学风培养、师资体系等，使全球项目MBA兼具清华品格和麻省理工学院的国际化视野。具体而言，清华大学是我国最具科研实力的大学，对于中国的市场和国内企业的管理理念有着较为深入的理解，麻省理工学院(MIT)则是北美最为著名的大学之一，在国际大学排名中居前，对于西方企业的管理理念和国际市场的发展趋势有着深刻的把握。通过这两所国内外顶级大学的培养，使清华-MIT全球MBA获得了全方位的系统培养。

(2) 作为国际顶级商学院，麻省理工学院(MIT)斯隆管理学院提供的课程资源和案例体系有利于提升MBA学生的国际化视野和国际企业管理能力，这对于有志于成为国际化企业高层管理者和从事全球市场拓展的人士尤为重要。

(3) 清华-MIT全球MBA项目除了向MBA毕业生颁发清华研究生学历证书和清华大学工商管理硕士(MBA)学位外，还颁发麻省理工学院(MIT)斯隆管理学院课程学习证书，该证书在全球范围内获得认可并且具有较高的含金量，这对于该项目毕业生在国际化企业获得重要管理职位有较大的帮助，能获得全球企业雇主的认可。

（4）对于清华-MIT全球MBA项目的MBA学生而言，除了在毕业后获得清华大学学历证书、MBA学位证书和麻省理工学院斯隆管理学院课程学习证书外，还可以申请麻省理工学院斯隆管理学院的管理学硕士双学位。清华MBA学生首先在清华完成相关必修课程学习，第二年将奔赴MIT斯隆管理学院学习，专业方向为管理学。完成相关学习要求的同学可获得清华大学工商管理硕士学位和MIT斯隆管理学院管理学硕士(Master of Science in Management Studies)双项学位。一般每年有3~6名同学申请成功。

（5）清华-MIT全球MBA项目班级群体由国内学生与海外留学生组成，国际化的班级群体有利于该项目学生提升自身的国际化视野和跨文化交流能力。

（6）清华经管具有丰富的海外交换资源和双学位资源，由于该项目国际化程度较高和有较为充足的日常学习时间，较容易获得海外名校的交换留学机会和双学位申请机会。

（7）该项目采取脱产学习方式，从而使该项目的学生可以全身心投入清华校园的MBA学习。

（8）该项目的脱产学习方式有利于MBA学生进行企业实习，有利于在清华MBA学习的同时获得较为丰富的企业管理实践经验。

3.清华金融MBA项目(非全日制)

清华金融MBA项目(非全日制)是清华大学在深圳开设的金融方向工商管理硕士项目，由清华大学经济管理学院与清华大学深圳国际研究生院联合培养。基于清华大学经济管理学院30年开办MBA教育的先进经验，依托清华大学一流的师资团队和强大的行业专家资源，采用金融理论学习和专业实践紧密结合的培养模式，该项目旨在培养具有综合管理能力，洞察中国特色金融理论与实践的未来领导者。

清华大学深圳国际研究生院是清华大学建立世界一流大学的重要组成部分，是粤港澳大湾区引领行业发展的人才培养基地。清华金融MBA项目立足深圳先行示范区，聚焦金融方向，既服务于粤港澳大湾区和中国特色社会主义先行示范区"双区"建设，也致力于推动金融业开放发展，不断为全面深化改革创新、加快建设高水平对外开放平台输送高端金融人才。

清华大学经济管理学院负责清华金融MBA项目的教学与培养。清华金融MBA项目的课程设置基于当下金融管理人才的现实需求，结合课堂讲授、案例分析、专业实践、行业洞察等多种形式，在全面培养学生综合管理能力的基础上提升金融专业素养，培养具备综合实力的行业领军人才。

面向人群是从事金融类相关工作或有金融跨界需求的中高层管理人才，项目学制为2年，授课方式为在职学习，每月有2~3次周末授课，课程为中文授课，上课地点以深圳为主，该项目毕业后将获得清华大学工商管理硕士(MBA)学位证书、清华大学硕士研究生毕业证书，该项目的招生人数为30人。

(二) 北京大学MBA申请项目

1. 北大MBA在职项目

实际上，北大光华管理学院与北大汇丰商学院均开办了MBA在职项目，其中光华管理学院招生名额为400人，包括非全日制MBA北京项目、非全日制MBA深圳项目、非全日制MBA西部项目(上课地点为成都)。这些项目分别独立招生，一旦给予预录取资格或有条件预录取资格，不能做任何项目调整。

北大MBA在职项目的定位是为事业处于上升期的业界骨干和自主创业人士提供的项目。以帮助学生进一步拓展思维，开阔视野，强化分析、领导和决策能力为目标。适合于工作业绩突出、职业背景优秀，欲进一步提升事业平台的学生报考。

该项目采取中文授课，可选修部分英文课程。学制为2年，采取在职学习方式，非全日制学习两年(模块学习)，2022年计划招收非全日制MBA400人。

2. 北大MBA全日制项目

北大MBA全日制项目的定位是注重中外学生融合的项目，以培养学生的跨文化沟通能力、立足中国而面向国际的领导和决策能力为目标。适合以跨国公司、国际组织或以开拓全球市场为目标的世界范围内学生报考，年龄一般不超过30周岁。该项目学制为2年，第一年脱产学习，第二年模块学习，采用全英文授课，2022年计划招收40人。

二、清华大学、北京大学MBA申请流程

(一) 清华大学MBA申请流程

清华MBA的申请基本流程如下。

第一步，注册清华MBA报考服务系统。

申请清华MBA，首先需要注册清华MBA报考服务系统，这一步骤是开始清华MBA的首要步骤和必经步骤。

清华MBA项目(清华在职项目)和清华-MIT全球MBA项目(清华全日制项目)的MBA报考服务系统网址为http://mbaadmissions.sem.tsinghua.edu.cn，注册时请注意确保证件号码准确。注册后请牢记面试申请号，提交申请材料、申请结果查询、面试预约以及成绩查询都需在报考服务系统内操作，清华MBA报考服务系统全年开放。

第二步，确定清华MBA的申请批次和申请项目。

清华MBA招生项目有自己的申请批次，包括各批次材料提交截止时间、面试资格名单公布时间、面试时间等，申请清华MBA项目的考生应根据自己材料和面试的准备情况选择相应的批次进行申请。

如前所述，清华MBA包括在职项目、全日制项目，根据院校的招生制度，申请人通常需要在申请时确定自己的MBA申请项目，原则上在申请过程和录取过程中不能随意更改。这主要是因为清华开设的上述MBA申请项目具有不同的培养方式、培养理念和培养目标，从而在提前面试阶段相应制定了不同的面试录取标准和面试流程。

对于准备申请清华MBA的考生而言，为了提高自己的申请成功率，同时也为了在攻读MBA过程中获得最大的收获，应结合自身的各项情况选择最为适合的清华MBA申请项目，这部分内容我们将在后面的章节中专门加以系统阐述。

第三步，填写和上传申请材料。

网上提交的申请材料包括申请书、成绩单、个人简历、收入证明、单位组织结构图和推荐信(非必需)。考生提交申请材料时需要选择申请面试批次，并在所选批次申请材料提交截止日期前提交。各批次的申请截止时间、面试资格公布时间和面试时间见官方面试批次表。

其中，申请书通常包括申请人的基本信息(包括个人信息、教育信息和职业背景等)，此外，最为重要的内容是考生的申请短文(详见本书的专门指导)。一般来讲，对清华MBA申请人而

言，除了个人背景信息外，申请过程中最为关键的信息就是申请短文，清华作为知名院校MBA项目，非常关注申请人的申请短文内容，希望通过申请短文的相关内容和描述，全面了解申请人的管理潜质和管理者综合素质等，进而对申请人是否攻读本校的MBA项目进行初步评价。

这里尤其需要强调的是，根据清华MBA的录取流程，由于清华MBA面试考官资源有限，同时，每年报考清华MBA的人数以千计，从而每年只有约20%的MBA申请人可以获得面试机会，而能否获得面试机会则主要取决于清华基于申请材料对申请人所做的初步评价。因此，申请材料对于清华这所国内最顶尖院校MBA的申请至关重要，直接关系到能否获得名校的MBA面试机会，对于申请材料的准备，尤其是申请短文的撰写，清华MBA考生务必重视。

成绩单指申请人在本科或研究生阶段的成绩单，需要由毕业院校或档案部门盖章确认，主要用于评价申请人的学习能力。由于清华申请人均具有一定年限的工作经验，一些申请人甚至有十年以上的工作经验，上述申请人多年前的在校学习成绩只是作为申请人评估的参考。

个人简历主要为了便于负责材料评估和面试的MBA考官对申请人的教育背景、职业背景等个人履历信息有一个全面了解。

单位组织结构图的目的是便于考官了解申请人在整个组织(申请人所在企业)中的职位层级、汇报关系和组织整体架构等信息，进而对申请人的职位层级、管理职责和企业架构特征等有较为准确的了解。

填写申请材料时，需要上传年收入证明扫描件，同时需准备纸质版的工作和收入相关证明，可以证明自己所填写材料信息真实性即可。

推荐信(非必需)应由对申请人的管理经历、管理能力和发展能力有较为全面、深入的了解的人士撰写，比如申请人的直接上级、高级领导和客户等。清华MBA要求申请人提交推荐信的目的主要在于通过对申请人管理经验和管理能力较为了解的人士的评价，得到对申请人的管理者综合能力有更为客观、全面的了解。

第四步，参加清华MBA提前面试。

在完成申请材料的提交后，清华MBA材料审核考官会基于申请材料评价申请人的管理者综合素质，选出符合面试要求的部分申请人，并列入面试名单，即上述申请人将获得面试资格。

清华MBA面试的通过率一般为40%～50%，各校不同项目的面试程序和面试考官组成会有所不同。如前所述，在通过面试后，申请人即获得面试院校的条件录取资格，即只要通过12月的联考笔试的国家分数线，即可被报考院校正式录取。

第五步，参加12月的国家联考笔试。

如前所述，完成清华MBA申请的最后一个主要步骤是参加每年12月国家统一组织的联考，考生通过对逻辑、数学、英语和写作等科目的全面准备，笔试成绩达到国家分数线即可被清华MBA正式录取，清华MBA入学时间通常为笔试转年的8月底。

(二) 北京大学MBA申请流程

北大MBA申请需要经过两轮在线申请，基本流程如下：

第一步，注册北大光华MBA报考服务系统。

1. 在线申请(第一轮)

注册北大光华MBA报考服务系统(https://apply.gsm.pku.edu.cn/#/mba/status)，并在截止日前在

线提交第一轮所有申请材料，包括个人经历、推荐信、荣誉奖项、职业证书及其他材料，提交后不可修改。

2. 材料初审

北京大学光华管理学院将组织专家评委评审申请材料，择优邀请部分申请人进入下一轮申请。

3. 在线申请(第二轮)

申请人在截止日期前在线提交补充材料，包括个人视频与短文等。

4. 材料复审

北京大学光华管理学院将组织专家评委评审申请材料，择优邀请部分申请人进入面试环节。

5. 面试预约

获邀参加非全日制MBA项目面试的申请人可在线预约面试时间，一旦预约成功，申请人有且只有一次机会更改面试时间。

此外，北大光华管理学院自2013年开始针对其脱产MBA项目——全日制项目推出"不定期面试"，提前面试日程安排，即院校根据各时间段的材料提交情况自行确定面试时间，不再在提前面试开始前公布具体的面试申请表。

如前所述，北大MBA包括在职项目、全日制项目，根据院校的招生制度，申请人通常需要在申请时确定自己的MBA申请项目，原则上在申请过程和录取过程中不能随意更改。这主要是因为北大开设的上述MBA申请项目具有不同的培养方式、培养理念和培养目标，从而在提前面试阶段相应制定了不同的面试录取标准和面试流程。

对于准备申请北大MBA的考生而言，为了提高自己的申请成功率，同时为了在攻读MBA过程中获得最大的收获，应结合自身的各项情况选择最为适合的北大MBA申请项目，这部分内容我们将在后面的章节中专门加以系统阐述。

第二步，填写和上传申请材料。

在完成院校MBA报考服务系统的注册后，下一步就是网上提交申请材料。需要提交的申请材料分两轮，一轮申请包括个人经历、推荐信、荣誉奖项、职业证书及其他材料，二轮申请包括个人视频、短文、成绩单等。

这里尤其需要强调的是，申请人在线填写第一轮材料，检查无误后在线提交。评审对申请人的第一轮材料进行评估后给出结果，若通过第一轮材料评审，申请人将进入第二轮材料填写(第二轮材料填写须在规定的时间内完成并提交)。申请人通过两轮材料评审后方可进入面试，北京大学光华管理学院MBA中心将根据材料提交情况通知、组织面试，名额招满为止，建议申请人尽早申请并提交申请材料。

此外，根据北大MBA的录取流程，由于北大的MBA面试考官资源有限，同时每年报考北大MBA的人数以千计，从而每年只有约20%的MBA申请人可以获得面试机会，而能否获得面试机会则主要取决于北大基于申请材料对申请人所做的初步评价。因此，申请材料对于北大这所国内最顶尖院校MBA的申请至关重要，直接关系到能否获得名校的MBA面试机会，对于申请材料的准备，尤其是申请短文的撰写，北大MBA考生务必重视。

第二轮申请材料中需上传的成绩单，是大学或研究生就读期间完整的成绩单，复印件必须加盖毕业院校教务章(红章)或档案保管部门公章(红章)，申请人对本人成绩单的真实性和完整性负责。建议申请人预留时间准备成绩单。因疫情影响，无法取得成绩单的申请人可以在填写材料时备注说明，最晚不迟于面试时补交。

推荐信应由对申请人的管理经历、管理能力和发展能力有较为全面、深入了解的人士来撰写，如申请人的直接上级、高级领导、同事和客户等。北大MBA要求申请人提交推荐信的目的主要在于通过对申请人管理经验和管理能力较为了解的人士的评价，来对申请人的管理者综合能力有更为客观、全面的了解。推荐信最多可以选择三封，其中至少提交一封，全部通过系统填写并提交，不接收纸质推荐信。获得面试机会的申请人提交书面材料时也无须提交纸质推荐信。

第三步，参加北大MBA提前面试。

在完成申请材料的提交后，北大MBA材料审核考官会基于申请材料评价申请人的管理者综合素质，选出符合面试要求的部分申请人列入面试名单，亦即上述申请人将获得面试资格。

获得面试资格的申请人需按要求携带书面申请材料参加光华管理学院组织的面试。

书面申请材料包括：申请表、学历学位证书复印件(验原件)、大学或研究生就读期间完整的成绩单原件(成绩单复印件加盖毕业院校教务章或档案存放部门公章也视为原件，原件不予退还)及复印件、身份证复印件(验原件、名片须贴在申请表的证件粘贴页上)、当前/最后一份工作单位组织结构图及个人所处职位和其他能帮助进行有效判断的材料，比如：GMAT、GRE正式成绩单或者其他语言成绩证明，以及其他证明材料，如荣誉证书、职业资格证书等。

非全日制MBA项目均需要参加中文面试；全日制MBA项目除参加中文面试外，还需参加英文面试。

我们将在后面的章节中专门介绍北大MBA各项目的面试基本流程和特点。如前所述，在通过面试后，申请人即获得面试院校的条件录取资格，即只要通过12月的联考笔试的国家分数线即可被报考院校正式录取。

第四步，参加12月的国家联考笔试。

如前所述，完成北大MBA申请的最后一个主要步骤是参加每年12月国家统一组织的联考，考生通过对逻辑、数学、英语和写作等科目的全面准备，笔试成绩达到国家分数线即可被北大MBA正式录取，北大MBA入学时间通常为笔试转年的8月底。

三、如何提高申请清华、北大MBA的成功率

1. 成功申请策略一：选择同时申请清华、北大两校的MBA项目

正如之前所指出的，在清华北大等MBA招生院校推行提前面试改革后，申请人可以在提前面试阶段同时报考多所MBA招生院校。虽然清华、北大MBA同为国内最顶尖的MBA项目，但在选拔标准、录取倾向等方面依然存在很大差异。每年很多报考清华、北大的考生，在其中一所院校面试情况很理想，但另一所院校则相对较差，这也说明了清华、北大在录取标准上的明显差异。

因此，对于准备考取清华、北大这两所国内最顶尖MBA项目的申请人而言，比较明智的申请策略是同时申请这两所院校的MBA项目，可以大大提高考取清华、北大MBA的成功率，这是非常必要的。

2. 成功申请策略二：认真准备清华、北大MBA申请材料，全面体现自身各项优势

从历届清华、北大MBA实践来看，结合清华、北大MBA的录取程序，申请材料对于成功申请清华、北大MBA起到至关重要的作用。具体而言，清华、北大MBA申请材料对成功申请两校

MBA具有以下关键性的意义。

首先,由于每年报考清华、北大人数众多,申请竞争激烈,在众多完成清华、北大MBA申请材料提交的申请人中,只有20%的申请人可以获得清华、北大MBA的面试资格。而能否获得清华、北大MBA的面试资格,完全取决于申请人提交的申请材料,清华、北大MBA中心的考官根据申请人提交的申请材料对申请人的申请背景、职业发展空间和高级管理者发展潜力进行综合评估,进而确定是否给予面试资格。

其次,根据清华、北大MBA的评选规则,申请材料审核考官的审核结果(打分)和审核评语不仅直接决定申请人能否获得院校的面试机会,同时对正式面试阶段的打分有重要影响,进而对能否通过清华、北大MBA的提前面试也具有重要的影响。以清华MBA为例,根据清华MBA的面试审核规则,在面试阶段,清华MBA面试考官将查阅材料评审阶段的考官打分和评语,进而结合面试情况进行最终面试打分。换言之,认真准备申请材料,不仅有利于获得宝贵的面试机会,还有助于提高在清华、北大MBA面试中的面试成绩,提高提前面试的成功率。

在提前面试阶段,申请人之前提交的申请材料将成为清华、北大MBA面试考官进行提问和评审的主要依据。具体而言,在清华、北大MBA提前面试中,考官所提的各类问题将主要基于考生之前提交的申请材料所提供的职业背景、管理经历和自身优势等信息。换言之,在决定能否获得条件录取资格的清华、北大MBA提前面试中,面试的问题通常是围绕考生的申请材料进行提问的。

由于清华、北大MBA面试时间相对较短,面试考官除了基于申请人的面试表现进行打分外,申请人的申请材料中所包含的信息(如申请短文中提及的管理经历、管理优势和管理背景等)也对面试考官的打分起到重要作用。

综上所述,对于准备考取清华、北大MBA的考生而言,申请材料对成功申请清华、北大MBA是至关重要的,对申请材料的认真准备,尤其是申请短文的认真撰写,在申请材料中充分体现自身的管理职业背景优势、职业发展潜力和管理者综合素质等方面,非常有助于申请人在竞争激烈的清华北大MBA申请中脱颖而出,最终顺利考取。往年考取清华、北大MBA的考生这样来评价其在清华、北大MBA申请中的重要性:"无论把申请材料的准备看得多么重要,其实都不为过。"

3. 成功申请策略三:建立系统的管理知识储备

系统的管理知识储备有利于体现自身的管理思路。在清华、北大MBA面试中,考官非常关注申请人的管理分析能力和管理深度,对于特定企业管理问题的逻辑分析能力和实战解决能力,例如对于提高团队整体业绩、改善企业管理架构和市场营销拓展等方面的面试问题。对于这些MBA面试问题,申请人如果具有较为系统的管理知识储备,将管理知识融入自己的管理分析和管理解决方案中,提出较具深度的管理见解,将使面试成绩大为提高,更容易被清华、北大MBA录取。

具体而言,在清华、北大MBA面试中比较常用的管理领域知识包括管理学、战略管理和市场营销学等。其中,管理学知识主要针对清华北大MBA面试中涉及管理组织架构、组织激励、管理沟通和领导力的相关面试问题;战略管理主要针对企业宏观战略环境分析、战略规划和战略实施等方面的面试问题,市场营销学则主要针对清华、北大MBA面试中涉及的市场分析、营销规划和产品定位等方面的面试问题。

对这些管理相关知识的系统掌握，将使清华北大MBA申请人具有更为深刻的管理分析能力和更为全面的管理视野，而上述优势正是在竞争激烈的清华、北大MBA面试中脱颖而出必不可少的。

4. **成功申请策略四：针对院校的招生录取倾向和录取标准进行有针对性的材料和面试准备**

虽然同为我国最顶尖的MBA项目，但清华、北大两校MBA在招生录取倾向和标准方面有较大的差异，具体表现在申请材料风格、申请人个人特质、职业发展倾向和管理思维等方面。相应地，针对申请院校的录取倾向进行材料和面试的准备，使自己在材料和面试中所体现的申请优势和个人特质更加符合院校的录取倾向，将有利于在清华、北大MBA面试中取得理想的成绩。

5. **成功申请策略五：全面强化自身的面试综合能力**

在清华、北大MBA面试中，在以下几个方面对申请人提出了较高的要求：

(1) 成熟的管理者气质；
(2) 清晰的逻辑分析能力；
(3) 优秀的语言表达能力；
(4) 出众的逻辑推理能力；
(5) 卓越的思辨能力；
(6) 承受压力面试的能力。

针对清华、北大MBA的上述面试要求，需要考生在参加正式面试前全面提高上述几个方面的能力，在面试中发挥出较好的个人综合素质。一般来讲，通过多轮的模拟面试和面试辅导老师的指导，可以在较短的时间内提高上述临场能力，在面试中体现出较高的管理者综合素质。

6. **成功申请策略六：清晰合理的职业发展规划**

在清华、北大MBA面试中，要体现对自身未来职业发展的科学合理规划，进而显示自身的职业发展潜力，这对于赢得清华、北大MBA面试也很关键。清华、北大等MBA招生院校非常关注申请人的职业发展规划情况。一般来讲，对自身未来职业发展规划较为清晰的考生将有较大的录取机会。这是因为从MBA招生院校的角度来说，较为清晰、科学的职业发展规划表明申请人具有较大的职业发展空间，通过商学院MBA项目的系统培养，可以获得较好的职业发展，从而体现商学院MBA项目的培养价值，这类申请人通常比较适合被录取作为商学院MBA培养对象。反之，如果职业发展规划严重不清晰或不可行，则往往会引起清华、北大MBA面试考官的负面评价，不利于MBA的成功申请。

7. **成功申请策略七：综合自身的各方面背景选择最佳的清华、北大MBA申请项目**

选择最佳的清华、北大MBA申请项目将有助于提高被成功录取的概率。如前所述，清华、北大MBA不同的申请项目具有不同的录取标准和培养目标，结合院校申请项目的具体录取标准和自身的申请背景情况选择最适合申请的MBA项目往往有助于提高被清华、北大MBA录取的概率。因此，在正式申请前，应对清华、北大MBA申请项目的项目特征、录取倾向和选拔标准等有较为全面深入的了解。反之，如果对两校MBA项目的具体情况缺乏了解，盲目选择申请项目，则很有可能因为自身的背景情况与所申请的MBA项目不匹配而错失MBA录取机会，与国内顶尖院校的MBA项目失之交臂。

第二节　中国人民大学MBA提前面试专题辅导

一、中国人民大学MBA项目的特色和优势

中国人民大学商学院的前身是1950年成立的工厂管理系、贸易系、簿记核算和财政信贷教研室，是我国最早开办管理教育的机构，是新中国工商管理教育的奠基者。

商学院下设企业管理系、组织与人力资源系、市场营销系、管理科学与工程系、贸易经济系、会计系和财务与金融系7个学系。商学院师资力量完备，结构整齐，教学科研实力雄厚，现有专职教师138人，其中海外毕业博士40人，占教师总数的近30%。

商学院拥有工商管理国家重点一级学科以及企业管理、产业经济学和会计学3个国家重点二级学科，囊括了工商管理学科中从本科到博士的所有学位和培养项目，现拥有7个博士点、9个硕士点、5个专业硕士项目和7个本科专业方向，学科综合实力在国内高校中名列前茅。

人大商学院MBA项目课程体系由精实的主干课程、丰厚的选修课程以及整合性的平台课程三大维度构成，建设形成核心基础、管理整合、管理实践和管理模拟四大课程系列，在实践中形成了"系统课程与前沿专题课程并重、资深教授与企业精英联袂、西方经验与本土智慧融合、案例研讨与模拟训练联动"的课程特色。

商学院始终秉承"贡献中国管理智慧 培养全球领袖人才"的使命，以"成为最懂中国管理的世界一流商学院"为愿景，以"追求卓越 持续创新"为价值观，不断推进MBA项目发展，形成了以"整合性领导力(inclusive leadership)"为核心的MBA教育理念，强调"5I"，即"能力整合(integration)""创新驱动(innovation)""全面连接(interconnection)""交叉学科(interdiscipline)"和"诚信正直(integrity)"，以"知—行—思"为核心价值观，培养兼容并蓄、推动创新发展的企业领导者、职业管理者与创业者。2020年，人大MBA项目位居《金融时报》全球MBA排行榜第38位。

中国人民大学MBA项目旨在培养商业与人文交融、能力与责任并重、创新与务实兼备的职业管理人才和经营创新领袖，提升包容性领导力、助推中国产业升级、贡献中国管理智慧。在价值观导向上，强调塑造学生在商业中的社会责任品格，恪守商业伦理和职业操守，始终践行积极进步、达善社会的商业模式。在能力导向上，重在培养学生的综合职业素养；通过整合性教学等教育模式创新，提升学生设计实施系统性管理解决方案的整合创新能力。在教育资源管理上，强调开放开源的全面连接，打破学科边界，为学生提供跨学科的优质学习资源；打通产教协同边界，广泛连接产业与实践资源强化知行合一；开放建立高质量的全球合作网络，为学生提供国际化的学习成长平台。

商学院MBA项目设有国际MBA(英文)全职班、在职MBA班、科技金融方向MBA班。

二、中国人民大学MBA各申请项目对比

基本学制2年。学生可根据自身情况选择以下三种学习方式之一。

(1) 国际MBA(IMBA)。

(2) 非全日制(科技金融方向班)：周六、周日及工作日的一至两晚上课。

(3) 非全日制(普通班)：周六、周日及工作日的一至两晚上课。

三、中国人民大学MBA面试申请流程

第一步，注册中国人民大学(下面简称"人大")MBA报考服务系统。

申请人大MBA，首先需要注册人大商学院MBA报考服务系统。需要强调的是，根据人大MBA的招生规定，申请材料的提交、申请状态信息的了解和最新招生情况信息等关键信息都是通过人大MBA报考服务系统来完成的，所以这一步骤是开始人大MBA的首要步骤和必经步骤。人大商学院MBA项目(包括在职项目、全日制项目)的报考服务系统网址为http://mbabm.rmbs.ruc.edu.cn/stu/login.jsp。

第二步，确定人大MBA的申请批次和申请项目。

人大MBA招生项目有自己的申请批次，包括各批次材料提交截止时间、面试资格名单公布时间、面试时间等，申请人大MBA项目的考生应根据自己材料和面试的准备情况选择相应的批次进行申请。

具体来说，须参考批次时间表选择你所要参加的面试批次，并慎重选择报考的项目，在"项目/批次选择"页面提交报考项目和批次。一旦正式提交面试申请，你所选择的项目和批次将不得变更。

可报考的项目包括中文在职项目、科技金融方向MBA和英文全日制项目(IMBA)。

第三步，填写和上传申请材料。

在完成院校MBA报考服务系统的注册后，下一步就是网上提交申请材料。需要提交的申请材料主要包括申请书，尤其是个人信息、教育背景、外语水平、工作背景、创业经历、海外经历、其他信息、上传资料附件、申请短文、推荐信。其中个人信息、教育背景、工作背景、上传材料、申请短文都是必填项目，仅有创业经历的考生需要在工作背景中同时体现这部分内容。

此外，申请书中最为重要的内容是考生的申请短文。一般来讲，对于人大MBA申请人而言，除了个人背景信息外，申请过程中最为关键的信息就是申请短文，人大作为知名院校，非常关注申请人的申请短文内容，希望通过申请短文的相关内容和描述，全面了解申请人的管理潜质和管理者综合素质等，进而对申请人进行初步评价。

这里尤其需要强调的是，能否通过材料审查并获得面试机会主要取决于人大基于申请材料对申请人所做的初步评价。因此，申请材料对于人大商学院MBA的申请至关重要，直接关系到能否获得面试机会。对于申请材料的准备，尤其是申请短文的撰写，人大MBA考生务必重视。

成绩单指申请人在本科或研究生阶段的成绩单，需要由毕业院校或档案部门盖章确认，主要用于评价申请人的学习能力。由于人大申请人均具有一定年限的工作经验，一些申请人甚至有十年以上的工作经验，上述人员多年前的在校学习成绩只是作为申请人评估的参考。

单位组织结构图主要用于考官了解申请人在整个组织(申请人所在企业)中的职位层级、汇报关系和组织整体架构等信息，进而对申请人的职位层级、管理职责和企业架构特征等有较为准确的了解。

推荐信应由对申请人的管理经历、管理能力和发展能力有较为全面、深入了解的人士来撰写，如申请人的直接上级、高级领导、同事和客户等。人大MBA要求申请人提交推荐信的目的

主要在于通过对申请人管理经验和管理能力较为了解的人士的评价，来对申请人的管理者综合能力有更为客观、全面的了解。

第四步，参加人大MBA提前面试。

四、正常批面试要求

正常批考生联考分数达到人大复试分数线要求，即可参加正常批面试(个人综合素质面试和英语测试)。正常批面试前需在MBA考生服务系统中完成面试申请。

所有复试考生均需参加思想政治理论测试。考试前会公布考试范围。政治测试时间一般为3月至4月(将于联考后另行公布具体安排)。

(1) 复试信息发布：请考生查看中国人民大学研究生招生网(网址http://yjsfs.ruc.edu.cn/tp/zs/login/toLogin/tm)关于缴纳复试费和下载复试通知书的通知，并在规定的时间内网上支付复试费、下载复试通知书，逾期系统将自动关闭缴费和下载功能。

(2) 复试内容：政治及英语(含听力、口语)线上测试、综合素质面试。

(3) 复试时须提交材料：

① 身份证明材料：有效期内的身份证正反面扫描件/照片、准考证扫描件/照片。

② 学历学位证明材料：提交有效期内的教育部学历证书电子注册备案表电子文件及学历学位证书扫描件/照片。

③ 大专学历报考MBA的考生须提交一篇一万字以上，相当于学士学位论文水平的论文(经济学、管理学类)或三篇在报刊、杂志上发表的文章(经济学、管理学类)。报到时已经获得本科毕业证书或学位证书的考生除外(需提交本科毕业证书或学位证书复印件)。

④ 加盖公章的报考学历成绩单扫描件/照片。

⑤ 加盖公章的满足报考年限要求的工作证明扫描件/照片。

⑥ 考生签字的拟录取信息确认书。

⑦ 考生知晓、理解后签订的《中国人民大学2021年硕士研究生诚信复试承诺书》。

第三节　复旦大学MBA提前面试专题辅导

一、复旦大学MBA项目介绍

复旦MBA项目包括复旦MBA项目(非全日制)和国际MBA项目。复旦MBA项目的使命是：借助中国经济高速发展的强劲动力和复旦大学管理学院的优质资源，培养既具有全球视野，又深谙中国国情的青年精英、未来领袖，为经济繁荣和社会发展做出贡献。

(一) 复旦在职MBA项目

1. 项目概况

复旦大学在职MBA项目每年计划招收学生700余名，以中文授课为主。MBA课程充分考虑课程对中国市场的适应性和对全球市场发展的前瞻性，致力于培养既具全球经济视野，又深谙中国国情的国际化管理精英。项目学生群体优秀，多为企业中高层管理人员，行业与企业背景多元。在职攻读的形式使得学生们能够相互借鉴、切磋，相互促进，并将课程所学结合实际操作予以印证，学以致用，获得提高。

课程设置兼顾国际化和本土化，师资本土实践经验更加丰富；项目同时力邀诸多国内外顶级学者、企业高层为学生开设选修课、校企课程、讲座等，以丰富学生学习体验，扩展学生知识与经验。学生可以获得海外院校交换学习、短期国际课程和海外游学等形式多样的国际化视野拓展机会。项目鼓励并引导学生在校期间通过丰富的学生俱乐部、聚劲论坛、聚劲Orientation等组织和活动，锻炼提高自身沟通、合作等软性技能与领导力，并将复旦MBA项目的就读时光"价值最大化"。

学生修满规定学分，完成硕士论文并通过答辩，可获得复旦大学硕士研究生毕业证书和工商管理硕士学位证书。

2. 项目特色

1) 先进的教学模式和雄厚的师资力量

项目教学倡导理论与实践并重、国际化与本土化并行的理念。授课教师兼具深厚学术造诣和丰富管理实践经验，教学体系完整、教学方法先进。

2) MBA价值最大化平台和广泛深入的校企合作

项目重视学生的成长与发展，开设了内容丰富、形式多样的第二课堂，与全球知名企业共同打造合作平台，增强学生与企业的互动交流。

3) 与海外一流名校紧密多样的国际合作与交流

项目与多所全球顶级商学院开展创新性合作项目与课程，并积极发展国际学生交换项目，以此拓展复旦MBA学生的国际视野。

4) 百年复旦所积淀的多学科优势和深厚人文底蕴

依托百年复旦深厚的文化底蕴，发挥综合性大学的多学科优势，项目开办了知微行远文化之旅系列讲座等活动，遍邀复旦各学科的名师大家主讲，为学生提供与大师面对面的学习机会，全面提升复旦MBA学生素养。

5) 遍布世界各地的庞大校友网络和丰富人脉资源

学院目前拥有20000余名校友，其中有近5000名MBA校友。他们遍及全国乃至世界各地，在众多领域中发挥着重要作用，在实现个人价值的同时发扬光大了母校的传统和荣誉，他们也以各种方式为复旦MBA学生提供了多方位的切实有力的支持。

6) 倡导职业精神和社会责任的复旦MBA文化

项目自创立之初，就提出了复旦MBA学生应勇于承担社会和民族发展的重任的要求，勇担社会责任是复旦MBA学生入学的第一课。培养过程始终强调学生应将个人发展融入社会和国家的发展之中，以真正成为职业化的管理人才和社会发展的中流砥柱。

学生修满规定学分，完成硕士论文并通过答辩，可获得复旦大学硕士研究生毕业证书和工商管理硕士学位证书。

3. 报考条件

(1) (至入学时)本科毕业满三年，大专毕业满五年，研究生毕业满二年(如有变化，以教育部规定为准)；

(2) 考生需参加复旦MBA组织的预审，在联考前完成背景评估和面试，联考后不再安排复试(详见申请流程)。

4. 学制

在职学习，学制2.5年。共有三种上课方式：周二晚+周六全天，或周四晚+周日全天，或周六+周日上课(非沪籍学生可优先选择周六+周日上课)。

(二) 复旦国际MBA项目(复旦大学与美国麻省理工学院合作项目)

1. 项目概况

计划招收100名学生(含国际生)。复旦大学MBA项目初创于1996年，由美国麻省理工学院斯隆管理学院(MIT Sloan)与复旦大学管理学院联合创办。

国际MBA课程教学与斯隆管理学院的MBA课程保持同步，涵盖综合管理的各领域。项目课程采用全英文授课，任课复旦教师均有海外留学背景，并且全都在斯隆管理学院进修过相关课程；斯隆管理学院教授每学期定期来复旦做短期授课或讲座，使学生们可以同时感受一流国外商学院的教学风格，了解最前沿的管理领域研究。

课程精选国际水准全英文版教材、案例，以案例教学为主，辅以小组讨论，强调参与和交流，注重提高学生提出问题和分析问题、解决问题的能力。项目学生学科、行业、工作经历等背景多元，国际生接近20%，有助于形成积极、活跃而又国际化的团队学习氛围。

全日制项目非常注重管理实践能力的培养，全体学生在读期间必须完成3个实践学分的Fudan MBA iLab(复旦MBA商业咨询实验室)项目。复旦国际MBA学生在学院老师的指导下，以小组的形式(3～5人/组)，为合作企业提供咨询服务。自2005年与沃顿商学院合作全球商业咨询实践项目(GCP)以来，复旦MBA项目又陆续与美国麻省理工学院、葡萄牙Lisbon MBA项目、澳大利亚昆士兰大学、泰国朱拉隆功大学等院校合作举办国际咨询项目，并与芬兰国家商务促进局形成了长期战略合作。目前国际咨询项目比例已超过50%。

学院借助一流的国际伙伴网络，为学生提供充足的国际交换学习机会，并通过发展短期海外游学计划和暑期海外课程、鼓励学生积极组队参加国际高水平商科学生赛事等，以丰富学生的国际化阅历，提升学生的全球竞争力。

2. 项目特色

1) 强大的国际化师资

任课教师拥有深厚的学术底蕴与丰富的教学经验，其中30%~40%为国际师资。此外，MIT Sloan教授、行业资深人士和企业高管也应邀授课，帮助学生开阔视野，全面学习前沿管理理论与知识。

2) 与MIT Sloan同步的课程教学

项目为全英文授课、全日制学习，全面吸收世界先进的管理教学内容和方法，其课程设计、教材案例等课程资料均与MIT Sloan保持同步

3) 多样化的管理实践活动

项目与沃顿商学院、MIT Sloan分别开设商业咨询项目，并专设创业大赛、案例开发、商业模拟等多样化的管理实践活动，鼓励学生积极参与，全方位提高管理实践能力。

4) 广覆盖的国际交换项目

作为PIM组织成员之一，学院为项目学生提供了遍及全球的国际交换学习机会。每年有40余

所国际知名商学院提供超过100名的国际交换名额。国际交换学习有助于学生丰富阅历、提高跨文化沟通能力。

5) 全方位的职业发展服务

学院最早在中国开展MBA学生职业发展计划。学院职业发展中心为MBA学生提供全程职业发展指导和就业服务。其中职业发展指导包括职业规划、职业课程、一对一咨询等形式,旨在帮助学生合理规划职业发展,提高职业竞争力。

3. 报考条件

报考复旦国际MBA项目的学生须符合以下报考条件:

(1) 要求报考者拥有学士学位或学士以上学位。

(2) 满三年及以上工作经验(研究生、博士需两年及以上工作经验)。

(3) 参加由复旦大学MBA项目组织的预审面试,并参加全国联考(详见申请流程)。

4. 学制

该项目为全脱产学习,周一至周五上课,学生可转户口档案,学制2年。

二、复旦大学MBA提前面试申请流程

(一) 复旦MBA项目(非全日制)预审流程图(见图9-1)

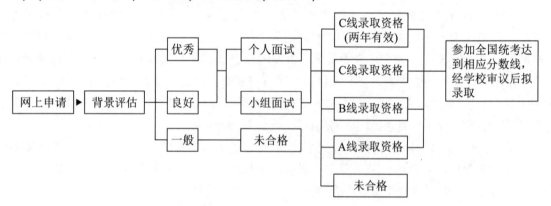

图9-1 复旦MBA项目(非全日制)预审流程图

(二) 复旦MBA项目(非全日制)录取资格矩阵图(见图9-2、图9-3)

背景评估 优秀		个人面试		
		优	良	一般
小组面试	优	C线录取资格(两年有效)	C线录取资格(两年有效)	B线录取资格
	良	C线录取资格(两年有效)	C线录取资格	B线录取资格
	一般	B线录取资格	B线录取资格	未合格

图9-2 复旦MBA项目(非全日制)录取资格矩阵图(一)

背景评估良好		个人面试		
		优	良	一般
小组面试	优	C线录取资格（两年有效）	C线录取资格	B线录取资格
	良	C线录取资格	B线录取资格	A线录取资格
	一般	B线录取资格	A线录取资格	未合格

图9-3　复旦MBA项目(非全日制)录取资格矩阵图(二)

(三) 复旦国际MBA项目申请流程(见图9-4)

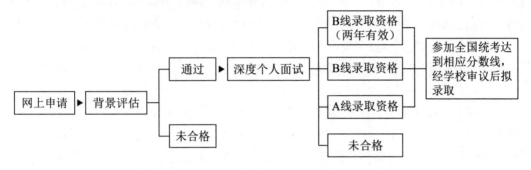

图9-4　复旦国际MBA项目申请流程

三、复旦大学MBA提前面试(预审)步骤

1. 网上注册

登录复旦MBA项目招生网站，注册相关信息。复旦MBA申请网址为http://www.fdsm.fudan.edu.cn/fdmba。

2. 申请预审

复旦MBA项目要求报考的考生全员参加预审，即参加联考前就要进行背景评估及面试，联考后不再安排复试。

前一年结果为在职C线两年或国际B线两年有效者，必须获得新的预审号码并提交当年申请，才能保留前一年的预审结果。

3. 在线填写、上传申请资料

申请者须根据预审系统的提示，在线完成申报材料的填写，并将院校所需的附件上传完毕。

4. 得知预审评估结果

考生须按照入学申请的要求提交的完整的申请材料及相关附件，复旦大学MBA项目将对考生的教育背景、工作背景、管理认识、推荐信及其他可证明个人学习及业绩等方面信息做综合评估，评估结果将在每次面试名单公布时公布。

5. 参加预审面试

每一轮递交材料截止日后，复旦大学MBA项目约在2周后公布预审结果，此后一周安排面试。

6. 统考报名及笔试

统考报名一般为10月，报名具体时间和步骤以教育部和复旦大学研究生院通知为准。

7. 拟录取

全国统考成绩公布后，经复旦大学管理学院招生领导小组研究，并报学校审议通过后，复旦MBA划定当年的A/B/C档录取分数线(国际MBA项目为A/B两档分数线)。在当年全国统考中，考生的总分及单项分数不低于在预审中获得相应录取资格分数线者，经学校审议通过，即为拟录取，拟录取名单以学校公示为准。以2021年为例：

2021年复旦大学管理学院(专业学位)工商管理硕士研究生招生分数线如下：

(1) 全英文项目A档：总分220分及以上，外国语不低于75分，综合能力不低于120分；
(2) 全英文项目B档：总分170分及以上，外国语不低于65分，综合能力不低于100分；
(3) 中文项目A档：总分220分及以上，外国语不低于70分，综合能力不低于110分；
(4) 中文项目B档：总分185分及以上，外国语不低于65分，综合能力不低于105分；
(5) 中文项目C档：总分170分及以上，外国语不低于60分，综合能力不低于100分；

8. 正式录取

复旦大学MBA招生委员会将根据考生的背景评估，面试结果和全国统一考试成绩进行综合评估并择优录取。

所有拟录取考生在报考条件资格审查、思想政治素质和品德考核通过、定向就业考生与复旦大学签署定向就业协议后，获得正式录取资格，发放录取通知书。

第四节　上海交通大学MBA提前面试专题辅导

一、项目概况

上海交通大学安泰经济与管理学院MBA教育项目全日制MBA项目招生80～100人，非全日制MBA项目招生500～700人；一般情况下，全日制国际MBA项目、全日制中国全球运营领袖项目、非全日制金融MBA、非全日制人工智能MBA、非全日制科技金融MBA、非全日制MBA(新加坡)均各为一个班。非全日制MBA(深圳)为1～2个班。

上海交通大学安泰经济与管理学院MBA教育项目系国家教育部和国务院学位办认定的工商管理硕士(MBA)学位点，提供学历和学位教育。自1994年开始，项目迄今办学26年，已招收万余名MBA学员。交大安泰MBA项目致力于培养具有品行正、视野宽、基础实、创新力强、人文底蕴深厚的商界领袖和业界精英。近二十年来，项目在规范、质量、品牌、特色上下功夫，已具备了良好的品牌效应。最新公布的2021年英国《金融时报》全球MBA排名显示，安泰成为唯一一所连续8年进入全球百强的中国大陆本土商学院。安泰MBA还分别在FT全球女性MBA排行榜和全球金融MBA排行榜位列第1位和第15位。此外，安泰MBA项目还在QS全球MBA项目排名中连续两年(2020—2021)成为唯一进入百强榜的中国大陆本土商学院。

在教育部权威发布的"双一流"建设高校及建设学科名单中，上海交大"商业与管理"学科成为长三角地区唯一入选的经济管理类学科。在全国第四轮学科评估和首次专业学位水平评估中,上海交大工商管理一级学科和工商管理硕士MBA均位列A+。在《金融时报》发布的亚太商学院排行榜中,交大安泰连续两年蝉联第一位宝座。在2008年和2011年交大安泰分别获得了AMBA、EQUIS和AACSB三项国际顶级权威管理教育体系认证,是中国内地首家同时获得三项国际权威认证的商学院。而今,迈入新百年征程的交大安泰,正在进行为全球商学院瞩目的以"纵横交错 知行合一"为战略、以行业研究为重点的改革。

二、项目分类、学制及培养目标

(1) 全日制国际MBA项目(IMBA):全脱产,学习年限为2年。

安泰IMBA项目致力于培养既有全球化视野,又立足本国市场的国际化高端管理人才。IMBA项目以基于中国本土的国际化作为办学的基本思路和特色;全英文授课,从课程设置、教材选择、教学活动安排、师资队伍建设、学生来源等各方面贯彻国际化MBA的办学理念;全球精选师资,由来自北美、欧洲、亚洲各大学的知名教授、跨国公司高管和本校资深教授授课。IMBA项目面向海内外招生,学生拥有众多至海外一流商学院交流学习的机会,并均有机会获得奖学金资助。

(2) 全日制中国全球运营领袖项目(CLGO):全脱产,学习年限为2.5年(三个学期集中授课+第四学期企业实习+第五学期学位论文写作与答辩)。

中国全球运营领袖项目(China leaders for global operations,CLGO)是以MIT LGO项目为基础,由上海交通大学与美国麻省理工学院联袂打造的国内首个全日制、跨学科MBA项目,由上海交通大学安泰经济与管理学院、机械与动力工程学院和电子信息与电气工程学院联合发起。CLGO项目力求为中国乃至全球运营领域培养精通技术、深谙管理、具有全球化视野,同时对中国市场环境有深刻理解的领军人物。该项目采用MIT先进办学模式及其教材案例,融入本土化内容;管理与技术复合型人才培养,领导力的培养贯穿始终;世界领先制造运营与网络科技型企业深度融入项目运行,给予毕业生优先就业机会;符合要求的毕业生还可申请上海交通大学MEM第二学位。

(3) 非全日制综合MBA项目:不脱产,学习年限为2.5年。授课时间可选择两个工作日晚上和周末一个全天;周五下午、晚上和周末一个全天;或每两周集中授课一次,每次三天(周五、周六、周日)。非全日制MBA(深圳)为集中授课方式。

该项目致力于培养懂管理、会经营,具有国际视野和创新精神的复合型人才,在课程设置上非常重视经典理论与中国实际相结合。非全日制MBA的课程以满足各行业对经营管理人才的需求为目标,突出学生创新和创业能力的培养。所设置的必修课包括方法论基础课程、管理核心课程、中国国情课程,选修课则提供市场营销、财务金融、经济与决策、企业战略与领导力、电子商务与运营、综合管理、人文以及人工智能等方向的课程,一方面提升学生解决实际问题的能力,另一方面拓展学生的视野,提升他们的专业技能。

(4) 非全日制金融MBA项目:不脱产,学习年限为2.5年,课程学习时间为两个工作日晚上和周末一个全天。

该项目借鉴国际名校MBA金融财务方向课程的设置和CFA(注册金融分析师)考试的要求,专门开设针对金融财务的系列课程。培养面对国际金融行业的全方位竞争,具有国际竞争力的新型投资、财务专业人才(证券投资领域专业人才和企业CFO等)。学生在学制期间修完MBA学位课程的同时，必须参加CFA考试。

(5) 非全日制人工智能MBA项目：不脱产，学习年限为2.5年，课程学习时间为两个工作日晚上和一个周末全天。

该项目致力于培养理论与实践兼备，具有国际视野和创新精神的人工智能领域的高层次、复合型管理人才。该项目对接国家战略，支撑上海打造具有全球影响力的人工智能发展高地，由交大安泰经管学院与交大人工智能研究院合作开办，汇聚两者师资力量及行业资源。

(6) 非全日制科技金融MBA项目：不脱产，学习年限为2.5年。

该项目致力于培养理论与实践兼备，具有国际化视野和科技创新能力，通过金融赋能科技成果商业化的高层次、复合型管理人才。该项目贯彻国家战略，促进金融赋能科技和科技产业创新发展，支撑上海加快建设具有全球影响力的科技创新中心，打造管理、金融、工程、法律、人工智能等多学科交叉的平台。

三、报考条件

(1) 获得硕士学位或博士学位后有2年以上工作经验的人员；

(2) 大学本科毕业后有3年以上工作经验的人员；

(3) 获得国家承认的高职高专毕业学历或大学本科结业后，符合招生单位相关学业要求，达到大学本科毕业同等学力并有5年以上工作经验的人员。

报名参加全日制中国全球运营领袖项目研究生招生考试的人员，除满足以上条件外，须取得国家承认的本科学士学位证书。

四、学位论文及学位授予

MBA学生学位论文结合本单位的课题或研究方向进行，由导师负责指导。在规定年限内课程考试合格、修满规定学分，完成硕士论文并通过学位论文答辩者，经学校审核批准后，授予教育部统一制发的上海交通大学硕士研究生毕业证书和工商管理硕士(MBA)学位证书。

对申请并符合学位授予条件CLGO项目学生，还将授予上海交通大学工程管理硕士(MEM)专业学位证书。

五、上海交通大学MBA提前面试申请流程

交大安泰MBA项目依据以下五个步骤进行录取工作：①网上申请；②背景评估；③提前批面试；④全国联考；⑤正常批面试。图9-5为交大安泰MBA提前批面试流程。

1) 步骤一：网上申请

网上注册成功后，请在相应批次的在线申请截止日期前完成在线申请(包括个人信息填写与电子申请材料上传)。

项目志愿选择包括全日制IMBA项目、全日制CLGO项目、非全日制(上海)项目、非全日制(深圳)项目等。

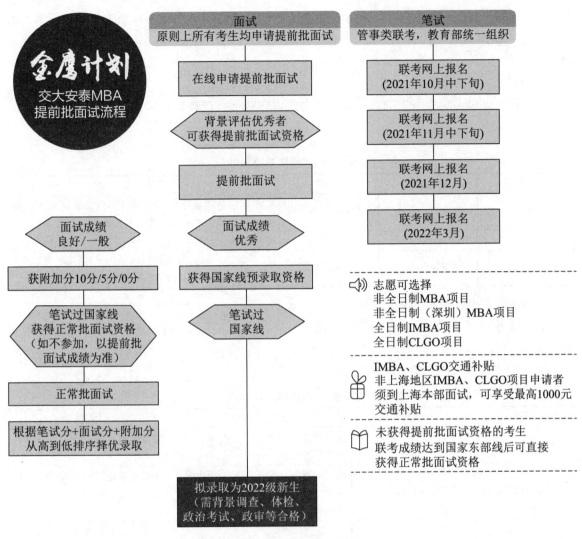

图9-5 金鹰计划申请流程图

2) 步骤二：背景评估

背景评估将根据考生在线申请信息评定背景分，并公布提前批面试资格。背景评估内容包括教育背景、工作背景、外语水平、附加信息(创业经历，海外工作或学习经历，地市级奖励，资格证书等)。如表9-1所示。

表9-1 背景评估

背景评估	优秀	一般
提前批面试资格	有	无
备注	联考成绩达到国家东部线后可直接获得正常批面试资格或拟录取资格	联考成绩达到国家东部线后可直接获得正常批面试资格

在背景评审上将实行"一票通过制"，即符合下述条件之一者可直接获得提前批面试资格：①为了鼓励对国家做出突出贡献人员报考，对获得全国劳动模范、全国五一劳动奖章、全国三八红旗手等重大奖励的考生实行一票通过制；②为了鼓励自主创业的人员报考，对个人股

份在25%以上，并已达到中型公司规模的考生实行一票通过制；③为了鼓励工作中热爱学习的考生报考，对于GMAT考试成绩630分及以上，以及CPA、CFA、ACCA、CFP获得者实行一票通过制。

3) 步骤三：提前批面试

提前批面试全面考察考生的综合素质能力，内容包括背景评估和面试表现。面试结果及录取政策如表9-2所示。

表9-2　面试结果及录取政策

面试成绩	面试结果	比例	录取政策
优秀	国家线预录取	30%左右	联考成绩达到国家东部线且政治成绩合格后可直接拟录取，预计占总录取政策名额的三分之二左右
良好	附加分10分/5分	40%左右	联考成绩达到国家东部线后直接具有正常批面试资格(如不参加，以提前批面试成绩为准)，按"笔试分+面试分+附加分"总成绩从高到低的原则择优录取
一般	无附加分	30%左右	

4) 步骤四：报名并参加全国联考

全国联考所有考生都必须参加，统考报名一般为10月，报名具体时间和步骤以教育部通知为准。

如表9-3所示，考生必须完成以下环节。

表9-3　全国联考报名环节

环节	时间	地点或网址	备注
全国联考网上报名	约每年10月	报名和查询网址：中国高等教育学生信息网(http://www.chsi.com.cn)	以届时教育部及校研究生院通知为准
全国联考网上确认	约每年11月初	在"上海交通大学研究生招生网"完成"确认网报信息、上传本人图像照片、缴纳报名费"等操作	所有考生均需对本人的网报信息进行认真仔细地核对，并予以确认
全国联考	约每年12月中下旬	由上海交通大学研究生院另行通知，详见准考证	初试参加教育部统一组织的全国联考，考试科目为：综合能力、英语

5) 步骤五：正常批面试

联考成绩公布后，参加提前批面试获得国家线预录取资格的考生，联考成绩达到国家线且政治成绩合格后可直接拟录取；其他考生联考成绩达到国家线后按"笔试分+附加分+面试分"的总成绩排名从高到低的原则择优录取。如表9-4所示。

表9-4　正常批面试录取政策

考生类型	正常批面试	录取政策
提前批面试中获国家线预录取资格考生	不需再参加	联考成绩达到国家东部线且政治成绩合格后可直接拟录取
参加提前批面试的其他考生	联考成绩达到国家东部线后直接具有正常批面试资格(如不参加，以提前批面试成绩为准)	按"笔试分+附加分+面试分"总成绩从高到低的原则择优录取
申请提前批，但无面试资格考生	联考成绩达到国家线后申请正常批面试资格	
未申请提前批考生		

须特别注意：由于全日制IMBA项目、全日制CLGO项目、非全日制(上海)项目、非全日制(深圳)项目单独排序录取，如果考生在报考过程中更换报考项目，原有提前批面试结果将不再有效，须在联考成绩达国家线后，重新提交参加正常批面试的申请。

6) 步骤六：拟录取

上海交通大学安泰MBA项目入学MBA分数线将参照全国管理类联考国家东部线，基本录取原则如下：

① 参加提前批面试获得国家线预录取资格的考生，联考成绩达到国家线且政治成绩合格后可直接获得拟录取资格。

② 其他考生联考成绩达到国家线后，按"笔试分+面试分+附加分"的总成绩排名从高到低的原则择优录取。

第五节　南开大学MBA提前面试专题辅导

一、南开大学MBA申请项目与申请流程

1. 项目概况

南开大学的商科教育始于1919年。2000年11月，南开大学MBA项目在全国学位与研究生发展中心组织专家组首次评估中，位列26所院校第三名，在综合大学中名列第一。南开大学工商管理学科是南开大学冲击"双一流"的七个重点学科之一，在2017年教育部第四轮学科评估中，被评为A类学科。南开大学MBA教育在管理和创新方面一直走在全国的前列，堪称中国MBA教育的先行者、创新者和引领者。

南开大学MBA教育研究方向分为组织与战略管理、财务金融、创新与创业管理、公司治理、人力资源管理、营销管理、运营管理、项目管理八个研究方向。

南开大学MBA分为两个项目，即全日制MBA项目和MBA非全日制项目。

非全日制项目分为普通班、周末班、集中授课班；普通班上课时间为工作日的晚上和周六、白天，周末班上课时间为周六、日白天，集中授课班上课时间为每隔两周的周五、六、日连续三天。

非全日制班共招生360人，学制2.5年；全日制班(VIP赋能班)上课时间为工作日白天，招生人数为40人左右，学制2年。其中，集中授课班仅限非京津冀地区学员报名。非全日制学制2.5年，学费可分三学年缴纳；全日制学制2年，学费可分两个学年缴纳。

2. 申请条件

(1) 获得硕士学位或博士学位后有2年以上工作经验的人员；

(2) 大学本科毕业后有3年以上工作经验的人员；

(3) 获得国家承认的高职高专毕业学历或大学本科结业后，符合招生单位相关学业要求，达到大学本科毕业同等学力并有5年以上工作经验的人员。

3. 学位授予

学员在规定年限之内修完规定的课程，成绩合格，修满学分完成硕士毕业论文，并通过南

开大学组织的答辩，授予国家颁发的南开大学硕士研究生毕业证书和学位证书。

4. 招生政策

全日制MBA项目招生政策包含全国研究生招生统一考试和复试两个环节，非全日制MBA项目招生政策包含预面试、全国研究生招生统一考试、复试三个环节，实行全年动态预面试模式。

(1) 南开大学商学院MBA项目招生采用全年动态预面试模式，7月至11月的面试招生工作，每月均在天津进行，本地及外地城市安排当月预面试考场，考生可自行选择不同月份的预面试，原则上在截止提交材料一周后启动本月面试，月末前结束当月批次面试。

(2) 预面试的目的是提前考核学生是否符合南开大学商学院专业学位的培养目标。

(3) 考生在申请预面试前应仔细核对本人是否符合报名条件，不符合报名条件的申请不予受理。

(4) 预面试的对象为报考非全日制MBA的考生，报考全日制MBA项目的考生无须参加。

(5) 考生本年度只能参加一次预面试申请和预面试，不允许重复申请，重复参加预面试，但不影响次年度的预面试申请和预面试。

(6) 考生在南开大学商学院专业学位教育中心网站的MBA报考服务管理系统(https://mba.nankai.edu.cn/)注册申请成功后，在线填写和提交申请材料，南开大学商学院专业学位教育中心将组织评审专家匿名评审，申请材料择优给予学生预面试资格，获得预面试资格的考生才可参加南开大学商学院专业学位教育中心组织的预面试。

(7) 预面试的考核内容为综合素质和管理能力测试。

(8) 预面试的结果分两种：取得优先复试资格和未取得优先复试资格。

(9) 预面试的形式采用线上或线下形式进行，具体形式须随时关注教育中心网站发布的通知。

5. MBA项目的考试和录取

(1) 获得优先复试资格的申请人参加每年12月在南开大学考点举行的全国MBA联考，且联考成绩达到国家A类分数线，可获得复试资格。

(2) 未获得优先复试资格的申请人或没有参加预面试的非全日制考生，参加每年12月在南开大学考点举行的全国MBA联考，且联考成绩达到南开大学自主制定的复试分数线，可获得复试资格。

(3) 报考全日制的考生参加全国硕士研究生统一考试，且考试成绩达到国家A类分数线，可获得复试资格。

(4) 南开大学自主制定的复数分数线将综合考虑考招生名额以及取得优先复试资格的考生进入复试的具体人数进行制定。

(5) 复试内容包括综合素质、思想政治及英语水平。

(6) 根据考生全国研究生招生统一考试成绩和复试成绩计算录取成绩，初试成绩权重占50%，复试成绩的权重占50%，从高到低排名择优录取，按照招生名额录满为止。

(7) 近两年的笔试分数线为：2020级国家线175/88/44，南开线190/120/60，2021级国家线170/84/42，南开线175/110/42。

二、南开大学MBA提前面试指导

获得南开大学MBA面试资格(包括在职班、全日制班)的考生必须参加中文标准化面试。由于中文标准化面试的分值较高,在面试总成绩中占非常大的权重,是面试中最关键的环节,直接决定MBA面试考生能否最终成功被南开大学录取。

南开大学中文标准化面试时间为20~30分钟,采取个人面试的方式,即每次单独面试一位考生。评委会的考官由学院教授、企业HR高管和优秀校友组成。为了全面考查考生的综合能力,提高面试成绩的客观性,各考场的面试评委会考官会由来自管理、财务、金融、人力资源等不同背景的专家学者和高管担任。

除了面试评委会外,南开大学每间考场还会设一名面试秘书,负责面试打分和计时等工作。需要注意的是,考生在面试过程中,一定要尽量在有限的面试时间里充分表现自己的各项管理素质和表述自己以往的工作业绩。

为了确保面试的公平性和公正性,南开大学MBA面试采取抽签分组的方式,考生和面试考官在面试开始前20分钟左右才知道面试的分组情况。在每次抽签结束后,会由南开大学经管学院的行政人员将各考场的面试考生申请材料提交给考场评委会。在各场面试正式开始前10分钟,评委会开始审查面试考生,然后由面试秘书引领面试考生进入考场接受面试。

在面试正式开始后,如果面试考官认为有必要,可以要求面试考生先进行自我介绍。由于自我介绍会给评委会留下第一印象,所以应提前精心准备。自我介绍时间不宜过长,一般在2~3分钟即可,主要侧重介绍自己以往的管理经验和业绩,同时适当介绍自己的教育背景等信息。

南开大学MBA考官在提出一个问题后,往往会针对其中的某个方面进一步发问。例如:考官问"请谈谈你过去从事过的一个管理项目",在考生回答这一问题后,考官还有可能进一步提出这样的问题:"你通过这个项目发现了哪些管理中的问题?请列举三个方面的问题。"因此,在参加南开大学个人面试以前应做充足的准备,将以往工作背景和相关业绩情况提前准备好,以便在回答相关问题时给考官一个满意的回答,获得理想的面试成绩。

面试时,南开大学的评委将通过和考生的当面交流了解申请材料不能提供的其他信息,了解考生的沟通能力、分析能力、逻辑思维、领导力、团队管理能力等信息。申请者要保持轻松的心态,不要对面试太过担心,比如担心自己一句话没有说对、领带没有打好或者一点表现不好会让评委对你的评价大打折扣。南开大学的评委由经验丰富的校友、企业高层管理人员和老师组成。他们有丰富的面试经验,接触和培养过足够多的MBA学生和管理精英,会对考生的整体表现做出客观的评价。他们不只是对考生的行为言语做出评价,也会帮助考生展示真正的自我。考生面对评委时一定要坦诚,一些缺点和过失可能并不会对申请产生严重影响,反而对这些问题的掩饰和躲闪有可能会影响自己的表现,因此建议考生选择专业的面试辅导机构。面试辅导不是来替考生"包装",甚至"创造"经历,任何不真实的东西在专业的评委面前都会显得很苍白,这些反而会影响对考生评价,甚至超过诚信的底线。专业的辅导机构可以帮助考生梳理简历、找到闪光点、增强自信、锻炼口才与应对能力。

第十章
MBA面试必读之管理知识

第一节　管理概述类问题
第二节　决策与计划类问题
第三节　组织类问题
第四节　领导类问题
第五节　控制类问题
第六节　管理热点类问题

关于管理方面的问题，由于管理学不在联考笔试中考查，在提前面试及复试中管理学知识尤其要重视。所以本书把管理学相关的问题单列一章，详细讲解。要从把自己培养成为一名职业经理人的角度出发，对于经营管理类的热点话题，应该在平时加强积累，多看新闻，比如CCTV-2的《经济半小时》，以及《哈佛商业评论》《21世纪经济报道》《经济观察报》等纸质或网络媒体，再有意识地选择热点话题进行深入思考，可以上中国备考网的论坛和考友们一起讨论。如果将自己的观点系统整理后写出来，与他人就相关问题展开探讨就更好了。这样，在不知不觉间，考生的思考和反应能力就会得到很大提高，也为回答面试问题储备了背景知识。

本章从管理概述、决策与计划、组织、领导、控制、管理热点6个方面列出了一些常见的管理问题。

第一节 管理概述类问题

一、管理的概念与作用

1. 什么是组织？它有哪些基本特点

答：组织是指肩负特定使命的人们为了实现共同目标而组成的有机整体。"组织"作为动词是指把人、财、物、时间和信息等资源科学合理地加以安排，使之具有一定的系统性或整体性；"组织"作为名词是指按照一定的宗旨和系统建立起来的集体，如江南造船厂、上海第一百货公司、北京大学、上海华山医院等。本书中的"组织"主要指代的是名词属性的意义。

组织的特点如下：

(1) 组织具有特定的使命，对工厂、企业而言是生产产品或提供服务以满足用户某种需要，对医院而言是治病救人，对学校而言是培养人才；

(2) 在组织的人们中，"组织"是一个集合体，"人们"是指两个或两个以上的个体所组成的集合体；

(3) 任何组织都有目标，而且是共同目标，比如：企业的目标是生产产品、提供劳务、实现一定的经济效益和社会效益；

(4) 组织具有一定的延续性并相对稳定，并非临时拼凑而成；

(5) 组织是有机整体，即有一定的人力、财力、物力，也可以说有计划、有组织、有机构、有目的。

2. 任何组织为了完成基本使命和实现基本目标，要开展哪两项活动

答：一要开展作业活动，比如医院的治病、学校的教学、企业的生产与服务等作业活动；二要开展管理活动，对人、财、物、时间和信息等资源施加的科学合理的计划、组织、领导、

协调、控制等管理活动。

3. 管理的重要性有哪些(管理有什么意义或为什么要学习管理学)

答：管理具备以下重要性：①管理是保证作业活动顺利进行，进而实现组织目标的手段，任何组织(小到企业大到国家)都需要管理；②管理的重要性伴随着组织规模的扩大和作业活动的复杂化而日益明显；③先进的管理和科学技术一起构成了现代社会经济发展这辆车的两个车轮，二者缺一不可；④科学技术是第一生产力，管理是科学技术的重要组成部分，它既是一门科学，也是一门艺术，所以管理科学也是推动社会经济发展的第一生产力。

4. 什么是管理(管理的定义是什么)？如何理解管理的含义

答：通常来说，管理就是在特定的环境下，对组织所拥有的资源进行有效计划、组织、领导和控制，以便达成既定组织目标的过程。法约尔认为，管理是对企业活动和资源进行计划、组织、指挥、协调和控制的过程；诺贝尔经济奖获得者西蒙认为，管理就是决策；毛泽东认为，管理就是社会主义教育。而笔者认为，管理就是管辖、处理，或者管人、管物、理财、理事，就是对所管辖范围内的人力、物力、财力、时间和信息等资源进行科学合理的计划、组织、领导、控制的全过程。

总之，管理包含以下4层含义：

(1) 管理是为实现组织目标服务的，是一个有意识、有目的的活动过程；

(2) 管理工作的过程是由一系列相互关联、连续进行的活动构成的，比如计划、组织、领导、控制等是管理的基本职能；

(3) 管理工作的有效性要从效率和效果两个方面来评判，即效率=产出/投入，效果=符合要求的产出/投入；

(4) 管理工作是在一定环境条件下开展的，好的、有利的环境会为组织的生存和发展提供机会并产生推动作用，差的、不利的环境会对组织的生存和发展构成制约和威胁。

5. 为什么说科学技术和管理是推动经济发展的两大主要因素

答：科学技术和科学管理是推动经济发展的第一生产力。科学技术离不开管理，再先进的科学技术也离不开对人力、物力、财力的计划、组织、领导和协调等，所以科学技术和管理是推动社会经济发展的两大主要因素。公司中应有职责分工，不是每件事都需要每个人参与讨论的。

6. 为什么管理工作是有别于作业工作又高于作业工作、并为作业工作提供服务的活动

答：因为作业工作是操作者在管理者的指导下从事的某项具体的业务工作，而管理工作是独立进行的。管理工作从本质上说是通过他人并同他人一道实现组织目标的。管理工作要为作业者提供指导和服务，管理者要对作业工作的好坏负最终责任。同时，管理工作是保证作业活动、实现组织目标的手段，组织管理工作搞好了，会形成整体力量和放大效应。

7. 如何理解管理工作的性质

答：(1) 管理既有科学性又有艺术性，具体来说：①管理是一门科学，有其内在规律，它来自实践并且已被实践证明是一门系统的科学；②具体是指管理工作要求对具体问题具体分析，发挥创造性。

(2) 管理具有自然属性和社会属性，具体是指：①自然属性即管理与生产力相联系的属性，比如管理的方法、工具、技术，这是无国界、无阶级性的，国外所用的管理方法、技术，我们也能用，因为它们是为提高社会生产力服务的；②社会属性即管理与生产关系相联系的属性，

比如管理的理论、思想、观念，这是有国界、有阶级性的，所以要具体分析，有的可以用，有的就不能用，有的不但不能用，还要加以抵制和批判。

8. 如何理解管理工作的应用范围

答：管理的应用范围包括营利性组织和非营利性组织，具体来说：①营利性组织，即企业组织，尽管其规模各异、结构类型有别、行业性质不同，但都需要对其拥有的资源进行有效管理，才能满足用户需要并盈利；②非营利性组织，即事业组织，比如政府机关，军队和学校等，也需要对其拥有的资源进行有效管理，才能更好地为社会服务。

二、管理主要思想及其演变

1. 对古典管理学思想的产生和发展做出突出贡献的人物主要有哪些

答：古典管理论的三位奠基人分别是：①美国的泰勒，对生产作业活动的管理提出了系统管理理论，被后人称为"科学管理之父"；②法国的法约尔，对一般管理提出了系统管理理论，被后人称为"组织管理之父"；③德国的韦伯，对行政性组织提出了系统管理理论，被后人称为"组织理论之父"。

2. 关于泰勒和泰勒制应掌握哪些要点

答：(1) 泰勒是最先突破传统经验管理的先锋人物，他于1911年出版《科学管理原理》一书，提出了通过对工作过程的科学研究来提高生产效率的基本理论和方法，奠定了科学管理原理的基础。

(2) 泰勒总结了4条科学管理原则(又称泰勒制)：

① 对工人劳动的每种要素都要制定科学的工作方法，并以此来取代陈旧的凭经验工作的方法；

② 对工人用科学的挑选、训练和教育来取代工人自选工作和摸索自学，以便提高工人的工作技能；

③ 用与工人合作来取代劳资双方的对立；

④ 用管理者与工人责任共担来取代过分推卸责任给工人。泰勒提出科学管理思想的目的是改变传统的一切凭经验办事的落后状态，使经验管理变科学管理。泰勒的主张被认为是管理思想史上的一次革命。

3. 关于法约尔应掌握哪些要点

答：(1) 法约尔提出的理论被称为一般管理理论，或者组织管理理论，他于1916年出版了《工业管理与一般管理》一书。他站在高层管理者的角度研究整个组织的管理问题，并将工业企业中的各种活动分成6类：技术活动、商业活动、财务活动、安全活动、会计活动和管理活动，而管理活动是最重要的活动。

(2) 法约尔提出了管理的5个职能，包括计划、组织、指挥、协调、控制职能。

(3) 法约尔提出了有效管理的14条原则，这14条管理原则不必都记，但对分工、权责对等、统一指挥和领导、合理报酬、集权、团结精神等现在仍适用的一些原则应有所了解，如：劳动分工为什么能提高工作效率？权大于责或权小于责会出现什么弊端？多头指挥有什么弊端？过于集权和过于分权有什么弊端？什么叫等级链？为什么允许越级报告和横向沟通？

4. 关于韦伯应掌握哪些要点

答：(1) 行政组织理论强调组织活动要通过职务或职位而不是个人或世袭地位来设计和运作，后人称韦伯为"组织理论之父"。

(2) 他认为理想的行政组织应以合理和合法的权力作为组织的基础，而传统的组织则以世袭的权力和个人的超凡权力为基础。

(3) 韦伯为20世纪初的欧洲企业从不正规的业主式管理向正规的职业型管理的过渡提供了一种纯理性化的组织模型，对当时新兴资本主义企业制度的完善起到了划时代的推动作用。

5. 以上三种管理理论的共同特点(弱点)是什么

答：(1) 把组织中的人当作"机器"来看待，忽视了人的因素以及人的需要和行为。

(2) 都没有看到组织与外部的联系，只看到组织的内部，是一种封闭系统的管理。

6. 关于霍桑实验应掌握哪些要点

答：(1) 霍桑实验是美国哈佛大学梅奥等人主持进行的。

(2) 梅奥实验在1924年开始于美国西屋电气公司的霍桑电话机工厂。

(3) 梅奥实验结果表明人的心理因素和社会因素对生产效率有极大的影响。

(4) 梅奥于1933年出版了《工业文明中的人的问题》，对霍桑实验进行了总结：①员工是"社会人"；②存在非正式组织；③要重视鼓舞"士气"。

7. 研究人际关系和行为科学的代表人物有哪些

答：主要有马斯洛、梅奥、赫茨伯格、麦格雷戈、利克特、布雷克。

8. 关于麦格雷戈应掌握哪些要点

答：在哈佛大学和麻省理工学院长期从事心理学教学和研究工作的麦格雷戈，在1957年发表的《企业的人性面》一文中提出了著名的"X—Y"理论。他认为，管理者对员工有两种不同的看法，相应地会采取两种不同的管理方法。他将这两种不同的人性假设概括为X理论和Y理论。

(1) 关于X理论(X理论有哪些特点？)

①一般人的本性是好逸恶劳、懒惰和逃避工作；②人以自我为中心、自私；③人缺乏进取心，逃避责任，没有创造性；④人容易受骗，易受人煽动；⑤这一理论类似中国古代哲人荀子提出的"人之初，性本恶"；⑥管理方法是用强制、惩罚、解雇等手段迫使人们工作，即"法治"。

(2) 关于Y理论(Y理论有哪些特点？)

①人并非生来好逸恶劳，如果条件好，人会喜欢劳动；②外来指挥与控制并非唯一的最好方法，要鼓励员工自我指挥和控制；③多数人能承担责任、有想象力和创造性；④在现代社会中，人的智慧潜能只是部分地得以发挥；⑤这一理论类似中国古代大思想家孔子、孟子提出的"人之初，性本善"；⑥管理方法是以人为中心的宽容、民主的方法，即"理治"。

9. 定量管理的核心是把运筹学、统计学、电子计算机等科学知识及技术用于优化管理决策和提高组织效率。定量管理思想有什么特点

答：①力求减少决策中的个人主观判断的成分，依靠决策程序和数学模型，使决策科学化；②各种可行方案均以效益高低作为评判的依据；③广泛使用电子计算机作为辅助的决策手段。

10. 系统和权变管理的最大特点是什么

答：①强调管理者要把其所在组织看作一个开放的系统；②要研究组织环境，即对管理活动有重大影响的环境或情境因素；③通过对这些影响因素的研究，找到各种管理原则和理论的具体适用场合。

11. 每一个系统都包括哪4个基本方面的内容

答：包括：①从周围环境中获得这个系统所需要的资源；②通过技术和管理等过程促进输入物的转化；③向环境提供转化处理后的产品或劳务；④环境对组织所提供的产品或劳务做出反馈。

12. 系统管理思想的观点是什么

答：系统管理思想认为，组织是一个系统，由相互依存的众多要素组成。并且，组织是一个开放系统，即与周围环境产生相互影响、相互作用的系统。

13. 关于权变管理思想的要点有哪些(什么是权变管理思想)

答：(1) 权变管理思想是系统管理思想向具体管理行动的延伸与应用。

(2) 所谓"权变"，就是相机而动、因地制宜、随机应变的意思。

(3) 强调管理者在采取管理行动时，需要根据具体环境条件的不同而采取相应不同的管理方式。

(4) 认为组织的管理者应根据其所处内外环境条件的变化而变化——世界上没有一成不变的、普遍适用的"最佳"管理理论与方法。

(5) 类似中国古代思想家朱熹提出的"人之初，性本无"，即认为人的本性是后天形成的。

(6) 管理方法是"理治+法治=综合治理(中庸之道)"。

三、管理人员

1. 管理人员按其所处层次的不同可分为高层管理人员、中层管理人员和基层管理人员。各层次的主要职责是什么

答：(1) 高层管理人员是指对整个组织的管理负有全面责任的人，他们的主要职责是制订组织的总目标、总战略，掌握组织的大政方针。

(2) 中层管理人员是指处于高层管理人员和基层管理人员之间的一个或若干个中间层次的管理人员，其主要职责是贯彻执行高层管理人员所制订的重大决策，监督和协调基层管理人员工作。

(3) 基层管理人员也称第一线管理人员，是组织中最底层的管理者，他们的主要职责是给下属作业人员分派具体工作任务，直接指挥和监督现场作业活动。

2. 第一线管理人员与高级管理人员的工作侧重点有何不同

答：第一线管理人员主要关心具体的战术性工作的完成。他们处理问题往往凭借以往的工作经验和技术才能；最高层管理人员则对组织总的长远目标和战略计划感兴趣，他们所关心的主要是抽象的战略性工作。

3. 管理人员可分为哪两大类

答：管理人员按其所从事管理工作的领域及专业可分为综合管理人员和专业管理人员两大类，具体来说：综合管理人员是指负责管理整个组织的管理者或组织中某个事业部全部活动的管理者，如厂长、企业总经理等；专业管理人员则是仅负责管理组织中某一类活动的管理者，如财务部经理、质量主管等。

4. 管理人员应具备哪些管理技能

答：通常一名管理人员应具备三种管理技能，即技术技能、人际技能和概念技能。基层管理人员主要需要具备技术技能和人际技能；而较高层管理人员，需要具备技术技能、人际技能

和概念技能；最高层管理人员尤其需要具有较强的概念技能。

5. 什么是技术技能、人际技能和概念技能

答：(1) 技术技能指使用某一专业领域内有关程序、技术和知识完成组织任务的能力，比如工程师、会计师、推销员所具备的专业能力。

(2) 人际技能指与处理人事关系有关的技能，即理解、激励他人并与他人共事的能力，比如领导能力、影响能力、协调能力。

(3) 概念技能指纵观全局，认清为什么要做某事的能力，也就是洞察企业与环境相互影响之复杂性的能力，包括理解事物相互关联性从而找出关键影响因素的能力、确定与协调各方面关系的能力，通俗地说就是出主意、出思想、出观念、出点子和做决策的能力。

四、管理的基本职能

1. 管理包括哪4项基本职能

答：管理包括计划职能、组织职能、领导职能、控制职能。

2. 关于计划职能应掌握哪些内容

答：计划是对组织未来活动如何进行的预先策划。任何有组织的集体活动都要有计划。无论是资本主义企业还是社会主义市场经济体制下的企业，都要靠计划来指导经营管理活动。没有计划，企业就无法进行有效的经营管理。

3. 计划工作包括哪三方面的内容

答：(1) 研究活动条件，包括内部能力研究和外部能力研究。

(2) 制订经营决策，指在研究活动条件的基础上，根据这种研究所揭示的环境变化可能提供的机会或造成的威胁，以及组织在资源拥有和利用上的优势和劣势，确定组织在未来某个时期内活动的总体目标和方案。

(3) 编制行动计划，即将决策目标从时间上和空间上分解到组织的各个部门和各个环节，对每个单位、每个成员的工作提出具体要求。

4. 关于组织职能应掌握哪些内容

答：(1) 组织职能的定义：指把企业中的人力、物力、财力从生产经营的分工协作上，从上下、左右、内外关系上，从时间、空间、信息的联结上科学地组织起来，使之得到合理的使用。

(2) 组织的作用体现在：①组织是实现目标、完成计划的保证；②计划的顺利实现，需要组织中的每个单位、每个成员在工作上形成合理的分工协作关系。

(3) 组织要完成下述工作：①设计组织结构；②配备人员；③运行组织；④变革组织。

5. 关于领导职能应掌握哪些内容

答：(1) 领导职能的定义：指利用组织赋予的权力和自身的能力去指挥、影响和激励组织成员，使其为实现组织目标而努力工作的管理活动过程。

(2) 领导工作的任务：是指为了有效实现组织目标，不仅要设计合理的组织，把每个成员安排到适当的岗位上，还要努力使每个成员以高昂的士气、饱满的热情投身到组织活动中去。

(3) 有效的领导要求管理者在特定的管理环境中，利用优秀的素质，采用适当的方法，针对组织成员的需要和特点采取措施，提高他们的工作积极性，使其将自己的能力充分发挥出来。

6. 关于控制职能应掌握哪些内容

答：(1) 控制职能的定义：是指为了保证系统按预定要求运作而进行的一系列工作，包括根据计划标准检查监督各部门、包括各环节的工作，判断是否发生偏差，继而纠正偏差等。

(2) 控制工作的内容包括：①制定控制标准；②衡量实际工作与标准的偏差；③找出偏差产生的原因；④采取措施纠正偏差。

7. 管理的4个职能之间有什么关系

答：从逻辑上看，先计划，继而组织，然后领导，最后控制。从作用上看，计划是目标，组织是保证，领导是关键，控制是手段。我认为：①不同业务领域内管理职能的内容有差别(如生产计划与认识计划不同)；②不同组织层次在管理职能的重点上有差别(比如高层重概念技能、基层重技术技能)；③对管理职能的认识仍在不断深化(比如法约尔最初提出的管理职能包括5个职能)；④有人认为协调是管理的一个单独职能，然而把协调看作管理的核心更确切。

重点复习思考题

(1) 请谈谈工厂、商店是企业组织吗？为什么？

(2) 为什么说管理工作不同于作业工作又高于作业工作并为作业工作服务？

(3) 请谈谈如何正确理解西蒙提出的"管理就是决策"的论断？

(4) 为什么说管理科学是推动社会经济发展的第一生产力？

(5) 请谈谈和"X—Y理论"相比较，权变管理思想为什么更全面、更符合客观实际？

(6) 为什么称泰勒是当之无愧的"科学管理之父"？

(7) 为什么说高层管理者更侧重、更需要概念技能？

(8) 为什么说中层管理人员需要具备几乎同等程度的技术技能、人际技能和概念技能，否则就不是一个称职的中层管理者？

(9) 请谈谈管理各职能之间存在着怎样的辩证关系？为什么说在4个管理职能中，计划职能要领先？

(10) 请谈谈梅奥的霍桑实验所得的结论对管理者做好管理工作有什么启示？

(11) 为什么说管理既有科学性，又有艺术性？这对做好管理工作有什么启发？

(12) 为什么说把协调看作管理的核心更确切？

第二节 决策与计划类问题

一、组织环境及其分析

1. 什么是组织环境？它有什么作用

答：组织环境是组织生存的土壤，它一方面为组织活动提供条件，另一方面也必然对组织活动起制约作用。

2. 什么是组织的外部环境和内部环境

答：外部环境，又叫不可控环境，即企业或人力一般无法加以控制的环境，它为企业生存提供条件，也限制企业的生存和发展，如政府政策、原材料市场、用户等。内部环境，又叫可控环境，如企业的人、财、物、生产能力、生产进度、产品质量等，是企业或人力可以加以控制的环境。

3. 外部环境变化对组织会产生什么影响(注意本书强调外部环境的重要性)

答：为组织的生存和发展提供新的机会或机遇，比如新资源的发现和利用可以帮助企业开发新产品；国家某种新政策出台，可能有利于企业的发展。对组织的生存构成挑战或威胁，如消费者偏好的某种变化，可能使企业现有产品不再受人欢迎。所以，组织要积极利用有利环境，避免不利环境的威胁，才能实现特定的共同目标。

4. 组织的一般环境(又叫大环境)包括哪些因素

答：组织的一般环境主要由政治法律、社会文化、经济人口、科学技术等4个因素构成。

5. 政治和法律环境包括哪几个方面

答：其包括三个方面：①国家的社会制度、执政党性质；②政府的方针政策；③国家制定的有关法律、法规。

6. 社会文化环境包括哪些方面

答：其包括：①一个国家或地区的人口数量及其增长趋势；②居民受教育程度和文化水平；③宗教信仰；④风俗习惯；⑤审美观念；⑥价值观念。

7. 什么是宏观经济环境和微观经济环境

答：宏观经济环境主要指国民收入、国民生产总值及其变化情况，以及国民经济发展水平、速度等。微观经济环境指企业所在地区或所服务市场内消费者的收入水平、消费偏好、储蓄情况、就业程度等。

8. 什么是技术环境

答：技术环境指一个国家利用自然、征服自然的技术能力，它包括以下4个方面：①国家对科研开发的投资和支持重点；②技术动态和研究开发总费用；③技术转移和技术商品化的速度；④专利及其保护情况等。

9. 自然环境包括哪三个方面

答：其包括地理位置、气候条件、资源状况三个方面。

10. 地理位置、气候条件、资源状况对企业有何影响

答：地理位置是制约企业经营活动的重要因素，如企业位置是否靠近原材料产地或销售市场、交通是否方便等情况对企业活动的影响相当明显。气候条件也是影响某些企业的重要因素，比如气候趋暖或趋寒会影响空调机生产厂家和服装行业的销售。拥有自然资源特别是拥有稀缺资源，能为企业发展提供机会；反之，则会制约企业的发展。

11. 组织的特殊环境包括哪几个方面

答：组织的特殊环境包含以下几个方面：①供应商，泛指组织活动所需各类资源和服务的供应者，包括原材料、设备、工具、能源、土地、房屋供应商，以及银行、保险、劳务、运输、保安等供应商；②顾客，指组织产品或服务的购买者，主要包括产品或服务的直接消费者以及从事再加工、再销售的中间顾客；③竞争对手，指与组织存在资源和市场争夺关系的其他

同类组织；④政府机构及特殊利益集团，包括工会、妇联、消费者协会、新闻传播媒介等。

12. 组织环境具有哪些特征

答：组织环境具有以下特征：①不确定性，组织所面临的外部环境具有复杂性和动态性，这构成了不确定性，所以一方面组织要适应环境寻求生存和发展机会，另一方面又要主动选择和改变环境，使组织得到发展；②成长性，企业是在一定行业中从事特定产品生产经营活动的经济组织，企业的产品要经历"投入期—成长期—成熟期—衰退期"这样一个生命周期；③竞争性，行业环境的竞争性直接影响着企业的获利能力；④合作性，企业与同类产品的生产者存在着竞争关系，但企业与资源供应者和产品购买者之间不是竞争关系，而是合作关系。

13. 外部环境的不确定性程度对组织经营有重大影响。依据组织所面临环境的复杂性和动态性，可以将组织环境划分为哪4种不确定性情况

答：这4种情况分别是：①低不确定性，即简单和稳定的环境(构成要素少，要素变化小)；②较低不确定性，即复杂的环境和稳定的环境(环境要素越多，环境不确定程度会越高)；③较高不确定性，即简单的环境和多变的环境(环境要素不复杂，但某些要素会发生动荡变化)；④高不确定性，即复杂和多变环境(环境要素复杂，而且要素变化大)。4种不确定性简记如下：复杂稳定(即②)；复杂多变(即④)；简单稳定(即①)；简单多变(即③)。

14. 什么是产品生命周期？什么是产品使用寿命

答：产品生命周期，又叫产品寿命周期，是指某种工业产品从完成试制投入市场开始，直到最后被淘汰而退出市场为止所经历的过程。产品生命周期可分为投入期、成长期、成熟期、衰退期4个阶段。产品使用寿命是指用户购买了一种产品，经过使用、维修、再使用、再维修，直到该产品失去使用价值而报废为止的过程。

15. 什么是投入期

答：投入期是指新产品试制成功投放市场进行试销的阶段(注意与产品使用寿命不同)。

(1) 投入期特点是：①销售额增长慢；②批量小，成本高；③用户不了解，广告费最高；④经营往往亏损或利润低。

(2) 投入期的对策是强调一个"短"字，即尽可能缩短投入期以降低成本。

16. 什么是成长期？它有什么特点？企业应采取什么对策

答：成长期是指新产品试销成功后成批生产、扩大市场销售的阶段。成长期的特点是：①产销量增大；②成本下降，利润上升；③是企业经营的黄金阶段；④市场上出现竞争。成长期的对策是强调一个"快"字，将大量产品尽快投入市场。

17. 什么是成熟期

答：成熟期是指产品销售额增长减缓乃至停滞、下降的阶段。成熟期的特点是：①市场需求饱和；②销售额不再增加；③竞争激烈；④利润可能下降。成熟期的对策是强调一个"新"字，即产品要以新取胜，要开发新技术、新工艺、新设备、新材料、新产品。

18. 什么是衰退期？它有什么特点？企业应采取什么对策？产品生命周期各阶段简记要点是什么

答：衰退期是指产品在市场上的寿命趋于结束的阶段。

(1) 衰退期的特点是：①市场萎缩；②销售额急剧下降；③利润下降；④经营出现亏损。

(2) 衰退期的对策是强调一个"转"字，即处理积压物资和商品，迅速转向有销路的产品。

> **产品生命周期各期要点**
> 投入期：①增长慢；②量小本大；③用户不了解、广告费高；④亏损或低利润。
> 成长期：①产销量最大；②成本降低；③利润上升；④竞争。
> 成熟期：①需求饱和；②销量不再增加；③竞争最激烈；④后期利润下降。
> 衰退期：①市场萎缩；②销量急剧下降；③无利润；④亏本。

19. 美国学者波特提出的影响行业竞争结构及竞争强度的5个主要因素是什么

答：5个主要因素包括行业内现有竞争者、潜在竞争者、替代品制造商、供应商、顾客。对现有竞争对手的研究应掌握以下要点：

(1) 了解基本情况：了解竞争对手的数量、分布、市场活动、规模、资金、技术对自己的威胁。

(2) 主要竞争对手研究。主要竞争对手对本企业构成威胁的主要因素包括：①技术力量是否雄厚；②资金多少；③规模大小。

(3) 反映企业竞争实力的综合指标包括：①销售增长率，指企业当年销售额与上年相比的增长幅度；②市场占有率，指在总销售量中本企业所占有的份额，或指在已被满足的市场需求中有多少比例的需求是由本企业提供的；③产品获利能力，可用销售利润率表示，如市场占有率高，销售利润率也高，可给企业带来高额利润；反之如市场占有率低，销售利润率也低，甚至没有利润。

(4) 竞争对手发展方向。有4个因素可能妨碍企业退出某种产品的生产：①资产的专用性：如化工、冶金企业的厂房、机器设备专业性强，难以转产，难以生产其他产品。②退出成本：如企业停产，需要重新安置原生产工人，费用很高；如转产，则需要生产以前产品的维修配件。③心理因素：有些特定产品是由现任领导开发研究的，如转产，可能会影响他们的心理。④政府、社会限制：如生产火柴、针线、草纸等人们生活的必需品，虽然微利甚至无利，但不能停产，否则会影响社会安定。

20. 企业进入某个行业的难易程度通常受哪些因素影响

答：其受以下因素影响。

(1) 现有企业可能做出的反应，如现有企业采取的反击措施。

(2) 由行业特点决定的进入难易程度，包括以下5点。①规模经济：企业生产的产品在产量上达到、超过保本点或盈亏平衡点后，生产规模越大，成本就越低，企业就越显优势。如一种小轿车的年产量为25万～30万辆时，其他企业要再进入该行业就很难超越它。②产品差别：指不同企业生产同样产品并在消费者中树立品牌形象后，若想让新进入这一领域的产品打开销路，则需花费很大的代价。③在位优势：指老企业与新企业相比具有许多综合优势，如老企业的产品已申请了专利，工人生产技术熟练，建立了自己的销售渠道并得到用户认同等。④某种特殊技能的劳动力或特殊原材料被垄断。⑤经营需要政府有关部门特许的行业，如烟、酒、盐业、殡葬、公墓等。

21. 什么是替代品

答：替代品是指具有相同或相似功能或使用价值、都能满足消费者的某种需要的不同种类的产品。比如米饭和馒头都能充饥，自行车和助动车都是代步工具，它们都是彼此的替代品。替代品生产厂家有以下几个特点：①企业生产的产品实际上是向消费者提供某种使用价值或功能,而这些使用价值或功能可以相互替代(比如汽车、火车、飞机都有交通运输功能,可互相替代,米饭与馒头都有充饥的功能,可以相互替代);②生产这些产品的企业之间可能会产生竞争;③美国学者波特认为,由于替代品的存在,同行业内的生产企业不能随心所欲地制定垄断价格,侵害消费者。所以,第一,要确定哪些产品可以替代本产品;第二,要确定哪些企业的替代品对本产品构成威胁。

22. 顾客研究——顾客(用户)在哪两方面影响企业经营

答:(1)用户的总需求量决定着行业的市场潜力,并会影响行业内企业的发展。

(2)不同用户的讨价还价能力,使企业之间产生竞争。

23. 需求潜力研究包括哪几个方面内容

答:(1)市场总需求量的大小取决于用户总需求的大小,潜在需求大小取决于有支付能力的需求的大小。

(2)需求结构研究:需求类别、类型(个人或单位)、地区分布。

(3)用户购买能力研究:用户购买力水平、购买力变化、影响购买力因素等。

24. 用户讨价能力研究——用户讨价还价能力的高低主要取决于哪些因素

答:其主要取决于以下因素。

(1)购买量大小:①购买量大,即有较强的价格谈判能力;②如所购产品量占总销售量的比重较大,该用户就具有较强的价格谈判能力,必会极力争取优惠价格。

(2)企业产品性质:如属无差异产品,则用户可以方便地找到其他供货渠道,以求优惠。

(3)企业的产品在用户所购买产品构成中的重要性,如果重要,用户即对价格不敏感,而对质量、功能敏感(如显像管对电视机十分重要,用户对显像管质量、功能较敏感,而对价格不敏感)。

(4)企业后向一体化,即沿产业链上游的纵向一体化,也就是制造业企业将其经营范围扩展到原材料、半成品或零部件生产领域,或者商业企业进入到产品制造领域。

25. 供应商对生产企业来说有哪两种重要影响

答:(1)是否按时、按量、按质供应,这影响企业生产规模的维持和扩大。

(2)供货价格,它决定企业生产成本和利润水平。

26. 对供应商的研究主要有哪两个方面

答:(1)供货能力或企业寻找其他货源的可能性。

(2)供应商价格谈判能力,主要分析下列因素。①供应商所处行业集中程度:比如,货源由一两家供应商控制,则供应商就有较强的价格谈判能力。②是否有其他货源:比如,有其他货源,则可抑制供应商提价。③寻找替代品的可能性:比如,替代品可以很容易地找到,生产厂家就有较强的谈判能力。④供应商前向一体化:如果供应商控制了供货渠道,替代品又不存在,而企业对这种货物的需求量很大,这时应考虑内部自制,即后向一体化的可能性,如果企业不具有后向一体化的能力,那么供应商就会对企业构成一种竞争和威胁。同样,如果重要原材料的供应商具有向产业链下游发展的可能性,即供应商有前向一体化的意向和能力,那么它的价格谈判能力和威慑力会增加,企业就处于相对不利的地位。

27. 什么是环境的合作性

答:企业与同类产品的生产者(即竞争对手)之间以及企业与供应商和产品的购买者之间的关系并不一定都是竞争的、对立的,还可以是合作的、互惠的或双赢的,这意味着同类组织在不同时期和不同条件下，可能是企业的竞争者，也可能是企业的合作者或同盟者。

二、决策的一般原理

1. 决策的定义是什么

答：决策是指组织或个人为实现某种目的而对未来一定时期内有关活动的方向、内容、方式的选择或调整过程。关于决策还应掌握以下两方面内容。

(1) 构成上个决策的要素有以下6个方面。①决策者：决策主体是组织或个人。②决策目标：有期望成果和价值。③自然状态：不以决策者主观意志为转移的情况和条件。④备选方案：有两个或两个以上可供选择的方案。⑤决策后果：决策行动能引起的变化或后果。⑥决策准则：选择方案所依据的原则和对待风险的态度。

(2) 评价决策工作是否有效的主要标准有：①决策的质量或合理性，即组织目标能否实现；②决策的时效性，即做出决策与执行决策的时间长短；③决策的可接受性，即上级与下属是否能接受决策；④决策的经济性，即在投入与产出后是否有经济效益；⑤决策的社会性，即决策对国家、对社会是否有社会效益。

2. 有关决策的分类应掌握哪几种

答：决策的分类如下：

(1) 按决策调整对象和涉及时限的不同可分为：①战略决策，指调整组织活动方向和内容，影响整体、全局、长期的决策，解决的是"做什么"的问题；②战术决策，指调整既定方向和内容下的活动方式，影响局部、具体、短期的决策，解决的是"如何做"的问题。

(2) 按决策问题的重复程度和有无既定程序可循可分为两种：①非程序性决策；②为了解决不经常出现、非例行的新问题所进行的非程序性决策。

(3) 按决策主体的不同可分为两种：①个体决策，指个体在参与组织活动过程中的各种决策；②群体决策，指组织整体或部分人对未来一定时期活动的决策。

(4) 按决策需要解决的问题的不同可分为：①初始决策，指组织从事某项活动的初次选择或决定；②回溯决策，指在初始决策基础上对组织的活动方向、内容、方式进行重新调整的决策。

3. 追踪决策具有哪些特征

答：追踪决策具有以下特征。

(1) 回溯分析：指分析决策当时的条件和做出决策的原因。

(2) 非零起点：决策已进行到一定程度，已投入一定人、财、物。

(3) 双重优化：原有决策方案和新方案都要优化，使损失最小。

(4) 心理效应：即由于个人利益和责任等原因，新决策者应注意处理好三种关系：①与原有决策者的关系；②与原有决策的反对者的关系；③与旁观者的关系。

4. 战略决策与战术决策有什么区别

答：战略决策与战术决策的主要区别是：

(1) 战略决策解决的是"干什么"的问题，战术决策解决的是"如何干"的问题。

(2) 战略决策关注组织整体、长期性，战术决策关注组织局部、短期性。

(3) 从作用影响看，战略决策是组织活动能力的形成和创造的过程，而战术决策则是对已形成能力的应用。

5. 决策有什么特点

答：决策具有目标性、可行性、选择性、满意性、过程性、动态性等特点，具体如下。

(1) 目标性：任何决策首先要确定目标，没有明确目标无法做出科学合理的决策。

(2) 可行性：方案的拟订和选择要注意一定的条件。

(3) 选择性：要具有两种或两种以上可行方案以供选择。

(4) 满意性：方案的满意原则。找到最佳方案很难，一般只有一个可执行方案，也就是满意方案，因为：①资源信息有限；②收集信息有限；③决策者认识能力有限；④决策者难以预测和计算各种决策的结果。

(5) 过程性：决策不是一个瞬间的决定，而是一个综合的过程，同时决策本身是一个过程。

(6) 动态性：决策是一个循环过程，同时环境和条件都在变化。

6. 决策有哪6个过程(程序或步骤)

答：①发现问题；②确定目标；③拟订方案；④比较和选择方案；⑤执行方案；⑥检查处理。(注意：不要与计划的5个过程混淆。)

7. 发现问题后，决策者研究组织存在的不平衡，要着重考虑哪几个问题

答：①存在何种不平衡或矛盾以及会产生什么影响；②不平衡产生的原因；③不平衡的性质，是否有改变的必要及怎样改变。

8. 明确决策目标，要注意哪几方面的要求

答：(1) 提出目标的最低水平，即明确决策至少应该达到的状况和要求。

(2) 明确多元目标之间的关系，如主次、轻重缓急等。

(3) 限定目标的正负面，即对目标的有利结果与不利结果加以限制。

(4) 保持目标的可操作性。

9. 如何拟订方案

答：拟订方案包含以下步骤：

(1) 提出多种可行方案，即两种或两种以上可以确定责任的方案。

(2) 提出实现目标的具体措施和主要步骤。

(3) 对方案进行初步筛选。

10. 如何进行方案的比较和选择？评价和比较方案的主要内容是什么

答：可以考虑实施方案所需要的条件是否具备及方案实施将产生多大成本，方案带来何种长期/短期利益，可能遇到的风险或损失等。

11. 比较、选择方案时要处理好哪几个问题

答：①要统筹兼顾；②注意反对意见；③要有决断魄力。

12. 执行方案时应做好哪些工作

答：①制订具体措施；②使所有人了解决策方案；③把决策目标层层分解；④建立重要工作报告制度。

13. 检查处理应做好哪几项工作

答：①掌握各类相关信息，尤其是反馈信息；②按既定标准检查；③纠正偏差。

14. 影响决策的主要因素有哪些

答：影响决策的主要因素包括环境、组织文化、过去的决策、决策者对风险的态度和决策

的时间紧迫性。其具体分析如下。

(1) 环境：企业内外环境对决策者产生重要的影响。

(2) 组织文化：指决策集团成员的文化、心理素质。组织文化的影响主要体现在两方面：①它制约着包括决策制定者在内的所有组织成员的思想和行为；②组织文化通过影响人们对变化、变革的态度而对决策起影响和限制作用。

(3) 过去的决策影响今天的决策，甚至制约今天的决策。

(4) 决策者对风险的态度：如敢于承担风险或是偏于保守，常与年龄、个性心理有关，例如年老者、快退休者求稳，年轻人敢冒风险。

(5) 时间紧迫性要求做出时间敏感决策：指那些必须迅速而尽量精准做出的决策。

三、计划过程中的决策及其方法

1. 企业经营决策的内容主要有哪三个方面

答：①组织的宗旨；②远景目标；③具体目标和战术等。

2. 什么是组织的宗旨

答：任何组织都具有特定的宗旨，它规定了组织生存的目的和使命，反映了社会对该组织的基本要求。

3. 什么是经营理念

答：经营理念即经营哲学，它为企业经营其业务的方式规定出价值观、信念和指导原则(比如：企业经营理念是利润第一，还是用户第一)。

4. 什么是远景目标

答：远景目标是企业的经营方向，是企业活动所要实现的目标或达到的目的。好的远景目标应经受两种检验：①适用性检验；②可行性检验。

5. 什么是战略

答：战略是企业为实现其宗旨和目标而确定的组织行为方向和资源配置纲要。

6. 什么是战略决策

答：战略决策是对所有可能影响组织总体和长期发展方向的有关事项的决策。

7. 什么是具体目标

答：具体目标是对组织目标更精确的甚至量化的描述，比如产量多少吨、产值多少万元，需要根据组织的总目标和战略方案来制订。

8. 什么是战术方案

答：战术方案往往是局部、短期的安排，是在战略指导下，制订指导各方面行动的切实可行的、具体的、明确的战术计划。

9. 经营决策方法分为哪两种类型

答：一类是选择组织活动方向和内容的决策方法，又叫定性决策法。另一类是选择在既定方向下从事一定活动的不同行动方案的决策方法，又叫定量决策法。

10. 确定活动方向的分析方法主要有哪三种

答：①SWOT分析法；②经营业务组合分析法；③目标管理法。

11. 什么是SWOT分析

答：SWOT分析就是帮助决策者在对企业内部优势(S)、劣势(W)以及外部环境的机会(O)和威胁(T)的动态的组合分析中，确定相应生存和发展战略的一种决策分析方法。

12. 在SWOT分析图中，4种类型企业各有什么特点？企业应分别采取什么策略

答：第Ⅰ类企业，外部环境良好、内部条件有利，可采取增长型战略；第Ⅱ类企业，外部环境良好、内部条件劣势，可采取扭转型战略；第Ⅲ类企业，外部环境威胁、内部条件劣势，可采取防御型战略；第Ⅳ类企业，外部环境威胁、内部条件有利，可采取多元化经营战略。

13. 什么是经营业务组合分析法

答：经营业务组合分析法是由美国波士顿咨询公司为大企业确定和平衡各项经营业务发展方向而提出的战略决策方法。

14. 根据市场增长率和企业相对竞争地位这两项标准，经营业务组合分析法把企业的经营业务区分为哪4种类型

答：其主要有金牛业务、明星业务、幼童业务和瘦狗业务4种类型，具体分析如下(各区特点和经营管理对策)。

(1) 金牛业务特点：市场占有率高，业务增长低，利润高(牛吃草，挤出牛奶)。

(2) 明星业务特点：双高，即市场占有率和业务增长量都高，投入大，产出大，利润最大(比如单位养"明星"，工资高但利润最大)，应增加投资，扩大规模。

(3) 幼童业务特点：业务增长量高，竞争地位低，可能企业刚创建，但有前途(花大钱培养幼童，使之快快成为"明星")。

(4) 瘦狗业务特点：双低，即市场占有率低、业务增长量低，利润少甚至亏本，应赶快"杀狗吃肉"，收回点资金，否则连"狗肉"都吃不上。

15. 什么是目标管理法？它的实质和过程怎样

答：目标管理法是由美国著名管理学家德鲁克在20世纪70年代提出来的，它的实质是员工参与制定目标，实行自我管理和自我控制。运用目标管理法的过程如下：

(1) 先由企业制定出一个总目标；

(2) 采取由上而下、在一定时期内的总目标；

(3) 再由各部门和全体员工协商确定自下而上和各部门协调的方法；

(4) 在目标执行过程中实行逐级充分授权；

(5) 实行自检、互检与上级的成果检查相结合的管理控制方式。

16. 评价、选择行动方案的方法有哪些

答：评价、选择行动方案包含以下方法：①确定型决策选择法；②风险型决策选择法；③非确定型决策选择法。

17. 什么是非确定型决策选择法

答：非确定型决策选择法指人们对未来可能出现的自然状态或者所带来的结果无法做出明确估计，即各种自然状态或结果产生的概率无法明确，只能根据主观选择的原则进行方案选择。

18. 从理论上来说，非确定型决策选择标准或原则有哪4种

答：(1) 乐观原则，又叫大中取大法，或者叫好中求好法，即决策者在决策时根据每个方案在未来可能取得的最大收益值，也就是对每个方案在最有利的自然状态下的收益值进行比较，

从中选出带来最大收益的方案作为实施方案。

(2) 悲观原则,又叫小中取大法,或叫坏中求好法,它与乐观原则正好相反。悲观的决策者认为,未来会出现最差的自然状态,为避免风险,决策时只能对各方案的最小收益值进行比较,从中选取相对收益较大的方案。

(3) 折中原则,持折中观点的决策者认为要在乐观与悲观两种极端中求得平衡,因为最好和最差的自然状态均有可能出现。

(4) 最大后悔值最小化原则,是一种以各方案的机会损失大小判断优劣的方法。决策时应先计算出各种方案在各种自然状态下的后悔值,即用方案中的最大收益值减去该自然状态下的收益值所得的差值,然后从每个方案在各种状态下的后悔值中找出最小的后悔值。

四、计划的种类与制定过程

1. 什么是计划

答:计划是关于组织未来的蓝图,是组织未来一段时间内的目标和实现目标途径的策划与安排。如果没有计划,组织活动就会经常出现混乱和低效率。

2. 计划与决策的关系如何

答:正式计划的制订过程是以决策为核心内容的。计划的制订离不开做决策。决策是计划的先期工作,计划则是决策的逻辑延续。计划工作的范围和内容比决策所包含的范围和内容广泛、深入、具体。计划与决策缺一不可,它们相互支持、彼此协调。

3. 计划有哪4个方面的作用

答:(1) 为组织的稳定发展提供保证。计划使组织明确方向,并预先估计到未来,有利于组织的稳定发展。

(2) 明确组织成员行动的方向和方式。计划能使每个成员相互支持、彼此协调,以实现共同目标。

(3) 为组织资源的筹措和整合提供依据。计划能使组织对人、财、物在事先全面安排,减少浪费。

(4) 为检查与控制组织活动奠定基础。组织按计划进行检查和控制。

4. 关于计划的种类应掌握哪些内容

答:(1) 根据计划对企业经营范围影响程度的不同,可将计划分为战略计划和战术计划。①战略计划是关于企业活动总体目标和战略方案的计划。其特点是时间长、范围广、内容抽象、一次性前提不明确;②战术计划是关于如何具体运作组织活动的计划,是各项业务活动开展的作业计划。

(2) 根据计划跨越时间的长短,可将计划分为长期计划和短期计划。①长期计划是指描述组织在一段较长时间内(通常为3~5年)的发展蓝图。②短期计划是指具体规定组织在较短(如一年、半年以至更短)时期内应从事的活动和应达到的水平。

(3) 从空间上可把计划分为综合性计划和专业性计划。①综合性计划是对业务经营过程各方面所做的全面规划和安排;②专业性计划是对某一专业领域职能工作所做的计划,它通常是对综合性计划某一方面内容的分解和落实。

(4) 根据计划内容的详尽程度可将计划分为定向性计划和具体计划。①定向性计划只规定一些一般性的方针,指出行动的重点,但不限定某种具体的目标,也不规定特定的行动方案;②具体计划定出特定的工作程序、预算分配方案,以及与实现该目标有关的各项活动的日程进度表。

5. 决定不同类型计划有效性的因素有哪几种

答：决定计划有效性的因素包含以下三种。

(1) 组织的规模和管理层次。大型企业分不同层次制定不同性质的计划，基层主要制订具体计划，高层制订战略计划。

(2) 所经营产品的生命周期。投入期主要依赖定向性计划；成长期更重视短期计划；成熟期可以制订长期的具体计划；衰退期重视定向性计划。

(3) 环境的不确定性。面临高度不确定性环境的组织，计划应是定向性的；而环境不变的组织会制订具体计划。

五、计划工作的程序

1. 计划工作的过程大致包括哪5个阶段

答：①收集资料；②确定目标和行动计划；③分解目标；④综合平衡；⑤编制并下达执行计划。

2. 计划的前提条件包括哪几个部分

答：计划的前提条件包括以下几个部分：①外部和内部前提条件，即企业面临的一般环境和企业的厂房、设备、资金、方针政策等；②定量和定性前提条件，指可用数字表示的因素和那些难以用数字表示的因素；③可控和不可控前提条件。可控条件是指企业可以在一定程度上加以控制的因素，比如产量、质量、生产进度等，不可控条件是指企业难以控制的因素，比如政策、市场变化等。

3. 有效确定计划工作的前提应注意哪三方面

答：①合理选择关键性前提条件；②提供多套备选的前提条件；③保证计划前提条件的协调一致。

4. 确定计划目标的实质就是决策。它大致可以包括哪三个工作步骤

答：①根据对计划前提的认识，估量机会，确定组织目标；②进一步调查研究，明确计划的具体前提条件；③提出多种可选方案，比较分析，确定优化方案。

5. 对于企业来说，制定具体的分解目标有哪几个方面的作用

答：其包含以下5个方面的作用：①保证组织内部各方面行动和目标的一致性；②为动员组织的各种资源和分配资源提供依据；③促成组织内部形成一种井井有条的工作秩序；④调整个人目标，使之与组织目标一致；⑤使组织能对成本、时间、成效加以控制。

6. 计划的综合平衡包括哪三个方面

答：①综合平衡首先是任务之间的平衡；②组织活动的进行与资源提供之间的平衡；③不同环节在不同时间的任务与能力之间的平衡。

7. 执行计划可以分为哪两种

答：①单一用途计划，指那些只能用来指导未来某一次行动的具体计划；②常用计划，指可以在多次行动中重复使用的计划。

8. 单一用途计划的主要表现形式有哪些

答：(1) 工作计划是针对某一特定行动而制订的综合性计划。

(2) 项目计划是针对组织的特定课题而制订的专一性更强的计划。

(3) 预算是一种数字化的计划，它是以数字表示预期结果的一种特殊计划形式。

重点复习思考题

(1) 请谈谈组织环境对一个组织的生存和发展有什么影响和作用？
(2) 请谈谈与内部环境相比，为什么说外部环境对组织的生存和发展更重要？
(3) 简述一个企业组织所处的大环境(客观环境、一般环境)对其生存和发展所产生的正面和负面影响。
(4) 简要回答一个企业所处的具体的、特殊的环境对其生存和发展所产生的有利和不利影响。
(5) 假如你是一个企业的高层管理者(一把手)，你怎样做出风险决策？
(6) 假如你是一个企业的高层管理者，根据追踪决策的特点，怎样做好追踪决策？
(7) 为什么说决策具有满意性、过程性而不具备最佳性和瞬间性？
(8) 请谈谈产品生命周期各阶段有什么主要特点？一个企业的高层管理者应采取哪些相应对策？
(9) 请谈谈一个企业的经营管理者对进入或退出一个竞争市场这样的问题应考虑哪些主要因素？
(10) 请谈谈供应商在哪些方面会对企业的生存和发展产生重要影响？
(11) 请谈谈有哪些主要指标可以反映一个企业在市场经济体制下的综合竞争实力？
(12) 请谈谈顾客(消费者)的哪些需求和潜在需求会影响企业的生存和发展？
(13) 请谈谈有哪些主要因素会对组织决策产生重要影响？
(14) 请谈谈什么是SWOT分析法？4种不同类型的企业各有什么特点？应采取何种相应对策？
(15) 请谈谈经营业务组合分析法把企业的经营业务区分为哪4种类型？各类型有什么主要特点？企业应采取哪些相应的对策？
(16) 什么是目标管理法？其实质是什么？它的全过程是什么？
(17) 什么是量本利分析法？其实质是什么？它的全过程是什么？
(18) 什么是风险型决策？(掌握决策树法的计算和分析)
(19) 什么是非确定型决策？(掌握方案选择4种原则的分析)
(20) 我国已处于社会主义市场经济体制下，请谈谈某企业为什么还要实行计划管理？
(21) 什么是战略计划？它有什么特点？
(22) 处于产品生命周期不同阶段的企业，请谈谈应制订和实施怎样不同种类的计划？
(23) 请谈谈计划工作的程序分为哪5个阶段？有效确定计划工作的前提条件应注意哪几点？
(24) 为什么说确定组织目标的实质就是决策？它大致可以分为哪三个步骤？
(25) 什么是单一用途计划？简要说明其主要表现形式。

第三节　组织类问题

一、组织设计基础

1. 如何理解组织一词

答：组织一词可以从以下几点分析。

(1) 组织工作对象。组织工作是管理工作的一个有机组成部分，如对企业、事业单位等组织的行为工作。

(2) 组织工作本身。管理者所开展的组织行为、组织活动过程，如组织设计。

(3) 组织工作结果。管理者在组织中开展组织工作的结果，形成了一种分工协作的组织结构。

2. 如何理解组织工作的重要性

答：组织工作搞好了，不仅可以消除"一盘散沙""三个和尚没水吃"的弊端，还可以产生"三个臭皮匠胜过诸葛亮"的效果，形成整体力量和放大效应，即"1+1>2"。

3. 什么是组织设计？它的任务是什么

答：组织设计就是对组织开展工作和实现目标所必需的各种资源进行安排，以便在适当的时间和地点把工作所需的各方面力量有效组合在一起的管理过程。组织设计的任务主要有以下三个方面内容。

(1) 职务分析与设计。对组织的目标和活动进行逐级分析，具体确定出组织内各项作业和管理活动开展所需设置的职务的类别与数量，以及每个职务所拥有的职责与权限和任职人员所应具备的素质。

(2) 部门划分和层次设计。根据各个职务所从事工作的性质、内容及职务间的相互联系，依照一定的原则，采取一定的方式，将各个职务组合成一定部门或作业、管理单位。

(3) 结构形成。通过职责权限的分配和各种联系手段的设置，使组织中的各构成部分联结成一个有机整体，从而使各方面的行动协调、配合起来。

4. 组织设计工作的结果通常体现在哪两份书面文件上

答：一份书面文件是组织机构系统图，又叫组织结构图，它一般是以树形图的形式简洁明了地展示组织内的机构构成及主要职权关系。另一份书面文件是职务说明书，它规定了某一职位的工作内容、职责和职权，与组织中其他职务或部门的关系，以及该职务担任者所必须具备的任职条件等。

5. 组织设计的原则是什么

答：(1) 目标至上，职能领先原则。①组织结构的设计都是为组织目标服务的，所以目标是至上的；②职能部门是专业技术部门，而行政、后勤部门是综合部门，后者要为前者服务，所以职能要领先、优先。

(2) 管理幅度原则。①管理幅度又叫跨度、宽度，指一个主管人员有效领导的直接下属的数量；②管理幅度过小，即一个人只直接领导几个人，这会导致主管人数增加，同时造成资源浪费、机构臃肿；③管理幅度太大，因为主管能力总是有限的，管的人太多就会出现管不了、管不好的情况。

(3) 统一指挥原则。①下属只能有一个直接上级；②下属只能向一个直接上级汇报工作；③避免多头领导；④命令不统一，指挥矛盾会使下属无所适从。

(4) 责权对等原则。①要明确每一个部门或职务的职责范围；②赋予为完成职责所需的权力；③二者要一致或对等；④如责任大于权力，管理者的积极性、主动性就会受到束缚；⑤如责任小于权力，管理者就会滥用权力或出现无人负责的情况。

(5) 因事设职与因人设职相结合的原则。①因事设职，要做到"事事有人做"，而不是"人人有事做"；②因事设职是"事找人做"，而不是"人找事做"，要因职用人；③因人设职，就是在组织设计时要重视人的因素，根据人的特点和能力来安排适当的职务和工作。

二、组织的基本问题

1. 什么是管理幅度

答：管理幅度是指主管直接领导的下属数量。

2. 管理幅度、组织规模和管理层次三者之间的关系如何

答：一个组织管理层次的多少，受组织规模的影响。在管理幅度既定的情况下，管理层次与组织规模的大小成正比。在组织规模既定的情况下，管理层次与管理幅度成反比。

3. 有效管理幅度易受哪些因素影响

答：有效管理幅度的大小受管理者本身素质与被管理者的工作能力、工作内容和性质、工作条件及工作环境的影响。其具体分析如下。

(1) 主管的工作能力包括综合能力、理解能力、表达能力等。

(2) 主管的工作内容和性质包括：主管所处的管理层次、下属工作的相似性、计划的完善程度、非管理事务的多少等。

(3) 主管的工作条件包括：助手配备情况、信息手段的配备情况、工作地点的相近性。

(4) 工作环境：组织所面临的环境是否稳定，在很大程度上影响着组织活动的内容和政治的调整频率与幅度。

4. 什么是职权

答：职权是指组织设计中赋予某一管理职位做出决策、发布命令和希望命令得到执行的权力。职权与组织内的一定职位相关，而与占据这个职位的人无关，通常把职权称为制度权、法定权。

5. 什么是集权与分权

答：在集权的组织中，决策权在很大程度上集中在少数人手上，一般为高层管理者；在分权的组织中，决策权在很大程度上分散在不同的职位与岗位上。

6. 影响集权与分权的主要因素有哪些

答：影响集权与分权的主要因素包含：

(1) 经营环境条件和业务活动性质，如果环境有较高的不确定性，组织要保持较高的灵活性和创造性，则应较大程度地分权，反之则可集权。

(2) 组织的规模空间分布广度，规模较小的组织实行集权化管理，效率较高，反之则应适当分权。

(3) 决策的重要性和管理者的素质，对重大决策应集权，对重要程度较低的决策应分权。

(4) 对方针政策一致性的要求和现代控制手段的使用情况，对方针政策一致性要求较高并拥有现代通信、控制手段的组织应集权。

(5) 组织的历史和领导者个性的影响，规模较小且有个性较强、自信、独裁的领导者，这样的组织往往喜欢集权方式，反之则采取分权方式。

7. 过分集权有哪些弊端

答：过分集权存在以下弊端：(1) 降低决策质量和速度，对于规模较大的企业，高层主管往往离作业现场较远，如果过于集权，现场出现了问题，要层层请示、等待决策，致使对问题的反应慢，且难以做到决策准确。

(2) 降低组织的适应能力，使下属和部门失去自我适应和自我调节的能力。

(3) 使高层管理者陷入日常事务管理中，难以集中精力处理重大问题。

(4) 降低组织成员的工作热情，太过集权会挫伤下属人员的积极性、主动性和创造性。

8. 判断组织集权或分权程度的主要依据有哪些

答：判断集权或分权的关键是决策或权限的分配是集中还是分散，具体地说，判断组织集权或分权的主要依据有以下三条。

(1) 所涉及的决策数目和类型。如果组织中较低层管理者可以自主决定的事项多，同时低层管理者所做决策具有重要性，则组织分权程度大。

(2) 整个决策过程的集中程度。如果所有决策步骤都由某主管一人来承担，这样的组织的权力较集中。

(3) 下属决策的受控制程度。主管人员对下属的活动进行高密度的监督和控制，即属集权情况。

9. 分权有哪两种途径

答：①改变组织设计中对管理权限的制度分配；②促成主管人员在工作中充分授权。

10. 什么是授权

答：授权指上级管理者依据对部属职责的规定而将部分职权委托给对其直接报告工作的部属执行的行为。授权的本质是管理者不去做别人能做的事，只做那些必须由自己来做的事。

11. 分权与授权有什么区别

答：(1) 分权：①是把本来属于下属的权力分给下属岗位；②是一种长久之计；③一旦出现问题，主要责任一般在下级(当然上级也有一定责任)。

(2) 授权：①是把本来属于上级领导的权力的一部分委托给下属去执行；②是权宜之计；③一旦出现问题，责任主要在上级。

12. 什么是分工？它有什么优缺点

答：(1) 分工，又叫专业化分工，是把复杂的工作、工程按专业化原则分解为较细工作的做法。

(2) 专业化分工的优点——社会化大生产的标志：①熟能生巧、速度加快(节约时间、不需看图纸)；②提高质量；③降低成本；④提高效率和效益。

(3) 专业化分工的缺点：①带来本位主义；②工作单调乏味，影响工作热情，引起效率下降；③办事手续烦琐复杂，增加了协调成本。因此，分工要有一定的"度"，不是越细越好。

13. 什么是机构职能综合化和业务流程重组

答：(1) 机构职能综合化，是指把职能相似、相互关联性较强的工作部门合并为综合部的做法。如把计划科与生产科合并为计划生产科，把采购、供应、销售合并为销售科，又如把设计、技术、工艺质量科合并为全面质量管理办公室。

(2) 业务流程重组，又叫业务流程再造，是指利用现代信息技术手段对业务流程进行根本性重新思考和重新设计，以取得质量成本和业务处理周期等绩效指标的显著改善的一种企业再造活动。

14. 什么是正式组织

答：正式组织是指具有法人地位的有计划、有目的、有机构人员的组织，正式组织具有目的性、正规性、稳定性等特征。

15. 什么是非正式组织

答：正式组织中某些小群体成员由于工作性质相近、社会地位相当、认识基本一致、观点基本相同或性格、业余爱好、感情相投，在此基础上形成了彼此共同接受并遵守的行为规则，从而使原来松散、随机形成的群体，渐渐形成非正式组织。

16. 非正式组织对组织目标起什么样的作用

答：非正式组织对组织目标可以起到积极作用，也可以起到消极作用。

(1) 积极作用：①满足心理需求；②创造和谐的人际关系；③提高员工的合作精神；④改善正式组织的工作情况。

(2) 消极作用：①如果非正式组织的目标与正式组织的目标发生冲突，则可能对正式组织的工作产生极为不利的影响；②束缚其成员的个人发展；③影响非正式组织的变革进程，产生组织创新的惰性。

17. 直线关系与参谋关系有何不同

答：直线关系是一种指挥和命令的关系，授予直线人员的是决策和行动的权利。参谋关系是一种服务和协助的关系，授予参谋人员的是思考、筹划和建议的权利。

18. 区别直线机构与参谋机构的标准是什么

答：(1) 直线机构是指对组织目的的实现负有直接责任的部门。

(2) 参谋机构是指为实现组织目标、协助直线人员有效工作而设置的机构。

19. 如何划分直线机构和参谋机构？正确发挥参谋结构作用的方式有哪些

答：(1) 通常把企业中致力于生产、销售与劳动的部门称为直线机构，而把采购、人事、会计等部门列为参谋机构。

(2) 正确发挥参谋机构作用的方式：①合理利用参谋人员；②授予参谋机构必要的职能权利；③直线人员要为参谋人员提供信息条件。

三、常见的组织形式

1. 常见的组织形式有哪几种

答：常见的组织形式包含直线制、职能制、直线职能制、事业部制、矩阵制组织，以及企业集团等。

2. 什么是直线制组织？它有什么优缺点

答：直线制组织是指厂长或经理通过行政部门直接指挥和管理，不设参谋人员和职能机构的组织形式。

(1) 它的优点是：①机构简单、费用低；②统一指挥、决策迅速、反应灵活；③上下级关系清楚、责任明确。

(2) 它的缺点是：①对管理者精明能干的要求难以做到；②管理较粗放；③横向联系较差；④原管理者一旦离开，后来者往往难以继任。

3. 什么是职能制组织？它有什么优缺点

答：职能制组织是指厂长或经理通过职能部门指挥企业生产经营活动的组织形式。在职能制下，各级负责人除服从上级行政领导的指挥外，还要服从上级职能部门在其专业领域的指挥。

(1) 它的优点是：①可发挥专家的作用；②专业管理较细；③职能机构充分发挥作用。

(2) 它的缺点是：①多头领导，难以统一指挥；②一旦各职能部门出现矛盾，下级无所适从。

4. 什么是直线职能制组织？它有什么优缺点

答：直线职能制组织是以直线制组织为基础，在各级行政领导下设置相应的职能部门，只有各级行政负责人才能指挥下级、下达命令，而各级职能机构只给行政负责人做参谋的组织形式。

(1) 它的优点是：既保证了集中统一指挥，又能发挥各职能部门的作用。

(2) 它的缺点是：横向沟通差，职能部门之间易产生矛盾，不易协调。

5. 什么是矩阵制组织？它有什么优缺点

答：矩阵制组织是在直线职能制垂直形态组织系统的基础上，再增加一种横向的指挥系统，形成具有双重职权关系的矩阵结构的组织形式。矩阵制组织是为完成某一项目而设立的非长期、非固定性组织。

(1) 它的优点是：①加强了横向领导；②专业人员和专用设备随用随调；③在该项目内有合作精神、全局观念。

(2) 它的缺点是：①不固定，有临时观念；②双重领导，出了问题责任难定。

6. 什么是事业部制组织？它有什么优缺点

答：事业部制组织，又叫联邦分权化，是指在一个企业内对具有独立产品市场、独立责任的利益部门实行分权管理的一种组织形式，如总厂下的各分厂、分公司。

(1) 它的优点是：①统一管理，多种经营，专业分工相互结合；②公司与事业部之间权责分明。

(2) 它的缺点是：①对事业部经理的素质要求高；②容易造成职能重复，使管理费用上升；③各事业部之间由于有各自的经济利益，易产生不良竞争；④总公司与事业部之间要么过度分权，要么过度集权。

7. 企业采用事业部制组织形式需要具备哪些条件

答：企业采用事业部组织形式需要以下条件：①具备专业化原则，生产、技术和经营可能相对独立；②事业部之间相互依存，产品、工艺类似、互补；③事业部之间有适当竞争；④公司对事业部有管理机制；⑤拥有良好的外部环境。

8. 什么是集团控股型组织结构

答：集团控股型组织结构是在非相关领域内开展多种经营的企业常用的组织结构形式。在这种组织形式下，各大公司不会对业务经营单位进行直接的管理和控制，而代之以持股控制，集团公司或母公司与所持股企业之间不是上下级行政管理关系，而是出资人对被持股企业的产权管理关系。

9. 什么是网络型组织结构

答：网络型组织结构是利用现代信息手段建立起来的一种拥有精干的中心机构，以契约关系的建立和维持为基础，依靠外部机构进行制造、销售或其他重要业务经营活动的组织结构形式。

四、人员配备

1. 人员配备的主要任务是什么

答：通过分析人与事的特点，谋求人与事的最佳组合，实现人与事的不断发展。

2. 人员配备的内容和程序有哪些

答：①确定人员需求量；②选配人员；③制订和实施人员培训计划；④人员考评。

3. 人员配备的原则是什么

答：人员配备的原则是因事择人、因材施用、动态平衡。①因事择人就是根据岗位的要求选择、配备具备相应知识与能力的人员，以使工作卓有成效地完成。②因材施用就是要根据人的不同特点来安排工作，以使人的潜能得到最充分的发挥。③动态平衡就是要以发展的眼光看待人与事的配合关系，并适时调整，以实现人与工作的动态平衡与最佳匹配。

4. 企业人事管理和各种决策的核心分别是什么

答：管理人员的选拔、培训、考评应成为企业人事管理的核心，而人事决策又居企业各种决策之首。

5. 制订管理人员选聘和培训计划，首先需要考虑哪些因素

答：制订管理人员选聘和培训计划，首先需要确定组织目前和未来管理人员的重要性。

6. 管理人员的外部选聘和内部选聘各有什么优缺点

答：(1) 外部选聘的优点：①选择面广；②可平息内部过度竞争；③增加组织的新生力量和活力；④可防止"近亲繁殖"。

(2) 外部选聘的缺点：①难以选准；②所选人员难以迅速适应工作；③内部员工的积极性易受打击；④费用较大。

(3) 内部选聘的优点：①对选聘对象较了解，易做出合适的选择；②有利于鼓舞士气，调动员工积极性；③所选人员能迅速适应工作；④费用较低。

(4) 内部选聘的缺点：①易激化同事间矛盾；②可能造成"近亲繁殖"。

7. 管理人员选聘的标准是什么

答：①具有强烈的管理欲望；②具有正直的品质；③具有冒险精神；④具有做出正确决策的能力；⑤具备实现有效沟通的技能。

8. 管理人员选聘的程序和方法是什么

答：①公开招聘；②初选；③对初选合格者进行知识能力的考核；④民意测验；⑤选定管理人员。

9. 对管理人员考评的目的和作用是什么

答：了解企业人力资源和管理队伍状况，具体目的和作用如下：①为确定管理人员的工作报酬提供依据；②为人事调整提供依据；③为管理人员的培训提供依据。

10. 管理人员考评的内容分为贡献和能力两方面。考评的程序和方法怎样

答：①确定考评内容；②选择考评者；③分析考评结果；④依据考评结果建立企业人才档案。

11. 管理人员培训的目的是什么

答：(1) 提高能力，根据管理工作的要求，努力提高管理人员的管理能力。

(2) 更新知识，补充和更新管理人员的科学文化知识、技术知识和管理知识。

(3) 改变态度，接受组织的新观念，按照组织认同的行为准则从事管理工作。

(4) 传递信息，了解生产特点、工艺流程、市场信息和市场营销信息。

12. 管理人员培训的方法有哪几种

答：①工作轮换；②设置助理职务；③临时职务代理。

五、组织变革

1. 什么是组织变革

答：组织变革是指组织根据外部环境和内部情况的变化及时改变自身内在结构，以适应不断发展变化的客观需要。

2. 诱发组织变革并决定组织变革目标、方向和内容的主要因素有哪些

答：(1) 战略：企业战略的调整要求组织结构进行调整和变革。

(2) 环境：环境的变化是导致组织结构变革的主要影响力量。

(3) 技术：企业技术水平及设备水平会对组织结构产生相当的影响。

(4) 组织规模和成长阶段：组织规模和成长阶段出现变化，组织结构也必须随之调整。

3. 什么是组织变革的动力

答：组织变革的动力是指发动、赞成和支持变革并努力实施变革的驱动力，它来源于人们对变革必要性和变革所能带来好处的认识。

4. 什么是组织变革的阻力

答：组织变革的阻力是指人们反对变革、阻挠变革，甚至对抗变革的制约力，它来源于个体、群体，也可能来自组织本身，甚至外部环境。

5. 组织变革的阻力主要来自哪几个方面

答：(1) 个体和群体方面的阻力，产生原因主要是：①工作和行为习惯难以改变；②就业安全需要；③经济收入的变化；④对未知状况的恐惧；⑤对变革存在认识偏差。

(2) 组织的阻力，即来自组织层次的阻力，产生原因包括：①组织结构的束缚；②组织运行的惯性；③变革对现有责权及资源分配的破坏与威胁；④追求稳定、安逸、保守的组织文化。

(3) 外部环境的阻力：组织外部环境(如市场、原料、能源、劳动力)的变化，往往会束缚、阻碍组织变革。

6. 改变组织变革力量的策略有哪几种

答：①增强或增加动力；②减少或减弱阻力；③增强动力并减少阻力。

7. 组织变革有哪三个过程

答：(1) 解冻：实施变革的前奏，其任务是发现动力、制造危机感、营造气氛、描绘蓝图、明确方向。

(2) 改革：具体进行组织变革。

(3) 冻结：强化和巩固组织变革成果的过程。

重点复习思考题

(1) 请谈谈如何从组织工作的对象、组织工作本身和组织工作的结果这三个角度来理解组织的概念？

(2) 请谈谈做好组织工作为什么会形成整体力量和放大效应？

(3) 请谈谈创办一个新企业后，在组织设计方面有哪三项具体任务？它要遵循哪些基本原则？

(4) 请简述影响管理者有效管理幅度的主要因素。

(5) 请谈谈适当分权有哪些优点？过度集权有什么弊端？

(6) 请谈谈适当分工有哪些优点？过度分工又有哪些弊端？对策是什么？

(7) 请谈谈一个企业的管理者应怎样正确处理正式组织和非正式组织的关系？

(8) 请谈谈什么是非正式组织？它有哪些积极作用和消极作用？

(9) 请谈谈什么是直线制、职能制、直线职能制？它们各有哪些优缺点？

(10) 请谈谈什么是矩阵制？它有哪些优缺点？

(11) 请谈谈事业部制有哪些优缺点？采用事业部制的企业应具备哪些条件？

(12) 请谈谈企业在人员配备时要遵循哪些基本原则？为什么？

(13) 请谈谈选聘管理人员的标准是什么？

(14) 请谈谈企业管理人员的外部选聘和内部选聘各有哪些优缺点？
(15) 请谈谈诱发组织变革并决定组织变革目标、方向和内容的主要因素有哪些？
(16) 请谈谈组织变革的阻力主要来自哪些方面？假如你是一个企业的生产管理者，你会采取哪些管理对策？
(17) 请谈谈怎样正确处理管理幅度、管理层次和组织层次之间的辩证关系？
(18) 请谈谈一次成功而有效的变革通常需要经历哪三个过程？

第四节 领导类问题

一、领导与领导者

1. 什么是领导

答：(1) 领导作为名词指的是人，即领导者，它有两种类型：①一种是居于领导职位的人，如厂长、经理；②另一种是并不处于正式领导职位但能对他人产生影响的人，如离退休干部。
(2) 领导作为动词指的是指引、指导、动员他人行为与思想的行为，它指的是率领并引导人们向一定方向前进的行为。

2. 领导职能包括哪4个方面的含义

答：(1) 领导者一定要与被领导群体或组织中的人员发生联系，即领导者与被领导者互为条件，共存于一个统一体中，二者缺一不可，没有群众就无所谓领导。
(2) 权力在领导者和其他成员中是不相等的。比如：领导者有决策权、奖惩权，被领导者则没有或只有很少一点权力。
(3) 领导者能够对被领导者产生各种影响。比如：领导做出某种决策、规定，被领导者必须执行。
(4) 领导行为的目的是影响被领导者，使之为实现组织目标做出努力和贡献。

3. 领导活动对组织绩效具有决定性影响，领导的作用具体表现在哪些方面

答：(1) 沟通协调作用。组织的目标是通过许多人的集体活动实现的，所以需要领导者沟通和协调各种关系和活动，使组织成员步调一致地朝着共同目标前进。
(2) 指挥引导作用。在组织的集体活动中，领导者应指挥、指导、引导组织成员最大限度地实现组织的目标。
(3) 激励鼓舞作用。领导工作的作用在很大程度上表现为调动组织中每个成员的积极性，使其以高昂的士气自觉地为组织做出贡献。

4. 什么是权利？根据权利来源和使用方式不同，可将权利划分为哪5种

答：权力是指一个人借以影响其他人的能力，权力可以分为以下5种。
(1) 合法权：指组织内管理职位所固有的、法定的正式权力。
(2) 奖励权：指提供奖金、提薪、表扬、升职和其他令人愉快的东西的权力。
(3) 惩罚权：指可以施加扣发工资或奖金、批评、降职乃至开除等惩罚措施的权力。
(4) 专家权力：指由于个人的特殊技能或某些专业知识而产生的权力。

(5) 感召权力：指与个人资质、魅力、经历、背景等相关的权力，通常也称专长权。以上5种权力可归纳为两大类：①制度权，即与职位有关的权力，是上级和组织赋予的，由法律、制度明文规定的；②与领导者个人有关的权力，它不是组织中的职位产生的，而是因领导者自身的某些特殊条件而产生的。

5. 领导正确用权要注意哪三个原则

答：(1) 慎重用权。领导者拥有一定权力，用对了会起很大作用，用错了也能起很大的反作用，所以要慎重用权。

(2) 公正用权。要公正廉洁、不徇私情、不谋私利，做到公正、公开、公平。

(3) 例外处理。规章制度是组织成员应共同遵守的行为准则，领导者必须严格执行规章制度，但是在特殊情况下，领导者有权对特殊的事进行例外处理。这里，例外处理不是对规章制度的破坏，而是为了使规章制度在执行中表现得更加合理、更符合际情况而采取的措施。为了保证规章制度的严肃性，例外处理必须有充分的、正当的理由，必须光明正大地进行，切忌以例外处理之"名"行贪污腐化之"实"。

6. 领导者素质包括哪几个方面

答：(1) 政治素质，主要包括思想观念、价值体系、政策水平、职业道德、工作作风等。一个合格的领导者要具备以下几个方面的基本素质：①世界观、价值观、人生观，即一个人对整个世界总的看法与观点；②现代化管理思想，管理现代化企业必先以现代科学理论和管理思想作指导；③强烈的事业心、责任感；④实事求是、敢于创新的精神。

(2) 业务素质：①掌握社会主义市场经济的规律和基本理论；②掌握组织管理的基本原理、方法和专业管理知识；③掌握思想工作、心理学、组织行为学、社会学等方面的知识。

(3) 业务技能：①分析、判断、概括的能力；②决策能力，对重大的、长期的、全局的问题做出科学选择和决断的能力；③组织、指挥、控制能力；④沟通、协调、组织能力；⑤探索、创新能力，有敢于冒风险的精神；⑥知人善任的能力。科学合理地发现人才、使用人才、留住人才。

(4) 身体素质：领导者必须具备强健的体魄、充沛的精力。

以上4种素质中，政治素质是根本、是关键、是核心，当然其他三种素质也必不可少。

二、人性假设与领导风格

1. 什么是经济人？它有哪些特点

答：一切行为由经济利益和经济因素决定的人，称为经济人。经济人的具体特点如下：①人按一种合乎理性的精打细算的方式行事；②人的行为是由经济因素激发和推动的；③个人在组织中处于被动的、受控制的地位；④管理手段主要是"胡萝卜加大棒"。

2. 什么是社会人？它有哪些特点

答：一切行为的目的是满足社会需要的人，称为社会人。社会人的具体特点如下：①人的行为受社会需要的激发；②集体伙伴的社会力量比上级主管的控制更加重要；③管理要着眼于关心和体贴下属。

3. 什么是自我实现人？它有哪些特点

答：自我实现人假设由马斯洛提出，其理论依据是：人是自我激励、自我指导、自我控制的。自我实现人的特点：①人可以做到自我激励、自我指导、自我控制；②人们要求发展和提高自己，期望获取个人成功；③是一种管理手段，即把人作为宝贵资源，提供给人挑战性的工作，使之得以内在激发。

4. 什么是复杂人？它有哪些特点

答：复杂人假设是由埃德加·沙因等人在20世纪60年代末70年代初提出的，认为人是复杂的，不同的人及同一个人在不同的时间和场合下会表现出不同的动机和需求。复杂人的特点：①组织中的各种人不能简单化、一般化地归类为一种假设；②人是千差万别的，人有不同的动机和需要；③根据这种权变理论的认识，管理者对人进行激励和领导的方式应该力图灵活多样，做到因人、因问题和因环境的不同而不同。

5. 领导行为能否产生预期效果取决于哪三个方面

答：(1) 领导者本身的背景、经验、知识、能力、个性价值观念等。

(2) 被领导者的背景、经验、知识、能力、个性和责任心等。

(3) 领导工作的情况指领导工作所面对的特定的情境条件。

6. 什么是领导特质理论

答：这种理论侧重于领导者本身特殊品质的研究，它认为领导者的工作效能的高低与领导者的素质、品质或个性特征密切相关；认为领袖人物是天生的，而不是后天造就的；认为领导者的个人特征是决定领导效能的关键因素。这种理论受到许多人的批评，批评者认为领导者特质并不是影响领导效能的关键因素。

7. 什么是领导行为理论

答：领导行为理论试图用领导者做什么来解释领导现象和领导效能，并主张评判领导者好坏的标准是其外在的领导行为而不是其内在的素质条件。由于领导有效性取决于领导者实际所表现出的领导行为，这样，人们就可以通过接受培训和学习成为合格的领导者。

8. 什么是权变领导理论

答：权变领导理论认为，没有万能的领导方式，不同的领导方式适合不同的工作环境，而不同的工作环境也需要不同的领导方式，有效的领导方式是因工作环境的不同而变化的，不同的工作环境需要采取不同的领导方式。这种随机应变的权变领导理论提出后，让影响领导行为有效性的情境因素分析得到明显的重视和广泛的肯定。

9. 领导方式有哪些类型？各种领导方式又有哪些特点

答：领导方式分为专制式领导、民主式领导、放任式领导。

领导方式的特点具体如下。

(1) 专制式领导的特点：①独断专行，决策完全由领导者做出；②信息不告诉下级，不让下级参与决策；③靠行政命令管理，奖惩由领导说了算；④领导发指令，下级只执行；⑤领导与下级保持相当的心理距离。

(2) 民主式领导的特点与专制式相反。

(3) 放任式领导的特点是领导者极少运用其权力，而是给下属以高度的独立性。

对三种领导方式的分析评论如下。

(1) 放任式领导：工作效率一般最低，社交效果好，下属多完不成任务，如下属非常自觉、成熟，结果则不一定。

(2) 专制式领导：工作目标可达到，可是下属情绪消极、士气低落，如下级水平太低、不自觉、很不成熟，专制未必不可。

(3) 民主式领导：工作效率最高，目标完成好，人际关系融洽，但有时决策慢。

10. 利克特提出哪4种领导方式？各有什么特点

答：(1) 专制—权威式：①决策权仅限于最高层；②对下级很少信任；③激励主要采用惩罚；④沟通自上而下。

(2) 开明—权威式：①领导对下属有一定的信任；②奖励与惩罚并用；③沟通自下而上；④给予下属一定的决策权，但主导权由自己牢牢控制。

(3) 协商式：①领导对下属有相当大但不完全的信任；②激励主要采用奖赏；③上下级双向沟通；④允许下属参与具体问题的决策。

(4) 群体参与式：①领导对下属在一切事务上充分相信；②积极采纳下属意见；③上下级之间、同事之间充分沟通；④鼓励各级组织做出决策。一般认为，此种领导方式最佳。

11. 什么是"双中心"论

答：(1) 以任务为中心的领导风格。这种类型的领导者最关心的是工作任务的完成，他们总是把工作任务放在首位，却不关心人际关系，有时为了完成任务甚至不惜损害上下左右的人际关系。

(2) 以员工为中心的领导风格。这种类型的领导者把主要精力放在下属身上，关心与下属的人际关系及员工个人的成长与发展。

12. 管理方格图由美国管理学家罗伯特·布莱克和简·莫顿于1964年提出，其中说明了哪5种类型的领导作风

答：如图10-1所示。

(1) 1-1贫乏型：领导对职工漠不关心，对工作也不关心；领导者自己也仅以最低限度的努力来完成必须做的工作。

(2) 9-1任务型：关心工作，但不关心人；下属士气不高；领导者的注意力集中在完成任务的效率方面，但不关心人。

(3) 1-9俱乐部型：关心体谅人，对工作关心少；领导者对职工支持和体谅，但对任务、效率、规章制度、指挥、监督等则很少关心。

(4) 5-5中间型：对工作、对人的关心保持平衡，效率一般，士气较高。

(5) 9-9战斗集体型：对员工、对工作都极关心，努力使员工个人的需要和组织的目标最有效地结合起来。

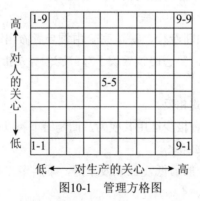

图10-1 管理方格图

13. 什么是领导行为连续统一体模型

答：坦南鲍姆和施米特认为，领导行为有一种连续性——领导者是沿着一根标尺的延长线

运作的,它从完全以领导为中心的低点逐渐过渡到完全以职工为中心的高点,中间存在领导风格灵活性、多样性的转化。领导方式因领导者授予下属权力大小的差异而发生连续变化。

14. 什么是最难共事者模型

答:菲德勒认为,领导成功的关键因素之一是领导者的基本领导风格。为监测领导者的基本领导风格,他设计了"最难共事者"问卷,具体内容和做法如下:从工作绩效的角度考虑,"最难共事者"是领导者最不愿意挑选与其一起工作的员工,要求被调查领导者在与自己共事过的员工中找出这样一位"最难共事者",对这个最不愿意与之共事又不得不与之共事的人的人品特征做出评价。如被调查领导者大多用含敌意的词句(或打低分)来评价这位"最难共事者",则说明该领导者没有将员工的工作表现与人品好坏区分开来,因此,做出低分评价的领导者倾向工作/任务导向型领导方式。如果做出高分评价,则反映出该领导者的领导方式是关系导向型。

15. 领导者将权力下放给下属时应考虑哪些因素

答:领导者将权力下放给下属时应考虑以下因素:①领导者自己的能力;②下属的能力;③需要完成的任务。

16. 有效领导方式取决于环境和领导者个性。影响领导方式的可能因素有哪三种

答:(1) 领导者个性因素:领导者的价值观、人生观、政治素质、个人爱好等。

(2) 下属的具体因素:下属的水平、经验、能力、知识等。

(3) 情境因素:所处环境、传统观念等。

17. 什么是情境理论

答:情境理论即这样一种理论:认为领导行为是否有效,不单纯取决于领导的个人行为,还取决于某种领导方式应用于实际工作时的具体情境和场合,此外还与被领导者的特点及环境变化有关。

18. 什么是因地制宜的领导理论

答:菲德勒认为不存在一种普遍适用于各种情境的领导方式,他提出有效领导的权变理论,具体包括两种领导风格、三种情境因素。

(1) 两种领导风格:①工作导向型风格;②关系导向型风格。

(2) 三种情境因素:①领导者、被领导者的关系;②工作任务结构;③领导者所处职位的固有权力。

19. 简述菲德勒模型

答:菲德勒根据三种情境条件下形成的8种不同类型环境认为,只要领导风格与环境相适应,便能取得良好的效果。当情境处于1、2、3(即有利状态)时和当情境处于8(即最不利情境)时采用工作/任务导向型领导方式为好,而处于4、5、6、7情境时采用关系导向型领导方式为好。图10-2为菲德勒模型。

上下级关系	好				坏			
任务结构	明确		不明确		明确		不明确	
职位权力	强	弱	强	弱	强	弱	强	弱
情景模式	1	2	3	4	5	6	7	8
环境利好性	有利				中间状态			不利
有效领导方式	任务型				关系型			任务型

图10-2 菲德勒模型

20. 简述领导生命周期理论的基本内容

答：领导生命周期理论由科曼首先提出，后经赫西和布兰查德发展。该理论认为有效的领导风格应视下属成熟程度的不同而有所不同。

21. 领导生命周期理论提出的4种领导方式及其适用条件是什么

答：(1) 命令式：高工作、低关系结合的领导方式，适用于下属成熟度低的情况。

(2) 说服式：高工作、高关系结合的领导方式，适用于下属较不成熟的情况。

(3) 参与式：高关系、低工作结合的领导方式，适用于下属比较成熟的情况。

(4) 授权式：低工作、低关系结合的领导方式，适用于下属高度成熟的情况。

三、激励与激励理论

1. 什么是激励

答：所谓激励，顾名思义就是激发鼓励人，调动人的积极性，使其把潜在的能力充分发挥出来，朝着组织所期望的目标积极主动地工作。

2. 什么是动机

答：所谓动机就是驱使人产生某种行为的内在力量。动机是由人的内在需要引起的，而需要就是使某种结果变得有吸引力的一种心理状态，是人们对某种目标的渴求。

3. 行为动机的形成有哪两个条件

答：①人的内在需求和愿望；②外部提供的诱惑或刺激。

4. 什么是马斯洛需求层次理论

答：心理学家马斯洛把人的需要分为5个层次，认为人的需要是由物质需要逐渐转向精神需要，由低级需要逐渐转向高级需要的。当低级需要基本满足后，人将产生高级需要，人的需要变化过程是呈螺旋式上升的。

5. 什么是双因素理论

答：双因素理论由美国心理学家赫茨伯格提出，他把能消除人们不满情绪的因素称为保健因素，如企业政策、工作环境、工资水平、劳动保护等；把能产生工作满意感的因素称为激励因素，如工作表现机会、成就感、责任感、奖励、晋升等。

6. 什么是期望理论

答：美国心理学家弗鲁姆提出，在预期自身行为将有助于实现某个目标的情况下，人们会受到激励而去做某些事，以实现这个特定目标。用公式表示为：激励力=效价×期望值。效价是指个人对某一预期成果或目标的吸引力(效用)做出的主观估价。期望值是指个人经主观认识估计出的、通过其努力达到预期成果或目标的概率。

7. 什么是公平理论

答：公平理论认为一个人在自己因工作或做出成绩而取得报酬后，并不只关心所得报酬的绝对量，还会通过对自己相对于报酬水平的投入与相关他人的比较来判定所得报酬是否公平。该理论认为，员工首先思考自己收入与付出的比率，然后将自己的收入—付出比与相关他人的收入—付出比进行比较，如果自己的比率与他人相同，则认为公平，否则就产生不公平感。公平理论的基本观点可以用以下公式加以表示：

个人对自己所得的感觉>个人对他人所得的感觉

个人对自己投入的感觉<个人对他人投入的感觉

如自己的比率与他人的比率相同，则产生公平的感觉；如自己的比率小于他人的比率，则感到自己吃亏了，产生不公平的感觉；如自己的比率大于他人的比率，则别人感到吃亏了，产生不公平的感觉。

8. 公平理论对报酬分配至少有哪4个有价值的启示

答：如按时间付酬，收入超过应得报酬的员工的生产率水平将高于收入公平的员工；如按时间付酬，收入低于应得报酬的员工与收入公平的员工相比，其生产的数量、质量将下降；如按产量付酬，收入超过应得报酬的员工与收入公平的员工相比，生产数量增加不多，可能主要是提高质量；如按产量付酬，收入低于应得报酬的员工与收入公平的员工相比，他们的产量将提高，质量将下降。总而言之，对按计件制方式获取报酬的员工，管理者应主要抓其所生产产品的质量，而对按计时制方式获取报酬的员工则不但要抓其产品质量，而且还要抓数量。

9. 什么是强化理论

答：美国心理学家斯金纳认为，人们为了达到某种目的，会表现出一定的行为，当行为的结果有利时，这种行为就会重复出现；当行为结果不利时，这种行为就会减弱或消失。例如，一个人做了好事，得到社会组织和家人的理解、肯定和支持，他自己以后还会继续做好事；反之，一个人做了好事，得不到社会组织和家人的理解、肯定和支持，却受到嘲笑、讽刺和打击，他本人以后就不会再去做好事了。

10. 强化理论对行为的改造有哪4种作用方式

答：(1) 正强化：奖励那些符合组织目标的行为，以期类似的行为重复出现。

(2) 负强化：预先告知某种不合要求的行为可能引起的不良结果，从而减弱所不希望出现的行为。

(3) 自然消退：自然消退是取消正强化，比如做好事没人理，慢慢地人们都不做好事了。

(4) 惩罚：用某种带有强制性、威胁性的手段来消除某些重大的错误行为。

四、人际间的信息沟通

1. 什么是沟通

答：沟通是信息的传递与理解，是信息从发送者传递到接受者的过程和行为。

2. 信息沟通有什么重要性

答：良好的沟通可以促使有关想法、意见、情报和消息等得到交流、交换和共享，达到双方互相了解与信任的程度。沟通的具体作用主要表现在以下两个方面：①沟通是计划、组织、领导和控制等管理职能实施和完成的基础；②沟通也是领导者最重要的日常工作。

3. 信息沟通必须具备哪4个要素

答：(1) 发送者，即信息的发出者，又叫信息源。

(2) 接受者，即信息的接受对象。

(3) 所传递的内容。

(4) 传递信息的渠道。

4. 信息沟通的具体步骤是什么

答：(1) 形成思想，信息发送者需要明确所要沟通、发出的信息内容。

(2) 编码，即将信息内容转化为某种特定的符号，如语言、文字、手势等，信息经过编码才能传递出去。

(3) 通过某种渠道把信息传递给对方，如交谈、打电话、写信、写报告等。

(4) 接受，包括接收、译码、理解等步骤。

(5) 反馈，接受者把所收到或理解的信息返归发送者，供发送者核查并在必要时纠正。

5. 人际间的信息沟通有哪些特点

答：人际间的信息沟通主要通过口头交流，但也有书面交流。沟通内容不仅限于情报、信息，还包括思想、感情、观点等。由于人的知识、经历、价值观不同，人与人的沟通较复杂，有时会造成信息失真。

6. 人际沟通有几种方式

答：(1) 按信息载体的不同，沟通分为书面、口头、非语言和电子沟通。

(2) 按沟通渠道的不同，沟通可分为正式沟通和非正式沟通。

(3) 按沟通信息流向的不同，沟通可分为上行沟通、下行沟通、横向沟通、斜向沟通。

7. 什么是书面沟通

答：书面沟通是以文字为媒体的信息传递，形式主要包括文件、报告、信件、书面合同等；口头沟通是以口语为媒体的信息传递，形式主要包括面对面交谈、电话、开会、讲座、讨论等。

8. 什么是正式沟通

答：正式沟通就是按照组织设计中事先规定好的结构系统和信息流动的路径、方向和媒体等进行的信息沟通，是组织规章制度所规定的沟通方式。

9. 什么是非正式沟通

答：非正式沟通是指正式组织途径以外的信息沟通方式，主要通过个人之间的接触，以小道消息等传播方式进行。

10. 非正式沟通有什么优点和作用

答：(1) 不受规定程序和形式限制，灵活方便。

(2) 能帮助建立良好的人际关系。

(3) 在一定程度内对信息沟通是必要的，但要注意负面影响。

11. 信息沟通有哪5种形态

答：信息沟通主要有下列5种形态：①链式；②环式；③Y式；④轮式；⑤全通道式。

12. 链式沟通有哪些特点

答：(1) 结构是一个平行网络，其中两端的人只能与内侧一个成员联系，而居中的人可与两个人沟通信息。

(2) 信息自上而下或自下而上传递。

(3) 信息经层层传递、筛选，容易失真。

(4) 主管与下级之间存在着中间管理者。

13. 环式沟通有哪些特点

答：(1) 属于封闭控制结构。

(2) 每个人都可以同时与两侧的人沟通信息。

(3) 组织的集中程度和领导人的预测程度较低。

(4) 组织成员比较一致，士气高昂。

14. Y式沟通有哪些特点

答：(1) 其结构是一个纵向沟通网络，只有成员处于沟通中心位置。

(2) 集中程度高，解决问题迅速。

(3) 节省时间，控制有效。

(4) 信息容易失真。

15. 轮式沟通有哪些特点

答：(1) 属于控制型网络，只有一个成员处于各种信息的汇集、传递点。

(2) 集中化程度很高，解决问题速度快。

(3) 管理预测程度高，但沟通渠道很少。

(4) 成员满意程度低、士气低。

16. 全通道式沟通有哪些特点

答：(1) 结构是一个开放式网络，每个成员之间都有一定的联系。

(2) 集中化和主管预测程度均很低。

(3) 沟通渠道很多，成员平均满意程度差异小。

(4) 士气高，合作气氛浓，但渠道太多，容易混乱。

17. 信息沟通有哪三个障碍

答：(1) 信息发送方面的障碍。

(2) 信息传递中的障碍。

(3) 信息接收中的障碍。

重点复习思考题

(1) 请谈谈什么是领导和领导职能？它包含哪4个方面的含义？

(2) 请谈谈领导活动对组织绩效具有哪些决定性影响和作用？决策为什么不具有决定性影响和作用？

(3) 请谈谈领导的权力由哪几方面构成？请简要说明。

(4) 假如你是一个企业的最高领导者，请谈谈你怎样看待和正确使用手中的权力？

(5) 请谈谈什么是例外处理？它与规章制度有什么关系？

(6) 请简述一个合格的企业领导者应具备的基本素质。

(7) 请简述影响领导行为产生预期的效能和效果的主要因素。

(8) 请简述经济人、社会人、自我实现人和复杂人的基本内容和相应的管理对策。

(9) 请谈谈什么是领导特质理论，领导行为理论和权变领导理论？

(10) 请谈谈用所学管理学有关原理分析评价领导行为三种基本类型的优缺点。

(11) 请谈谈领导生命周期理论对不同成熟程度的下属提出了怎样的管理对策？

(12) 请谈谈怎样运用公平理论做好企业职工的计时工资制和计件工资制的管理？

(13) 请谈谈怎样理解和运用马斯洛需求理论调动员工的积极性，实现组织目标？

(14) 假如你是一个企业的中层管理者，请谈谈怎样处理好上下、左右、内外的人际关系和人际沟通？

(15) 假如你是一个企业的中层管理者，请谈谈怎样运用双因素理论消除员工的不满情绪，激发他们的满意情绪，调动他们的积极性？

(16) 请谈谈什么是信息沟通？人际沟通有什么特点？

(17) 请谈谈什么是正式沟通和非正式沟通？

(18) 请谈谈简述5种信息沟通形式的特点。

第五节　控制类问题

一、控制的基本概念和类型

1. 什么是控制和控制工作

答：控制是监视组织各方面的活动、保证实际运行状态与组织计划动态适应的一项管理职能。控制工作是管理人员对组织实际运作状态是否符合组织计划进行测定并促使组织目标实现的过程。狭义地讲，控制工作指的是"纠正偏差"，即按照计划标准来衡量计划的完成情况，并针对出现的偏差，采取纠正措施，确保计划顺利实现。从广义上讲，控制工作不只局限于按照既定计划标准来衡量和纠正计划执行中的偏差，还包括在必要时修改计划标准，以使之更加适应实际情况。

2. 控制与计划存在怎样的关系

答：控制与计划是一对矛盾的两个方面，缺一不可。如果只有计划而没有控制，人们只知道干了什么，而不知道干得怎样和存在什么问题；反之，如果只有控制而无计划，那么，人们就不知道应该控制什么。一般地说，先有计划，后有组织、领导，最后才是控制，这种控制叫按计划标准控制。

3. 现代管理活动中控制工作有哪两个主要目标

答：(1) 限制偏差的积累：偏差不可避免，小的偏差不会带来严重损害，但时间一长，积少成多，可能造成威胁。

(2) 适应环境变化：企业内外环境不断变化，控制要适应环境，随环境变化而变化。

4. 控制具有哪三个特点

答：(1) 整体性：①控制是全体成员的职责；②控制对象是组织的各个方面。

(2) 动态性：组织随内外环境和条件的变化而变化，控制也随之变化，所以是动态的。

(3) 人性：控制本质上是对人的控制，并由人执行，所以控制离不开人，离不开人性。

5. 控制可分为哪三种类型

答：控制可分为前馈控制、现场控制和反馈控制三种类型，具体分析如下。

(1) 前馈控制，又叫预先控制，指在工作开始之前就预测或估计可能产生的偏差并采取防范措施，将偏差消除于无形的行为。

(2) 现场控制，又叫同步控制或同期控制，指工作过程中的控制，主要指监督和指导两项职能。

(3) 反馈控制，又叫事后控制，指在工作结束之后进行的控制，主要通过对工作结果的测量、比较和分析，对出现的偏差采取纠正措施。

6. 前馈控制与反馈控制相比有什么优点

答：(1) 可防患于未然，避免事后应付已铸成差错的弊端。

(2) 前馈控制是在工作开始之前针对某项计划行动所依赖的条件进行的控制，不针对具体人员，因而不会造成面对面的冲突，易于被员工接受并付诸实施。

(3) 前馈控制可有的放矢，效果好，适用于绝大部分领域。

7. 控制的三个基本要素和三个步骤是什么

答：控制目标与标准、偏差信息、纠正措施是控制工作的三项基本要素，它们相互关联，缺一不可。控制的三个步骤具体如下。

(1) 制定控制目标，建立控制标准。控制目标和控制标准是搞好控制工作的前提，是检查实际工作的依据，没有控制目标和标准，便无法衡量实际工作，控制工作也就失去了目的性。

(2) 衡量实际工作，获取偏差信息。实际工作与控制标准之间存在着偏差信息，了解和掌握这些偏差信息才能进行有效控制；如果没有或者无法得到这些偏差信息，就无法采取纠正措施。

(3) 分析偏差产生的原因，采取纠正措施。依据偏差信息，分析产生偏差的原因，采取有效的措施消除偏差，保证计划顺利进行。

二、制定控制标准

1. 什么是标准和控制标准

答：标准是一种作为规范而建立起来的测量标尺或尺度。控制标准是控制目标的表现形式，是测定实际工作绩效的基础。没有标准和控制标准，管理人员就无法对工作绩效的好坏做出正确的判断，衡量绩效和纠正偏差就失去了客观的依据。

2. 有效的控制标准应满足哪7项基本要求

答：(1) 简明性，即对标准的量值和单位的偏差允许范围有明确的说明，对准则的表述要通俗易懂，便于人们理解和掌握。

(2) 适用性，即所建立的标准要有利于组织目标的实现，对每一项工作的衡量都应明确和具体，以便实际应用和操作。

(3) 一致性，即建立的标准应尽可能体现协调一致的原则。

(4) 可行性，即标准不能过高，也不能过低。标准过高，绝大多数人达不到，会使人们失去信心；标准太低，唾手可得，便失去了控制的意义。总之，标准要使绝大多数员工经过努力后可以达到。

(5) 可操作性，即标准要便于人们对实际工作绩效进行衡量、比较、考核和评价。

(6) 相对稳定性，即所建立的标准在一定时期内要保持稳定。

(7) 前瞻性，即所建立的标准既要符合现实的要求，又要与未来的发展相结合。

3. 控制标准一般可分为哪两大类？常用的控制标准有哪4种

答：控制标准可分为定量、定性两大类。常用的4种控制标准是时间标准、数量标准、质量标准和成本标准。

4. 制定标准的过程分为哪三个阶段

答：(1) 确立控制对象。进行控制首先遇到的问题是"控制什么"，这是在决定控制标准之前需要妥善解决的问题。组织活动的成果应该作为控制工作优先考虑的重点对象。

(2) 选择关键控制点。重点控制对象确定下来后，还必须具体选定控制的关键点，才能够制定控制标准。

(3) 制定控制标准。在制定控制标准时最为简单的情况是，把计划过程中形成的可考核目标直接用作控制标准。

5. 制定控制标准的方法有哪三种

答：(1) 统计计算法，即根据企业的历史数字或者对比同类企业的水平，运用统计方法确定企业生产经营各方面工作标准的方法。用这种统计计算方法制定的标准，称为统计标准。

(2) 经验估计法，老员工、技术人员和管理人员利用自身知识和经验在充分了解情况的前提下，以估计的方式建立的标准，称为经验标准。

(3) 工程方法，即通过对工作情况的客观分析，以准确的技术参数和实测数据为基础制定标准的方法。

6. 什么是统计计算法

答：统计计算法是根据本企业的历史数字，运用数理统计方法确定企业各方面工作标准的方法。如历史统计某工序的时间标准为4、6、8、10、12、14、16分钟，用平均值法、中位数法、极差法、平均值以上平均法表示的该时间标准分别为：①平均值=(4+6+8+10+12+14+16)/7=10(分钟)；②中位数=10(分钟)(如数据个数是偶数，即取当中两数的平均值)；③极差R=16-4=12(分钟)(最大值与最小值之差)；④平均值以上平均法=(10+12+14+16)/4=13(分钟)。

7. 经验估计法的应用条件有哪些

答：经验估计法的应用条件：①从事的是一项新工作；②历史上或相关企业工程缺乏统计资料；③管理人员、技术人员和有经验者三者结合。

经验估计法包括以下方法。

(1) 平均值法：(4+6+8+10+12+14+16) / 7=10(分钟)。

(2) 概率法：$M=(a+b+4c)/6$，即$M=\{a(最先进标准)+b(最保守标准)+4c(大多数人估计标准)\}/6=(4+16+4×10)/6=10(分钟)$。

(3) 去掉最高分和最低分后取平均值法，如前例中(6+8+10+12+14)/5=10(分钟)。

(4) 加权平均法，如对后三个数据进行加权平均，16×0.5+14×0.3+12×0.2=14.6(分钟)。

8. 什么是工程标准

答：工程标准是通过对工作情况的客观分析，以准确的技术参数和实测的数据为基础制定的标准。

三、衡量实际工作

1. 管理者在衡量工作成效的过程中应注意哪三个问题

答：(1) 确定适当的衡量方式，即衡量什么、如何衡量、衡量间隔时间和由谁来衡量。

(2) 建立信息反馈系统。为了给纠正偏差提供依据，信息反馈系统是必不可少的。

(3) 通过衡量成绩，检验标准的客观性和有效性。

2. 确定适当的衡量方式包括哪4点内容

答：(1) 衡量目标，即衡量什么，这是衡量工作最为重要的方面。

(2) 衡量的方法，即采用什么方法进行衡量，一般可以采取以下4种方法：①亲自观察法；②利用报表、报告法；③抽样调查法；④召开会议法。

(3) 衡量的频度，即衡量实绩的次数或频率，通俗地说就是间隔多长时间衡量一次实绩。

(4) 衡量的主体，即由哪个部门、哪个人负责衡量。

3. 控制对信息有哪三个基本要求

答：(1) 信息的及时性，即时间问题，过时信息反而会误人。

(2) 信息的可靠性，即准确、完整信息，不准确或片面的信息会误事。

(3) 信息的适用性，即足够、有用的信息，信息过量不仅无用，反而会使人无从选择。

四、鉴定偏差并采取纠正措施

1. 偏差产生的主要原因是什么

答：(1) 计划本身有问题。如计划本身不科学、不合理、不客观，企业必难以执行或根本就无法执行。

(2) 执行过程中的问题造成偏差。原计划是科学合理的，但是在执行中情况和条件发生了变化，计划也要随之变化。

(3) 一些偶然因素、暂时因素造成偏差，比如：人们一般无法预料突发事件。

2. 既然有了计划或标准，为什么还要对其进行调整

答：原因可能有两方面：

(1) 原先的计划或标准不科学，在执行中发现了问题；

(2) 原先的计划或标准是科学的，但客观情况发生了变化。

3. 选择和实施偏差纠偏措施时应注意哪些问题

答：(1) 尽可能使原有方案和纠正后的方案双重优化。

(2) 充分考虑原先决策实施的影响。因为原先的决策已消耗了一定的人力、物力、财力和时间，属非零起点。

(3) 要消除组织成员对纠偏措施的疑虑：①原先的决策者、支持者害怕承担责任，就可能找借口，反对纠偏；②原先决策的反对者可能幸灾乐祸，甚至夸大事实，否定正确部分；③原先决策的既得利益者可能极力抵制纠偏。

4. 有效控制的5个原则是什么

答：(1) 控制应该同计划与组织相适应。

(2) 控制应该突出重点，强调例外。

(3) 要有灵活性、及时性、经济性。

(4) 控制过程应避免出现目标扭曲问题。

(5) 要注意培养员工的自我控制能力。

5. 自我控制有哪些优点

答：(1) 有助于发挥员工的主动性、积极性和创造性。

(2) 有助于减轻员工管理工作的负担，减少控制费用支出。
(3) 有助于提高控制的及时性和准确性。

第六节　管理热点类问题

一、变革与创新管理

1. 影响组织变革的外部力量主要体现在哪几个方面

答：(1) 市场变化：顾客需求变化引起市场变化，新产品不断被推出，产品的生命周期不断缩短。

(2) 竞争加剧：同业生产者、潜在进入者、替代品生产商是企业的竞争者。

(3) 全球化竞争：竞争已呈国际化态势，并且日趋激烈。

(4) 信息社会的变化：电子计算机、信息、通信技术的发展，把人们的生活以及企业的经营管理推入了一个崭新的时代。

2. 影响组织变化的内部力量体现在哪几个方面

答：(1) 员工队伍处于不断变化之中，员工招聘、辞职、解聘、跳槽等周而复始。

(2) 员工受教育程度的变化。

(3) 技术、设备不断更新、变化。

(4) 企业中高层管理者的要求变化。

3. 根据环境变化的频度和强度以及组织变革需要的程度及方式不同，管理变革可分为哪两种类型

答：(1) 静态环境中的间断变革：指变化只是暂时的、偶然的、间断的。

(2) 动态环境中的持续变革：指变化是绝对的、永恒的、持久的。现实中绝对稳定的环境和绝对动态的环境并不多见，更经常出现的是介于两个极端之间的混合状态。

4. 片面强调事务型管理、忽视变革型管理的主要表现是什么

答：(1) 强调短期框架，注重细枝末节，侧重回避风险。

(2) 重视专业分工，强调人尽其才，忽视工作综合性和配合性。

(3) 强调对人的行为的抑制、控制和预见性，忽略能力扩展和激励。

5. 片面强调变革型管理而忽视事务型管理的主要表现是什么

答：(1) 强调长期远景，忽视短期计划和预算。

(2) 重视组织文化的作用，忽视专业化和规章制度的作用。

(3) 鼓励员工以非正式联系的方式集结在一起。

6. 变革型管理和事务型管理各有什么特点

答：特点如表10-1所示。

表10-1 变革型管理与事务型管理对比表

管理类型		变革型管理	事务型管理
管理使命方面		突破现状，抛弃传统	维持秩序，守业
管理职能方面	计划	重远景目标，重战略	重短期，周密计划，重预算
	组织	联合所有相关者形成内外联系网络	重分工，协作，汇报体系，配备合适员工
	领导	重沟通，激励率领大众前进	重选择，命令，监督按部就班地工作
	控制	减少偏差确保目标实现	重环境变化，重调整计划目标

总之，创新型企业、小型企业适于采用变革型管理，刻板僵化、缺乏活力的大型企业常具有事务型管理的传统。

7. 什么是创造与创新

答：(1) 创造是以独特的方式，综合各种思想之间联系的一种过程和能力。

(2) 创新是形成一种创造性思维并将其转化为有用的产品、作业方法、管理方法等的过程和能力。

8. 管理者可以通过哪些措施来激发创新

答：(1) 实行有机的组织结构。尤其是分工程度低、部门职能弱化、横向沟通密切、纵向层次少的组织有利于员工创新。

(2) 拥有富足的资源，能为员工创新提供必要的物质基础和条件。

(3) 管理者任期较长且避免短期行为。

(4) 充满创新精神的组织文化。管理者要鼓励创新、允许失败，且本身敢于冒一定风险。

(5) 人力资源因素。注意招聘一些能力强、充满自信、精力旺盛、敢于冒险、有创新精神的员工。

9. 为什么要创建学习型组织

答：当今社会和组织环境发生巨变。德鲁克预见，未来的典型企业将是以知识为基础的企业，因此，以信息和知识为基础的组织要求每个成员都有学习意识。

10. 什么是学习型组织

答：学习型组织是关于组织概念和员工角色的一种崭新的态度和理念。学习型组织中每个成员都要参与识别和解决问题，其核心在于解决问题和提升员工解决问题的能力。学习型组织员工有权力、有能力识别问题，并能提出和实施解决问题的措施，以确保组织和员工获得和保持竞争优势。

11. 学习型组织的主要特点是什么

答：(1) 有一个为组织成员所普遍认同的共同愿望。

(2) 摒弃旧的思维方式和常规程序。

(3) 学习型组织是一个相关联的网络系统。

(4) 成员之间坦诚沟通，信息和知识得以共享。

(5) 成员的个人利益会服从组织利益。

二、冲突管理

1. 什么是冲突

答：冲突是指人们由于某种抵触或对立而感知到的差异。

2. 冲突的两种极端情况是什么

答：一种为微妙、间接、高度控制的抵触状况，另一种为明显、公开的活动，如罢工、骚乱。

3. 对于组织中存在的冲突有哪三种不同的观点

答：(1) 第一种观点认为冲突是有害的，会对组织造成不利的影响。

(2) 第二种观点认为冲突是任何组织都无法回避的自然现象。

(3) 第三种观点认为管理者需要鼓励有益的冲突。

4. 为什么说冲突太少、太多都不恰当

答：冲突太少，甚至没有冲突，会使组织反应迟缓，缺乏革新观念；冲突太多，会造成混乱、无序、分裂。

5. 缓解冲突有哪几个过程

答：(1) 审慎地选择处理冲突的态度。

(2) 评估冲突当事人。

(3) 分析冲突的原因和根源。

(4) 采取切实有效的策略解决冲突。

6. 缓解冲突有哪5种策略

答：(1) 回避、冷处理，即从冲突中退出，任其发展变化。

(2) 强制、支配，就是以牺牲一方为代价而满足另一方的需要。

(3) 迁就、忍让，就是将他人的需要和利益放在高于自己的位置上，以"他赢己输"来维持和谐关系的策略。

(4) 折中、妥协，即要求每一方都做出一定的让步，取得各方都有所赢、有所输的效果。

(5) 合作、协同。这是一种双赢的解决方式，此时冲突各方都满足了自己的利益。

7. 提升冲突的方法有哪几种

答：(1) 改变组织文化，形成一种发扬和鼓励冲突的价值观和文化氛围。

(2) 运用沟通，模棱两可的、具有威胁性的信息可以引发和提高组织的冲突水平。

(3) 引进外人或重用吹毛求疵者，从外界引进不同态度、不同价值观和不同管理风格的人员，并允许不同意见者甚至"唱反调"者存在。

(4) 重新构建组织，如调整工作群体、变更纵向层次和横向部门的划分。

三、现代企业制度

1. 所有制有哪三种类型

答：所有制包括私有制、公有制、混合所有制。其具体分析如下。

(1) 私有制的基本特征是排他性，有两种基本形态：①单个人所有制；②家族或家庭所有制。

(2) 公有制的基本特征是共有性，有两种基本形态：①全民所有制；②集体所有制。

(3) 混合所有制指公与私、共有性与排他性混成一体的财产制度，包括股票、股份制，其中从所有者的参与形式看股份制又分为公众股份制、职工股份制和少数股东持股的股份制。

2. 目前我国企业所有制可分为哪三种

答：目前我国企业所有制可分为个人、家庭所有制，股份制，国有、集体所有制。

3. 20世纪80年代我国推行"拨改贷""利改税"，改革的目的和前提条件是什么

答：目的是两权分离，前提条件是产权明晰。

4. 概括说明什么是现代企业制度？它有哪5个特征

答：现代企业制度是适应市场经济要求的产权清晰、权责明确、政企分开、科学管理的企业制度。现代企业制度的5个特征包括：①产权关系明确，国有资产所有权归国家；②独立核算、自负盈亏；③出资者对资本享有所有者权益；④自主经营；⑤建立科学的企业领导机制和组织管理制度。

5. 企业的财产组织形式有哪几种

答：关于企业的财产组织形式，国际上流行的分类是分为个人业主制、合伙制、公司制，其具体分析如下。

(1) 个人业主制：财产归个人或家庭所有，对企业债务负无限责任。

(2) 合伙制：由两个或两个以上的出资者共同投资。

(3) 公司制：指由两个或两个以上出资者共同出资、依法定的条件和程序设立的具有独立法人的企业，可分为有限责任公司和股份有限公司。

6. 公司制企业有哪些特点

答：企业制企业具有以下特点：①具有独立的法人地位；②出资者不能以个人名义支配公司的财产或对外活动；③出资者以其出资额为限对公司承担有限责任。

7. 什么是公司治理结构

答：公司治理结构指所有者(股东)对公司的经营管理和绩效进行监督和控制的一整套制度，包括如下：

(1) 股东大会：公司最高权力机构。

(2) 董事会：由股东大会选出董事长，董事长是公司的法人代表。

(3) 总经理：接受董事长委托，作为公司最高行政负责人，主持公司经营管理工作，组织实施董事会决议。

(4) 监事会：由股东代表和适当比例的公司职工代表组成，对董事和经理的行为进行监督。

8. 广义的公司治理结构包括哪些方面

答：广义的公司治理结构包括内部治理、外部治理、市场竞争。

9. 公司对经营者的激励包括哪些方面

答：(1) 工资薪金：这是基本报酬。

(2) 奖金：一般与企业经营绩效直接挂钩。

(3) 股票：不直接以货币形式体现的对公司经营者的一种报酬方式。

(4) 期股：促使经理人员从企业长期绩效考虑的一种报酬形式。

重点复习问题

(1) 请简述引起变革管理的组织外部力量和内部力量。

(2) 请简述变革型管理和事务型管理的不同。

(3) 请谈谈什么是学习型组织？它有哪些主要特点？
(4) 请谈谈对于组织中存在的冲突有哪些不同的观点？
(5) 请谈谈缓解冲突有哪几种主要方法？
(6) 请谈谈提升冲突有哪几种主要方法？
(7) 请谈谈我国企业的所有制形式有哪三种？各有什么特点？
(8) 请谈谈什么是现代企业制度？它有哪些主要特点？
(9) 按照财产构成的不同，请谈谈企业可分为哪三种基本形式？各有什么特点？
(10) 请谈谈什么是公司治理结构？股东大会、董事会、总经理、监事会各有哪些职责？

在准备面试的过程中要多与其他考生进行交流，互通有无，互相鼓励。中国MBA备考网(www.mbaschool.com.cn)、中国MBA教育网(www.mbaedu.cn)等网站，为大家提供了一个传递信息、交流备考思想的平台，考生应该充分加以利用，经常去看看。

附 录

附录A 清华经管MBA学习体系
附录B 北大光华MBA培养方案
附录C 职位常用词语中英文对照
附录D 参考实录

附录A 清华经管MBA学习体系

一、培养理念

清华MBA项目的课程体系是持续改进的具有先进理念的"新版MBA课程体系"。新版课程体系追求知识、能力和品格的平衡、学术严谨性和实践相关性的平衡以及中国根基和全球视野的平衡，采取软技能开发、体验式学习、整合性学习和全球化经历这四项措施，通过体验式学习培养MBA学生的领导力和企业家精神。新的课程体系适应了未来MBA教育的发展要求，引领了国内MBA教育的变革。参加新版清华MBA课程学习，你将获得独特的学习体验。

清华MBA新版课程体系由核心课、选修课和学位论文三个部分组成。核心课全部为通用性、基础性课程，能够为MBA学生后续的学习打下坚实基础。在核心课后MBA学生可以根据个人的需要选修经管学院、清华大学和海外院校的课程，进行个性化的学习。在最后的学位论文阶段，MBA学生可以结合自己的工作实际和学习兴趣，完成综合性、实践性的学位论文，达到将在校所学融会贯通、深入掌握的目的。

MBA核心课：核心课程由以下五个模块组成，这些模块组成一个有机的整体，专注于对学生软技能及实践能力的培养。

第一模块——软技能：本课程主旨是帮助领导者识别和应对新商业环境带来的领导力挑战，不断提升自己的创业型领导力，引领组织持续取得竞争优势和成功。重点在帮助领导者开发自己的三个方面潜力：领导自我、领导团队、领导组织。系统分析、讨论和练习卓越领导者的品格(being)、知识(knowing)与技能(doing)，理论联系实际，基于问题解决与行动导向，通过反思改进、标杆学习与团队案例讨论等多种形式，帮助MBA学生有效实现领导理念、思维和行为的积极改变，实现领导力的全面提升。

第二模块——分析基础：本课程介绍管理决策问题的基本概念和建模方法，重点训练学生评估不确定性，理解决策问题的动态特征，有效利用历史数据和有限的信息，复杂系统模拟和稀缺资源的有效分配。学习管理科学的基本分析方法，课程主要包括应用数理统计和运筹学两部分。前者包括离散型和连续型概率基本知识、统计抽样、随机模拟、回归模型和假设检验等内容；后者包括决策理论、线性规划、非线性规划和整数规划等内容。课程旨在帮助学生提高运用上述方法解决实际问题的能力，能运用基本数量方法分析实际问题，掌握一般类型的管理模型的构模技巧，能运用Excel解决简单的管理问题。

第三模块——管理基础：本课程的核心内容是深入分析企业的基本竞争战略及其适用条件，企业成长战略的类型和特点，尤其是一体化和多样化战略选择过程中可能遇到矛盾和问题，还简要介绍在世界经济全球化和一体化的大背景下国际市场进入战略的选择问题。本课程还关注企业战略的实施过程，尤其是战略与组织结构的关系及影响组织结构设计的因素。本课程将达到三个目标——对战略管理的基本概念、理论、战略分析思路和方法有较全面而深入的了解；掌握战略决策的过程及战略评价、实施及控制的基本要求；通过一定量的案例分析和战略管理研讨，使学生的战略思维能力和决策能力得到一定程度地锻炼和提高。

第四模块——中国与世界：本课程是旨在使学生学会运用相关理论，分析中国宏观经济以及世界各国经济面临的共性问题，认识经济周期对企业发展产生的深刻影响，并尝试能够对经济问题进行分析。所学习的内容将涉及国民经济核算体系、社会经济统计、宏观经济体制与经济周期、宏观经济政策如财政政策、货币政策、汇率与对外贸易政策以及国家的产业、区域政策等。

第五模块——整合实践：本项目是清华MBA为培养学生行动式学习能力，与企业合作开展的管理咨询实践项目，由清华MBA于2008年率先在国内推出。在本项目中，清华MBA全日制学生需要整合、运用在清华经管学院所学的经济管理知识，与企业的现实需求对接，在经管学院教师团队的指导下，完成对企业的各项管理咨询并出具报告。作为面向全日制MBA学生开设的2学分必修课程，项目涉及六个方向：商业计划的设计与开发、战略、营销规划、领导力开发与人力资源管理、金融咨询、信息时代的管理创新等。此外，还包括国际合作类实践项目，如中国实验室、芬兰实验室等。

二、差异化课程

(一) 清华MBA选修课

清华MBA选修课程包括七大方向性选修课组、四个产业选修课组和一个覆盖面更广的其他课程组。使学生能够既照顾到满足自身兴趣特点、职业倾向性需求偏好，又能够具备日后职业发展所需要的广博工商业管理知识储备，实现二者的互动和统一。经管学院为MBA学生准备了以下围绕不同系统知识展开的选修课程，学生可以充分自由地选择所感兴趣的课程。

(二) 经管学院其他专业选修课

包括7个系、60多门经营类研究生选修课，可以为MBA学生提供更加深入、专业的课程选择。

(三) 清华大学跨学院选修课

45个清华院系所，每学期上千门清华研究生选修课，为MBA学生提供更加丰富广泛的各类专业选择。学生可以充分自由地选择所感兴趣的课程。

(四) 清华SPOC在线课程

清华经管学院融合最新的信息技术和中国最优的教育资源，于2014年5月推出国际领先的基于新信息技术的群组教学模式课程(small private online courses，SPOC)。SPOC课程在传统的MOOC课程(massive open online courses)基础上增加了学生群组学习、教师全勤主导和以案例讨论为主的课堂对话，是目前世界领先、国内独有的全新MBA教学模式。通过SPOC课程，清华MBA项目已经走在世界商学院教育前列，并再一次促进了国内MBA项目变革。

1. 最先进的MBA教学模式特点

1) 基于新信息技术

① 通过互联网和移动互联网。

② 使用笔记本电脑、平板电脑、智能手机等智能设备。

③ 使用视频、网页等富媒体方式学习。

④ 在线完成课堂作业，通过在线讨论区进行讨论、辅导。

2) 混合式教学(on campus + off campus)

① 先进行线上学生自主学习(off campus)，主要掌握课程知识要点。

② 然后进行现场授课(on campus)，主要进行实际案例讨论、现场互动学习。学生对知识加深理解和学习如何实际应用，实现隐性知识的有效传授。

③ 充分发挥两种学习方式的优点。

3) 群组式学习

① 以学生互相熟识的实体班级为基础的封闭式学习社区

② 设置学习小组，利用团队方式学习

③ 教学相长，互相学习

2. 最适合MBA学生特点的教学方式

1) 个性化学习

① 学习内容个性化：线上课程内容按知识点组织，学生可自己决定学习速度，可反复看某个章节或者完成测验直接跳过——适应MBA学生背景多样的特点。

② 时间地点个性化：学生可以在规定时间内自由安排自己的学习时间和地点。减少到校次数，减少对工作的影响——适应MBA学生的工作和生活特点。

2) 高度参与

① 学生可以通过在线讨论区和现场课堂讨论以及团队方式学习高度参与学习过程，充分互动——适应MBA学生工作经验丰富，乐于互动分享的特点。学习实践性更强，学习更为深入。

② 通过前期个性化的线上学习，不同背景的学生达到较一致的知识水平，后期讨论课使每个学生都能深入参与。

3) 顶尖的师资

多个班级可以共享顶尖的老师。每个学生都能享受一流的师资。

总之，有了一流的师资，一流的学生，运用先进的办学理念和办学方法，加上认真、扎实的学习和锻炼，清华MBA项目将培养出一大批能够为中国和世界做出重大贡献的领导者。

附录B 北大光华MBA培养方案

一、培养方案概述

(一) 培养目标
培养具有社会责任感和全球视野的高级管理者与未来商业领袖。

(二) 学习目标
借助于北大深厚的人文底蕴、系统而创新的课程设置和丰富的课外活动，北大MBA旨在使学生了解前沿的商业知识，具备跨文化的敏感性与人际沟通技能，成为具有在复杂环境下分析、解决问题的能力和勇于承担未来挑战的创新性人才。

(三) 学习年限
学习年限为2年，经申请并获批准可延期，最长不得超过5年。必修课的学习在第一学年进行；选修课主要安排在第二年，以周末和晚上授课为主。要求所有学生在第三学期结束时，完成全部的课程学分，第四学期专门用于写论文和处理毕业相关事宜。

(四) 学分要求及课程设置

1. 重视先修课的学习，建议不具备工商管理基础知识的学生先学习先修课

对于不具备工商管理基础知识的PMBA学生来说，建议先学习先修课，才能开始正式的MBA课程的学习。

2. 学分要求

PMBA学生需要完成45学分，其中核心课30学分，选修课15学分。此外，还要完成毕业论文并通过论文答辩。

3. 必修课程包括商务基础课程、分析基础课程、领导力与综合课程，同时设置必修环节

1) 商务基础课程

(1) 财务会计：会计是商业活动的语言。本课程介绍财务会计的基本理论、基本方法及其在实务中的运用。课程内容将围绕三张会计报表展开，包括资产负债表、收益表与现金流量表三张报表的结构与编制；三张报表传达的企业经营的基本信息，以及三张报表中各项目的含义等。课程从财务会计使用者的角度出发，着重考虑报表使用者利用财务报表做出正确的决策。

(2) 公司财务I：公司财务课程以公司价值为主线，围绕着决定公司价值的关键环节展开，这些关键环节包括：投资、融资、资本结构、资本成本与公司价值评估。本课程实际上是讲授公司金融，在学习公司价值决定的关键环节时，了解公司产业投资决策过程与依据，金融投资中的资本市场理论与资产定价，融资渠道、金融工具与成本考量，以及公司财务风险与资本结构的关系。

(3) 公司财务II：公司财务以公司价值为核心探讨公司的融资决策，包括资本结构和分配政

策、债券和可转债、公司价值评估、实物期权以及重组并购等内容。为便于学生理解公司财务的基本理论，本课程介绍了期权基础知识。课程重点是理解公司的价值来源，要求学生在理解基本理论的基础上灵活地解决实际问题。

2) 分析基础课程

(1) 管理经济学：管理经济学是将微观经济学思维与理论框架运用于企业管理实践与政策制定分析的学科。课程以经济学相关概念与模型为基础，结合具体的产业案例分析，力图使学员掌握经济学分析问题的基本原理、思维方式以及理论框架，进而提高学员在管理实践中对相关信息的收集处理能力，对行业政策以及竞争态势的分析判断能力，以及有效经营管理策略的制定执行能力。

(2) 数据分析与统计决策：课程主要介绍在商务经济活动中一些常用的对数据的统计描述方法、统计推断的基本理论、建立和使用模型的初步技术等；使得选课者能够了解管理决策过程中数据分析的基本逻辑和应用技巧，了解量化决策对于当前大数据应用和人工智能的意义，同时该课程也是进一步学习其他部分专业课程的基础。课程的教学将结合计算机统计分析软件的使用和企业案例进行分析讨论。

(3) 世界政治经济环境中的中国：本课程与一般的经济学硕士课程相比，应该具有不同的特点，反映在以下三个方面：第一，要在清晰的阐释理论基础上，更加强调与现实世界的结合，要在整个课程体现理论模型如何帮助学生理解现实经济是如何运转的，现实世界的政策及其影响是什么。第二，中国是一个发展中的经济体，因此就理解中国的宏观问题而言，长期增长问题与短期经济稳定问题，应该得到同等重要的对待，而不是像发达国家的宏观教程，过于偏重短期经济波动的研究和教学。这一部分体现了中国特色社会主义的方面。第三，中国也是一个开放的经济体，要适当增加全球化的内容。

(4) 决策与运营管理：运营是公司的主要功能之一，就像营销吸引消费者，财务提供资金一样，运营产生产品(产品或服务)。运营管理是关注如何将输入转换成企业的最终产品或服务这一流程，探讨如何对流程进行设计、管理以及优化。

(5) 战略管理：战略管理是一门综合性课程，致力于在整合相关管理理论与知识的基础上，进一步介绍企业战略管理的核心概念与分析工具。本课程的学习将有助于增强学员识别外部环境特征与公司资源状况，从整体上把握公司发展方向，以及进行战略思维与运作的能力。课程内容包含四部分：企业经营环境分析、业务层战略、公司层战略、变革与创新。

(6) 营销管理：本课程的主要目的是帮助学生在了解营销管理的核心理念和基本理论的基础上，提高他们对环境、消费者和竞争者的洞察力，以及识别和克服营销战略执行过程中的障碍，熟练掌握案例分析的基本思路和方法，并最终获得制订公司及产品层面的市场营销战略所需要的知识和技巧。

3) 领导力与综合课程

(1) 组织行为学：本课程将深入而系统地分析影响组织效能的个体、群体和组织系统等方面的因素，让学员掌握解决组织问题的技能和工具。课程将为未来的职业经理人和商界领袖最佳地激励组织中的人力资本、有效地整合组织内部的各方面资源、并成功地应对外部环境变化等管理或领导技能提供准备。

(2) 批判思维与商业伦理：本课是北京大学光华管理学院MBA学生培养体系中最为重要的一

门基础课程。本课程的主要目标在于培养学生批判性思维的能力和创造性，使其成为具有丰富知识和强烈上进心的企业领导者，能够批判地思考和分析当下的种种的商业现象和商业模式，寻找商业问题和社会问题产生的根源和解决方案，勇于承担社会责任。

(3) 企业社会责任：本课是一门以实践为导向的讨论课程。通过阅读和讨论，学生将深化对企业所处的制度和社会环境复杂性的认知。理解企业社会责任的基本含义，评价体系，以及如何将企业的社会责任战略与公司业务的发展有机地结合在一起。通过课程学习，学生将掌握：①企业以及企业管理者对不同利益攸关方所担负的责任(投资人，顾客，政府，员工，社会)；②深入了解这些责任的内涵以及如何在实践中平衡不同责任的要求；③如何运用所学的基本知识解决实践中所遇到的与以上责任相关问题。

(4) 商业模拟与领导力反思：这是一门整合性的实践模拟课程，它将综合MBA学习期间的会计、财务、营销、战略、运营、组织管理、人力资源管理等方方面面的知识。通过这门课程的学习，学生将发现自己的知识盲区，从而有针对性地加以补充和改进。在企业模拟中，体验团队的力量和商业的艰难。在团队的沟通协作，从而更好地发现自己和发展自己的领导力。

(5) 整合实践项目：整合实践项目将给学生提供一个将MBA课堂上学到的管理知识和技能整合运用到真实企业的实践活动中的机会。在学生修完必修课程后，每6个同学组成一个小组，在一个导师组的指导下，用一学期的时间完成一个特定的企业实践项目。

在学习期间，教授会带领学生一起进行管理研究或咨询项目。他们或负责小组市场调研、企业诊断，或负责向企业演示报告等工作，能动地将理论与实践结合起来。通过深入企业调研和小组的分工合作，以企业战略定位为核心，全面分析企业的竞争态势和存在的问题，并提供改进建议方案。最终提交咨询报告，并向企业管理层报告和答辩。

(6) 学术规范与论文写作：根据教育部和学校的要求，MBA项目中心开设"学术规范与论文写作"课程，以帮助同学们高质量完成毕业论文。课程的时间安排与MBA论文写作及答辩的时间进度相适应，分为两个部分：第一部分主题聚焦论文初稿写作前需要完成的工作(包括基本要求、选题、相关理论与知识准备、研究方法准备、论文开题等内容)；第二部分聚焦于论文写作与答辩相关的议题(包括论文结构、分析逻辑与表达、论文结论与讨论、论文答辩等)。

4) 必修环节

(1) 商务英语：本课程专为MBA学生设计，注重培养学生的英语沟通能力，特别是跨文化商务英语交际和表达能力。课程的目标是培养学生成为有能力的跨文化商务沟通者，并在本地和国际商务英语环境中高效地运作。

(2) 商务汉语：本课程为海外学生的必修课。

(3) 国际商务方略：国际商务方略课程即短期访学项目，是在读MBA学生的必修课。学院组织MBA学生到海外商学院学习交流一周，包括讲座课程、企业参访以及文化活动。目前，国际商务方略课程有北美、欧洲和亚洲三个项目可供选择。学生利用寒暑假时间，在海外接受为期1~2周的学习拓展。内容精彩、形式多样，不仅涵盖经济、政治、管理等领域的主题讲座，还穿插公司考察和文化活动，丰富了学生们的海外体验。

4. 选修课程

在职PMBA学生要修满15学分的选修课。

目前，MBA项目的选修课体系已经形成了以金融与投资以及创新创业为核心方向，以综合管理、医疗与健康方向、文化产业方向、社会公益管理方向以及数据产业方向为特色方向的完整体系。满足这些方向的学习要求，学生提出申请，MBA项目会出具相应方向上的方向证明。当然，MBA学生也可以不选择任何方向，只要修满要求的选修课学分，也可以满足毕业要求。MBA学生可以根据自己的兴趣、过往的教育背景和经历以及未来职业发展规划进行选课。建议每个学生按照自己的职业规划和兴趣特长选修1~2个方向的课程，树一己之长以增加职场竞争优势。

下面将对各方向课程进行详细阐述：

1) 金融与投资方向课程

北大光华管理学院在金融方向拥有强大的师资力量，为光华MBA金融方向的人才培养提供了强大的支持。金融与投资方向具体分为两个分支，分别是：

(1) 高级公司金融方向。培养目标及适应人群：培养未来实体经济中从事金融相关工作，且深谙资本市场和资本运作的高级管理人员。他们具备金融领域一系列完整的知识架构，不仅具有很强的管理技能，同时，也具备很强的金融专业能力。

课程具体介绍如表B-1。

表B-1 高级公司金融方向课程名称及学分

序号	课程名称	课程性质	学分
1	金融市场与金融机构	选修	2
2	证券投资学	选修	2
3	高级公司财务	选修	2
4	财务案例分析	选修	2
5	企业投融资决策	选修	2
6	公司重组与并购	选修	2
7	价值评估与价值创造	选修	2
8	Case Study on Corporate Finance	选修	2
9	Case Study on Advanced Corporate Finance	选修	2
10	Venture Capital and the Valuation of High-Growth Startup	选修	2

(2) 金融市场与金融机构方向。培养目标及适应人群：专门为金融机构培养未来的高级管理人才，毕业后会在纯金融机构工作，了解各类金融产品和金融工具，具备在金融机构工作所需要的一系列完整的知识架构。不仅具有很强的管理技能，同时也具备很强的金融专业能力。

课程具体介绍如表B-2、表B-3。

表B-2 金融市场与金融机构方向课程名称及学分

序号	课程名称	课程性质	学分
1	金融市场与金融机构	选修	2
2	证券投资学	选修	2
3	资产定价及股权估值	选修	2
4	固定收益证券	选修	2
5	金融工程理论与实务	选修	2
6	量化投资与高频交易	选修	2

表B-3 金融方向公共选修课课程名称及学分

序号	课程名称	课程性质	学分
1	私募股权与风险投资	选修	2
2	金融机构风险管理	选修	2
3	中国财富管理理论与实践	选修	2
4	行为金融与理财咨询	选修	2
5	创业与投资	选修	1
6	不确定性与风险管理	选修	1
7	对冲基金、资产配置与数字货币	选修	1
8	Project Management(Finance)	选修	2
9	创新金融	选修	1
10	金融创新与产品设计	选修	1
11	Winning in China: Philosophy & Practice	选修	1
12	金融科技及区块链基础与应用	选修	2
13	房地产经济与金融	选修	1
14	Security Analysis and Investment	选修	2
15	Real Estate Investment and Development	选修	2

2) 创新创业方向

课程具体介绍如表B-4。

表B-4 创新创业方向课程名称及学分

序号	课程名称	课程性质	学分
1	创业金融	选修	2
2	创业融资	选修	2
3	共演战略	选修	2
4	创业企业成长与发展	选修	2
5	创业领导力	选修	2
6	互联网创新与创业	选修	2
7	综合计划商业计划书竞赛	选修	2
8	创新创业行业周课程	选修	2
9	互联网经济与电子商务	选修	1
10	数字经济时代的机遇与挑战行业周课程	选修	2
11	"独角兽"企业商业模式与成长战略	选修	1
12	极速增长:"独角兽"的平台能力与激励机制	选修	1
13	Entrepreneurial Management	选修	2
14	Entrepreneurship in China	选修	2
15	Anticipatory Design Thinking	选修	2

3) 综合管理方向

MBA综合管理方向课程,包含会计、营销、战略、组织管理等方面内容,目前课程体系中的课程设置如表B-5。

表B-5 综合管理方向课程名称及学分

序号	专业领域	课程名称	课程性质	学分
1	会计	财务报表分析	选修	2
2		内部控制与审计	选修	2
3		管理会计	选修	2
4		税收筹划与税务会计	选修	2
5		Financial Report Analysis	选修	2
6		Case Study on Managerial Accounting	选修	2
7	营销	品牌管理	选修	2
8		消费者行为	选修	2
9		营销研究	选修	2
10		新媒体营销与精准广告	选修	2
11		营销渠道	选修	2
12		Consumer Behavior	选修	2
13		Channel & Retailing	选修	2
14		Luxury Brand Management	选修	2
15	组织与战略	人力资源管理	选修	2
16		领导行为	选修	2
17		组织设计与组织发展	选修	2
18		中国企业领导艺术	选修	2
19		管理沟通	选修	2
20		权力与管理	选修	2
21		中国式领导	选修	2
22	组织与战略	全球视野与国际管理	选修	2
23		经济法	选修	2
24		公司法原理与案例分析	选修	1
25		战略规划与实施	选修	2
26		战略创新与变革	选修	2
27		战略思维与决策分析	选修	2
28		竞争战略	选修	2
29		战略变革管理与实践	选修	2
30		"独角兽"企业商业模式与成长战略	选修	1
31		社会网络与战略领导力	选修	1
32		极速增长:"独角兽"的平台能力与激励机制	选修	1
33		危机管理	选修	2
34		大数据人工智能赋能的数字经济战略发展	选修	1
35		企业战略理论与实践	选修	2
36		Innovation and Competitive Strategy	选修	2
37		Managing the MNCs in China	选修	2

4) 医疗与健康方向

课程具体介绍如表B-6。

表B-6 医疗与健康方向课程名称与学分

序号	课程名称	课程性质	学分
1	医疗与健康行业周课程	选修	2
2	医药健康产业概论	选修	2
3	医疗体系概论	选修	2

5) 文化产业方向

课程具体介绍如表B-7。

表B-7 文化产业方向课程名称及学分

序号	课程名称	课程性质	学分
1	文化产业创新周课程	选修	2
2	人文精神与人文素养	选修	1
3	文化产业商业模式	选修	1
4	艺术与金融	选修	2
5	中国传统水墨基础	选修	1
6	中国传统水墨创作	选修	1
7	美的历程	选修	1
8	文化艺术创意	选修	1
9	电影的商业	选修	1
10	Chinese History and Culture in Global Context	选修	2
11	Beijing & Shanghai:Twin Cities in Chinese History	选修	2

6) 社会公益管理方向

课程具体介绍如表B-8。

表B-8 社会公益管理方向课程名称及学分

序号	课程名称	课程性质	学分
1	非营利组织法律规制	选修	2
2	公益前沿	选修	1
3	碳金融与碳排放	选修	1
4	社会创新与公益实践	选修	2
5	绿色金融与社会责任投资	选修	1
6	项目管理	选修	1
7	领导能力	选修	1
8	权力与管理	选修	1
9	Creating Shared Value	选修	1

7) 数据产业方向

课程具体介绍如表B-9。

表B-9 数据产业方向课程名称及学分

序号	课程名称	课程性质	学分
1	实用商务数据分析与预测	选修	2
2	深度学习入门与图像数据分析	选修	1
3	数据价值与产业实践	选修	1
4	金融数据分析与计算	选修	2
5	数据挖掘与行业应用	选修	1
6	营销模型与客户价值分析	选修	1
7	量化投资与高频交易	选修	1
8	企业数据化转型行业课	选修	1

二、培养方案细则

北大光华MBA培养方案划分为全日制英文MBA项目培养方案、非全日制MBA项目培养方案两大类。其中全日制英文MBA项目培养方案具体内容如下。

(一) 适用学科、专业

秋季入学的Global工商管理硕士(GMBA)项目

(二) 培养目标

培养具有社会责任感和全球视野的高级管理者与未来商业领袖。

(三) 学习目标

借助于北大深厚的人文底蕴、系统而创新的课程设置和丰富的课外活动，北大MBA旨在使学生了解前沿的商业知识，具备跨文化的敏感性与人际沟通技能，成为具有在复杂环境下分析、解决问题的能力和勇于承担未来挑战的创新性人才。

(四) 学习年限

GMBA项目学习年限为2年，经申请并获批准可延期，最长不得超过5年。

(五) 学分要求及课程设置

1. 重视先修课的学习，建议不具备工商管理基础知识的学生先学习先修课

对于不具备工商管理基础知识的GMBA学生来说，建议先学习先修课，才能开始正式的MBA课程的学习。

2. 学分要求

全日制GMBA项目学生在校期间，需完成45课程学分，其中核心课33学分，选修课程12学分。此外，还要完成毕业论文并通过论文答辩。

3. 核心课程

核心课程设置如表B-10。

表B-10 核心课程名称及学分

序号	课程号	课程名称	课程性质	学分
1	02819440	商务英语/商务汉语	必修	3
2	02816340	财务会计	必修	2

续表

序号	课程号	课程名称	课程性质	学分
3	02818350	管理经济学	必修	2
4	02817571	数据分析与统计决策	必修	2
5	02817480	组织行为学	必修	2
6	02817370	运营管理	必修	2
7	02817540	宏观经济政策分析	必修	2
8	02817390	营销管理	必修	2
9	02817360	公司财务 I	必修	2
10	02817530	公司财务 II	必修	2
11	02817490	战略管理	必修	2
12	02817924	批判思维与商业伦理	必修	2
13	02817451	企业社会责任	必修	1
14	02817461	商业模拟与领导力反思	必修	1
15	02816666	学生规范与论文写作	必修	2
16	02817460	整合实践项目	必修	2
17	02819602	国际商务方略	必修	1

4. 选修课程：国际GMBA学生要求修满12学分的选修课

对于GMBA项目的大陆学生：要求修满12学分的选修课，其中至少6学分的课程用英文授课。

GMBA项目提供的英文选修课分为两种类型，一种是关于China Contents的选修课，方便留学生更多了解中国；另一种类型则是通常的选修课，但其中也会或多或少涉及关于中国的内容。

(六) 毕业论文/MBA Graduation Thesis

毕业论文要求内容充实，理论联系实际，写作规范，符合学术道德。毕业论文完成后，经指导教师同意应按规定申请答辩。

中国大陆港澳台学生必须用中文撰写毕业论文，留学生可用英语撰写毕业论文。

(七) 说明

国际商务方略(global business immersion)的免修条件

(1) GMBA学生参加双学位和交换，在交回成绩单时，除了可以转入在海外学分外，还可以额外获得1学分，计入国际商务方略课程，成绩记录为"免修"。

(2) GMBA学生满足以下条件并提供相应的证明，可以申请国际商务方略免修，成绩计为"免修"，并且直接获得1学分。

① 有海外学习经历并获得学位，非中文授课；
② 有在海外培训学习的经历，授课语言为英语，尽管没有学位，但有相关证明；
③ 曾经被外派到国外出差半年以上，工作语言为英语，需提供相应的公司证明。

(八) 其他事项

(1) 所有学生在毕业学期所选课程须在4月30日之前结束并取得成绩，否则，应按北大研究生院的要求及时办理延期毕业手续。

(2) 商务英语课程需要在Orientation时参加分班测试，并在满足免修条件的情况下，及时提交免修申请，获准通过后，可以不参加该课程的学习，直接计入3学分，成绩计为"免修"。商务英语课程的免修条件以当学期最新公布的信息为准。

(3) 部分选修课涉及外请教师，具体开课时间以当学期课表为准。

三、精品课程

光华MBA设有整合实践项目、商业模拟与领导力反思项目。

(一) 整合实践项目

整合实践项目将给学生提供一个将MBA课堂上学到的管理知识和技能整合运用到真实企业的实践活动中的机会。在学生修完必修课程后，每6个同学组成一个小组，在一个导师组的指导下，用跨度为1学期的时间完成一个特定的企业实践项目。

在学习期间，教授会带领学生一起进行管理研究或咨询项目。他们或负责小组市场调研、企业诊断，或负责向企业演示报告等工作，能动地将理论与实践结合起来。通过深入企业调研和小组的分工合作，以企业战略定位为核心，全面分析企业的竞争态势和存在的问题，并提供改进建议方案。最终提交咨询报告，并向企业管理层报告和答辩。

【项目阶段】
① 第一阶段——行业背景分析；
② 第二阶段——公司分析；
③ 第三阶段——独立提出公司咨询诊断与建议报告；
④ 第四阶段——整合咨询报告，向公司高层报告并答辩。

(二) 商业模拟与领导力反思项目

这是一门整合性的实践模拟课程，它将综合MBA学习期间的会计、财务、营销、战略、运营、组织管理、人力资源管理等方方面面的知识。通过这门课程的学习，学生将发现自己的知识盲区，从而有针对性地加以补充和改进。在企业模拟中，体验团队的力量和商业的艰难。在团队的沟通协作，从而更好地发现自己和发展自己的领导力。

四、特色课程

光华MBA设有MBA行业周课程，包括医疗与健康行业课、互联网与数据化转型行业课、数字商业——逻辑与趋势行业课、AI的产业应用行业课、文化产业创新行业课。具体介绍如下：

MBA行业周课程：MBA教育旨在培养兼具知识宽度和行业深度的跨界人才，早在2014年，北大光华MBA项目就敏感地捕捉到了商业的变化和行业的变革对商学教育的影响，并主动拥抱变革，在课程体系中推出以探索实践前沿为导向的"MBA行业周课程"，迄今已经是第八年了。经过多年的不断努力、积累和探索，北大光华MBA项目已经在行业课程方面积累了丰富的课程设计经验和大量的行业资源。2021年的行业周课程具体有：

(一) 医疗与健康行业课

【学术主任】王锐：市场营销学系教授

当医疗成本不断攀升而人们对健康的要求却越来越高的时候，社会各界对医疗健康行业也提出了更新、更高的要求。而医院则天然地提供了一个汇集各方利益和诉求的最佳场景，因此，本课程将聚焦于医院，从医院的管理、医疗服务的提供、医院的运营、公共卫生政策、医疗投资与创新及未来医疗等方面进行探索。

(二) 互联网与数据化转型行业课

【学术主任】王汉生：商务统计与经济计量系教授；王聪：管理科学与信息系统系教授

随着企业拥抱互联网技术程度的提高，企业的运营将会越来越高效，并最终转化为生产效率的提升。企业的数字化转型是基于企业战略层面的，它并不是简单追求眼前利益的战术，而是借助数字化技术对业务的重构、流程的重构和组织的重构。只有经历数字转型的企业才能在未来激烈的商业竞争中生存下来。

(三) 数字商业——逻辑与趋势行业课

【学术主任】张影：营销学系教授

数字化的核心是把一切决策问题都变成算法问题，不同的数字化水平和程度决定了企业在行业中的竞争力。当商业拥抱数字化技术后，将会产生哪些神奇的化学反应？在消费互联网浪潮的洗礼下，中国已经拥有巨大的消费者基数，并且数字化程度最高，这是中国的巨大优势。中国还建立了完善的数字商业基础设施，这些都有助于中国数字经济加速转型。

(四) AI的产业应用行业课

【学术主任】李其：应用经济学系教授

作为粤港澳大湾区的核心城市之一，深圳的地位不可小觑，它在中国经济的腾飞和发展中，也不负众望，持续引领着中国高科技产业的不断发展和变化，被誉为"中国的硅谷"。人工智能是一种引发诸多领域产生颠覆性变革的前沿技术，必将成为全球科技行业主旋律。当前AI技术日益成熟，人们对未来AI的各种商业应用场景也充满了期待。本课程以AI的产业应用为主题，将揭开AI的神秘面纱，走进未来科技的核心去看一看。

(五) 文化产业创新行业课

【学术主任】赵龙凯：金融学系教授

文化是一个永恒的话题，文化有着不同的符号和表现形式。然而，在这个产业互联网时代，如何让文化拥抱科技创新，焕发新的生机？如何在保护和传承文化财富的同时，进一步开发和创新文化的表现形式？如何引领文化创新的方向？文化产业的下一个风口在哪里？课程将以大量翔实的案例辅以实地考察和走访，让学生深刻体验互联网时代的文化创新，深刻理解文化传承的内涵，了解文化创新的模式和机遇以及如何在互联网时代，打好文化这张牌。

附录C　职位常用词语中英文对照

Chief Executive Officer(CEO)　首席执行官
Property Manager　房地产经理
Chief Operations Officer(COO)　首席运营官
Branch Manager　部门经理
Controller(International)　国际监管
Claims Examiner　主考官
General Manager　总经理
Vice-President　副总裁
Accounting Assistant　会计助理
Accounting Clerk　记账员
Accounting Manager　会计部经理
Accounting Stall　会计部职员
Accounting Supervisor　会计主管
Administration Manager　行政经理
Administration Staff　行政人员
Administrative Assistant　行政助理
Administrative Clerk　行政办事员
Advertising Staff　广告工作人员
Airlines Sales Representative　航空公司订座员
Airlines Staff　航空公司职员
Application Engineer　应用工程师
Assistant Manager　副经理
Bond Analyst　证券分析员
Bond Trader　证券交易员
Business Controller　业务主任
Business Manager　业务经理
Buyer　采购员
Cashier　出纳员
Chemical Engineer　化学工程师
Marketing Executive　销售主管
Marketing Representative　销售代表

Marketing Representative Manager　市场调研部经理
Mechanical Engineer　机械工程师
Mining Engineer　采矿工程师
Music Teacher　音乐教师
Naval Architect　造船工程师
Office Assistant　办公室助理
Office Clerk　职员
Operational Manager　业务经理
Package Designer　包装设计师
Passenger Reservation staff　乘客票位预订员
Personnel Clerk　人事部职员
Personnel Manager　人事部经理
Plant/ Factory Manager　厂长
Postal Clerk　邮政人员
Private Secretary　私人秘书
Product Manager　生产部经理
Production Engineer　产品工程师
Professional Staff　专业人员
Programmer　电脑程序设计师
Project Staff　(项目)策划人员
Promotional Manager　销售部经理
Proof-reader　校对员
Purchasing Agent　采购(进货)员
Quality control Engineer　质量管理工程师
Real Estate Staff　房地产职员
Recruitment Co-ordinator　招聘协调人
Regional Manger　地区经理
Civil Engineer　土木工程师
Clerk /Receptionist　职员/接待员
Clerk Typist & Secretary　文书打字兼秘书
Computer Data Input Operator　计算机资料输入员
Computer Engineer　计算机工程师
Computer Processing Operator　计算机处理操作员
Computer System Manager　计算机系统经理
Copywriter　广告文字撰写人
Deputy General Manager　副总经理
Economic Research Assistant　经济研究助理
Electrical Engineer　电气工程师

Engineering Technician　工程技术员
English Instructor/Teacher　英语教师
Export Sales Manager　外销部经理
Export sales staff　外销部职员
Financial Controller　财务主任
Financial Reporter　财务报告人
F.E.(Foreign Exchange) Clerk　外汇部职员
F.X. Settlement clerk　外汇部核算员
Fund manager　财务经理
Genera Auditor　审计长
General manager/ President　总经理
General Manager Assistant　总经理助理
General Manager's secretary　总经理秘书
Hardware Engineer　(计算机)硬件工程师
Import Liaison Staff　进口联络员
Import Manager　进口部经理
Insurance Actuary　保险公司理赔员
International Sales Staff　国际销售员
Interpreter　口语翻译
Legal Adviser　法律顾问
Line supervisor　生产线主管
Maintenance Engineer　维修工程师
Management Consultant　管理顾问
Manager for Public Relations　公关部经理
Manufacturing Engineer　制造工程师
Manufacturing Worker　生产员工
Market Analyst　市场分析员
Market Development Manager　市场开发部经理
Marketing Manager　市场销售部经理
Marketing Staff　市场销售员
Marketing Assistant　销售助理
Research & Development Engineer　研究开发工程师
Restaurant Manager　饭店经理
sales and Planning staff　销售计划员
Sales Assistant　销售助理
Sales Clerk　店员、售货员
Sales Coordinator　销售协调人
Sales Engineer　销售工程师

Sales Executive　销售主管
Sales Manager　销售部经理
Salesperson　销售员
Seller Representative　销售代表
Sales Supervisor　销售总监
School Registrar　学校注册主任
Secretarial Assistant　秘书助理
Secretary　秘书
Securities Custody Clerk　保安人员
Security officer　安全人员
Senior Accountant　高级会计
Senior Consultant/Adviser　高级顾问
Senior Employee　高级雇员
Senior Secretary　高级秘书
Service Manager　服务部经理
Simultaneous Interpreter　同声传译员
Software Engineer　(计算机)软件工程师
Supervisor　监管员
Systems Adviser　系统顾问
System Engineer　系统工程师
System operator　系统操作员
Technical Editor　技术编辑
Technical Translator　技术翻译
Technical Worker　技术工人
Telecommunication Executive　电讯(电信)员
Telephonist / Operator　电话接线员、话务员
Tourist Guide　导游
trade Finance Executive　贸易财务主管
Trainee Manager　培训部经理
Translation Checker　翻译核对员
Translator　翻译员
Trust Banking Executive　银行高级职员
Typist　打字员
Wordprocessor Operator　文字处理操作员

附录D　参考实录

某大学的面试评委注意事项

(1) 请准时出席面试前的评委预备会，内容非常重要，不要迟到。

(2) 请仔细阅读本注意事项。面试当天发给评委"面试评分指标及说明"，针对每个评估指标我们会提供几道供参考的面试问题，你也可围绕这些评估指标再做些准备(请不要将评估指标外传)。

(3) 面试时认真倾听考生的讲述，尽量对考生的谈话表示感兴趣。

(4) 不要以貌取人。

(5) 不要对考生所讲述的内容进行评论，更不要与考生就某个观点或者做法进行争论。

(6) 避免提出引导性问题。

(7) 面试过程中，在你提问或与考生的对话中，请注意尊重考生，礼貌用语。

(8) 按各项评估指标对考生进行全面考查，依据评分标准，评委独立打分。

(9) 面试前请关闭你的手机(呼机)或者改为震动方式；在面试过程中，请不要接打电话，以免面试受干扰，保证面试的严肃性。

(10) 在面试教室内请勿吸烟。

某大学管理学院MBA入学面试方案

1. 总则

为了通过规范的面试环节考查申请人的相关素质,特制订本方案。

2. 面试小组与成绩

(1) 面试小组的构成:每个小组由1名组长、2名成员和1名秘书构成。

(2) 组长主持面试;成员参与提问和评分;3位成员均需填写"面试评价表"。秘书负责填写"面试记录表",协助组长汇总面试成绩。

(3) 面试采取百分制,最终成绩由4位成员的算术平均值确定,计算到个位数。

(4) 面试成绩将占到录取总成绩的50%。

3. 面试内容与方式

(1) 采用结构化面试的方式,具体内容与形式如表D-1所示。

表D-1 面试内容与形式

序号	面试内容	拟考查的维度	备注
1	两分钟的自我介绍	表达能力 (表达的条理性、概括性、突出性)	考查整个面试中的沟通能力
2	提问:对所在行业的认识与理解	管理经验/行业经验 宏观经济信息/战略眼光	1~2个问题
3	提问:经济管理领域的热点问题或模拟的管理情景	市场经济的理念 经济管理基础知识/广度知识 分析问题的思维能力	2~3个问题

(2) 由面试小组的成员根据以上结构与内容要求,自主确定面试题目。

(3) 不同考生的面试题目可以相似或相同,以便得出比较结果。

4. 面试的实施步骤

(1) MBA办公室负责准备考生的个人简历,并将简历送到各面试小组。

(2) 考生按照名单顺序进入面试场所,参加面试(办公室负责做好接待工作)。

(3) 面试主持人要求考生做自我介绍(2分钟之内),同时查阅考生的个人简历。

(4) 向考生提问题(包括行业方面的问题、经济管理方面的问题)。面试小组的秘书负责在"面试记录表"中记录所提的问题及简要回答情况。

(5) 整个面试时间控制在20~25分钟。

(6) 面试考生退出后,面试小组成员填写"面试评价表"进行评分。

(7) 完成所有考生的面试后,面试小组成员调整、确认本人填写的面试成绩,并在"面试评价表"上签字。

(8) 根据各位考生的最终面试成绩,填写MBA办公室事先准备的"面试成绩统计表",面试小组组长签字确认。

(9) 请各组秘书将以上所有材料("面试成绩统计表""面试评价表""面试记录表""个人简历"等)整理清楚,在面试完成后立即送交MBA办公室。

美国芝加哥大学采取的面试评估表

美国芝加哥大学为MBA面试设计了一张评估表,从考官的角度详列了考生在面试中可能出现的得分点/失分点,如表D-2所示。

表D-2 面试中可能出现的得分点/失分点

得分点	失分点
清楚表达的能力	表达能力欠佳
能清晰地组织并传达思想和信息	不清楚;思路不清
简洁,切中要害	偏离主题
是一名积极的好听众	冗长,啰唆
回答问题有一定深度	过于简短
有说服力,能成功地推销自己的想法	刻板,单调乏味
提供清楚的解释	有太多的"如果",不关心听众的需要
有一定的表达能力	缺乏感情色彩
求知欲强	缺乏求知欲
提出尖锐的问题	显得漠不关心
显示出求学的渴望	尽量不提问
寻求新的挑战与机遇	显得好像无所不知
寻求解决问题的独到方法	观点狭隘
有广泛的兴趣爱好	头脑慵懒,或许聪颖但不求上进
充分展示自我,举止得体	过于遵循前人的经验
对校方教学计划的要点有一定了解但又充满好奇	对校方的MBA教程几乎一无所知
有较强的社交能力	缺乏社交能力
颇具风度	冷嘲热讽,为人刻薄
能与他人友好自如地交往	过于严谨,刻板
适度的自信,得体地表达个人观点	性格孤僻,过于腼腆,沉默寡言
与人为善,乐于与他人交往	目空一切,盛气凌人
具有团队协作精神	固执己见
力求担当领导角色	为人冷淡,使人有距离感
在团队中有一定威信	谈吐生硬,缺乏技巧
能欣赏他人的幽默	回避冲突
为人热情,处事积极	挑剔,消极
自信	缺乏自信
树立积极向上的职业形象和态度	趾高气扬,目空一切
说话令人信服	过于敏感,吞吞吐吐,犹豫不前
恰当处理人际矛盾	容易受惊吓
对于个人专业技能信心十足	对学术上的挑战忧心忡忡
渴望事业的挑战与新的学习机会	愤世嫉俗,处世消极

续表

得分点	失分点
有成功的自豪感	紧张不安
注重与他人交往	不注重人际关系
参与社团	独来独往
拓展人际交往范围	不参与社会活动
在正规的组织社团中表现活跃	对个人在团队中的获益无动于衷
关心对组织或团队的回报	等待他人出面组织团队或活动
对过去的人际交往充满自豪	对外界活动不感兴趣(高中、大学及工作经历)
工作勤奋	缺乏毅力
坚忍不拔	过于关注短期收益
有干劲,有决心	骄傲自满,随波逐流
乐于付出	知难而退
有创新精神,不消极待命	面对失败,过于沮丧
乐于承担责任	缺乏干劲或小题大做
有远大目标	胸无大志
视问题为挑战、积极进取	没有明确的奋斗目标或方向
自主、独立	缺乏独立性
要求有一定自由度	过于依赖别人的帮助与指导
希望能控制局面	寻求依靠
自力更生	漫无目标,精力不集中
处事灵活	僵化或见风使舵
对事物轻重缓急的变化敏感	过于按部就班
能同时应付几项工作	禁不起挫折
能较好地处理学业及工作中的成就与挫折	思想僵化
从容地应对挫折	软弱无能

资料来源:美国芝加哥大学商学院官方网站

某大学秋季MBA面试成绩单(考官专用)

考生姓名		总分	

(1) 自我介绍(每位考生在3分钟内进行自我介绍,考查内容见表格,此部分建议考官给分范围为12~18分,凡是给12分以下、18分以上的必须给出明确理由,满分20分。)

考查内容	得分	给出12分以下、18分以上的理由
举止得体、仪表庄重大方		
语言表达流畅、声音清晰		
时间控制在3分钟内		
毕业学校、工作职位、管理经验、个人工龄等		

(2) 英语面试[每位考生在3分钟内回答英文老师提出的问题(问题包括自然情况和工作经历情况),此部分建议考官给分范围为12~18分,凡是给12分以下、18分以上的必须给出明确理由,满分20分。]

得分	给出12分以下、18分以上的理由

(3) 综合抽签题(每位考生随机抽3道题目,要求在10~12分钟内回答完毕。考官可以适当提醒考生一些比较生僻的内容,但是不得提供参考答案。建议考官每道题给分范围为9~13.5分,凡是给9分以下、13.5分以上的必须给出明确理由,满分45分。)

考题	得分	给出9分以下、13.5分以上的理由
第一题(15分)		
第二题(15分)		
第三题(15分)		
合计总分(满分45)		

(4) 企业考官问题(企业考官针对考生实际背景随机提出1个问题,考生在3~5分钟内回答完毕。若企业考官不提问,面试组长可以提醒企业考官提问,也可以指派其他考官提问。建议考官每道题给分范围为9~13.5分,凡是给9分以下、13.5分以上的必须给出明确理由,满分15分。)

得分	给出9分以下、13.5分以上的理由

备注:

考官签字:　　　　　　　　　　××××年××月××日

某大学MBA面试实施细则考生须知

(1) 复试工作本着公平、公正、公开的原则综合考核考生的基本素质和综合能力，确保MBA招生质量。

(2) 根据教育部、全国MBA教育指导委员会有关文件通知要求确定复试分数线及复试考生名单。

(3) MBA入学考试的复试环节包括政治理论考试、专业能力笔试、外语口语测试以及综合素质面试。最后录取将综合考虑初试成绩和复试成绩，择优录取。

(4) 复试形式、方法及内容：①政治及专业笔试考试时间为3小时，满分为60分(各占30分)。按百分计算，成绩60分以上为合格，否则不合格。②面试形式：采用个人面试的方式，实行双抽签制，由学生本人先抽出所在面试组(每组20人)，分到面试组后再抽出面试题目进行面试。③ 面试方法：个人自我介绍、面试评委提问、回答抽签问题、企业考官随机提问。题型包括简答题、小论述题、小案例分析题、角色扮演题、演讲题等5类。④考生面试时间：每人约20～25分钟。⑤抽签分组地点在管理楼108室，抽签完毕到相应面试教室等待面试。⑥面试测评包括以下内容：

  a. 管理工作的经历、经验、业绩；
  b. 对经济、管理等基础知识掌握的程度；
  c. 对国内外重要时事的了解及国家政策的理解程度；
  d. 形象、仪表举止、心理素质、特长及爱好；
  e. 逻辑思维与综合应用知识的能力；
  f. 语言表达和沟通能力；
  g. 判断、自制力与应变能力；
  h. 创业精神与创新意识；
  i. 价值取向与职业道德；
  j. 人际交往、团队精神；
  k. 领导与组织协调能力；
  l. 外语水平(掌握听说能力的程度)。

(5) 录取分数线的计算方法及要求：① 总成绩=初试成绩+复试成绩+减分(复试成绩包括政治和专业笔试成绩)。② 复试成绩：综合素质成绩占80分，外语测试成绩占20分，政治理论成绩占30分，专业笔试成绩占30分，总分为160分。③减分：面试过程中如果考生申请换题，每换题一次扣掉1分，换题次数不能超过3次。

(6) 面议相关信息及要求：①审查内容。审查内容由面试组长负责，包括身份证、准考证、资格审查表。所有证件要求原件。②面试过程。a.自我介绍(20分)。考查内容为举止得体、仪表庄重大方、语言表达流畅、声音清晰等，时间控制在3分钟以内。介绍的内容为毕业学习、工作职位、管理经验、个人工龄等。b. 英语口语面试(20分)。每位考生在规定时间回答英文老师提出的问题。c. 抽签题目回答(45分)。每位考生随机抽3道题目，在规定时间(10～12分钟)回答完毕。在考生回答过程中，考官可以适当提醒考生一些比较生僻的内容，但是不能提供参考答案。d. 企业考官随机提问(15分)。企业考官针对考生的实际工作背景随机提出1个问题，要求考生在

3~5分钟内回答完成。若企业考官不提问，面试组长可以提醒企业考官提问，也可以指派其他考官提问。

面试结束后，考生须在面试内容记录本上签字确认。面试现场有录音设备全程记录考生的面试过程。